孟子译注

（战国）孟子 著
王刚 译注

北京联合出版公司
Beijing United Publishing Co.,Ltd.

目录

前　　言

《孟子》是一部重要的儒家经典，为“四书”“十三经”之一。《孟子》一书主要记载了儒家先哲孟子的言行及其与时人、弟子互相问对之言，并由孟子及其弟子撰辑而成。其书共七篇，即《梁惠王》《公孙丑》《滕文公》《离娄》《万章》《告子》《尽心》。后东汉赵岐为之作注，篇分上下，故拆分为十四篇，一直沿用到现在。

孟子为战国时人，名轲，字子舆，约生活在公元前 372 年至公元前 289 年。孟子为邹人，邹地在今山东省邹城市附近，距离孔子家乡曲阜不远。孟子与孔子生活的年代相距百余年，在此期间，由于孔门弟子及其后学的努力，孔子思想的传播范围大为扩展。尤其是在邹鲁大地，更是弦歌之音不绝。孟子自幼受孔子思想的熏陶，十分推崇孔子，常以孔子私淑弟子自居，史载其曾受业于子思门人。和孔子一样，孟子也曾带领学生游历魏、齐、宋、鲁、滕、薛等国，并一度担任过齐宣王的客卿。由于他的政治主张也与孔子的一样不被重用，所以便回到家乡聚徒讲学，与学生万章等人著书立说，“序《诗》《书》，述仲尼之意，作《孟子》七篇。”（《史记 · 孟子荀卿列传》）

汉代赵岐在其《孟子题辞》中把《孟子》与《论语》相

比，认为《孟子》是“拟圣而作”。所以，尽管《汉书·艺文志》仅仅把《孟子》放在诸子略中，视为子书，但实际上在汉代人的心目中已经把它看作辅助“经书”的“传”书了。汉文帝把《论语》《孝经》《孟子》《尔雅》各置博士，便叫“传记博士”。到五代后蜀时，后蜀主孟昶命令人楷书十一经刻石，其中包括了《孟子》，这可能是《孟子》列入“经书”的开始。后来宋太宗又翻刻了这十一经。到南宋孝宗时，朱熹编“四书”列入了《孟子》，《孟子》正式成为十三经之一，一直延续到现在。

孟子生活的年代较孔子生活的春秋末期更为混乱，社会更加动荡不安；同时，思想也更加活跃，正值“百家争鸣”的时代。所以，孟子一方面继承了孔子的政治思想和教育思想等，另一方面又有所发展，形成了自己的政治和学术思想。孟子主张施行“仁政”，主张“保民而王”，这深刻地影响了之后中国的政治和文化。同时，在与墨、道、法等学派的激烈交锋中，孟子以其雄辩的口才和无上的才华维护了儒家学派的理论，也确立了自己在儒学中的重要地位，成为仅次于孔子的大儒。

自唐代的韩愈著《原道》，把孟子列为先秦儒家中唯一继承孔子“道统”的人物开始，出现了一个孟子的“升格运动”，孟子其人其书的地位逐渐上升。宋神宗熙宁四年(1071)，《孟子》一书首次被列入科举考试科目之中。元丰六年（1083），孟子首次被官方追封为“邹国公”，翌年被批准配享孔庙。以后《孟子》一书升格为儒家经典，南宋朱熹又把《孟子》与《论语》《大学》《中庸》合为“四书”，其实际地位更在“五经”之上。元朝至顺元年（1330），孟子被加封为“亚圣公”，以后就称为“亚圣”，地位仅次于孔子。明朝朱元璋辑有《孟子节文》，删掉《孟子》里的章句，如“民为贵，社稷次之，君为轻”，“残贼之人谓之一夫，闻诛一夫纣矣，未闻弑君也”等。朱元璋曾说：“使此老在今日宁得免耶！”并诏告天下说孟子的不少言论“非臣子所宜言”，下令将孟子逐出文庙。次日钱唐上疏力争劝阻，加之天文官也上奏文星暗淡无光，于是朱元璋又下一道谕旨：“孟子辩异端，辟邪说，发明孔子之道，配享如故。”恢复了孟子在文庙中的待遇。

《孟子》与《论语》一样，也是以记言为主的语录体文章，但其相较《论语》又有所发展。《论语》文字简约、含蓄，《孟子》却有许多长篇大论，气势磅礴，议论尖锐、机智而雄辩。因此《孟子》一书不仅是重要的儒家经典，更是一部优秀的散文著作，读之，给人熏陶，给人启迪。《孟子》中的名言佳句及其所蕴含的道理，常思之、念之，必会对修养身心和为人处世有极大的帮助。

王刚

2012 年 11 月

卷一　梁惠王上

题解

“梁惠王”是《孟子》七篇中第一篇的篇名。《孟子》和《论语》一样，原来是没有篇名的，后人一般摘取每篇开头的两三个重要字眼来命名。《孟子》共七篇，东汉末赵岐为《孟子》作注时，将每篇皆分为上、下两卷，共十四卷，后人从之。孟子认为，治国之道，仁义为首，故以梁惠王问利国，孟子对以仁义为七篇之首，因此首篇以“梁惠王”为名，本篇是其上卷。以下各章从各个方面反复论述此一主题：第二章论证圣王之德，在于与民共乐，恩及禽兽；第三章论证教化之本，在于使民养生丧死之用足备；第四章论证王道之始，生民为首；第五章论述施民仁政，百里而王；第六章论证定天下者一道而已，不贪杀人者，人则归之；第七章言典籍攸载，帝王之道无传霸之事。

一

孟子见梁惠王[①]。王曰：“叟[②]！不远千里而来，亦将有以利吾国乎？”

孟子对曰：“王！何必曰利？亦有仁义而已矣。王曰：‘何以利吾国？’大夫曰：‘何以利吾家[③]？’士庶人曰：‘何以利吾身？’上下交征利而国危矣。万乘之国，弑其君者，必千乘之家；千乘之国，弑其君者，必百乘之家。万取千焉，千取百焉，不为不多矣。苟为后义而先利，不夺不餍④。未有仁而遗其亲者也，未有义而后其君者也。王亦曰仁义而已矣，何必曰利？”

注释

①梁惠王：即魏惠王，魏武侯之子，公元前369至前319年在位。魏国都城原来在安邑（今山西夏县西北），后来魏惠王在公元前362年迁都大梁（今河南开封），故魏也被称为梁，魏惠王也被称为梁惠王。“惠”是其谥号。

②叟：老头，老丈。古代对老者的称呼。

③家：古代卿大夫的领地和政权称为家。

④餍 yàn：满足。

译文

孟子去拜见梁惠王。梁惠王说：“老丈！你不远千里来到敝国，有没有给敝国带来一些利益啊？”

孟子回答说：“大王！您为什么一定要说利益呢？我带来的只有‘仁义’二字而已。诸侯王都说：‘怎样才能对国有利？’大夫们说：‘怎样对家有利？’士人和老百姓也说：‘怎样对自己有利？’如果这样的话，上下都会互相争抢各自的利益，国家就危险了。那么，在拥有万辆兵车的国家中，杀死国君的，必然是那些拥有千辆兵车的卿大夫之家；在拥有千辆兵车的国家中，杀死国君的，必然是那些拥有百辆兵车的卿大夫之家。对于那些在万乘之国中拥有千辆兵车的卿大夫，和千乘之国中拥有百乘兵车的卿大夫来说，他们的财产不能说是不多了。但是，如果国君强调利益而轻视仁义的话，那么那些卿大夫不把国君的财产抢夺走，他们是不会满足的。一个讲求'仁'的人，他是不会遗弃他的父母的；一个讲求'义'的人，他是不会对他的君主不敬的。大王您只要说仁义就可以了，为何一定要说利益呢？"

二

孟子见梁惠王。王立于沼[①]上，顾鸿雁麋鹿，曰："贤者亦乐此乎？"

孟子对曰："贤者而后乐此，不贤者，虽有此，不乐也。《诗》云[②]：'经始灵台[③]，经[④]之营之，庶民攻[⑤]之，不日成之。经始勿亟[⑥]，庶民子来[⑦]。王在灵囿，麀鹿[⑧]攸[⑨]伏，麀鹿濯濯[⑩]，白鸟鹤鹤[⑪]。王在灵沼，於牣[⑫]鱼跃。'文王以民力为台为沼，而民欢乐之，谓其台曰灵台，谓其沼曰灵沼，乐其有麋鹿鱼鳖。古之人与民偕乐，故能乐也。《汤誓》曰[⑬]：'时日害丧[⑭]，予及女偕亡。'民欲与之偕亡，虽有台池鸟兽，岂能独乐哉？"

注释

①沼：池塘。

②《诗》云：《诗经》上说。《诗》特指《诗经》。以下引文出自《诗经·大雅·灵台》。

③灵台：周文王时营造的台，故址在今陕西省西安市西北。

④经：原意是指东西方向丈量土地，这里泛指丈量、测量。

⑤攻：造，治，营建。

⑥亟：急。

⑦庶民子来：指百姓像儿子追随父亲一样归附。

⑧麀yōu鹿：母鹿。

⑨攸：所。

⑩濯濯：肥胖而有光泽的样子。

⑪鹤鹤：羽毛洁白的样子。

⑫於wū牣：於，感叹词。牣，满，充满。

⑬《汤誓》曰：《汤誓》上说。《汤誓》是《尚书》中的一篇，以下引语即出自《尚书·汤誓》，表达了百姓对夏桀的痛恨之情。

⑭害：通“曷”，何时。

译文

孟子前去拜见梁惠王。梁惠王站在池塘旁边，看着那些鸿雁和麋鹿，问孟子说：“贤明的君子也会以此为乐吗？”

孟子回答说：“只有贤明的人才会以此为乐，不贤的人即使拥有这一切，也不会以此为乐。《诗经》上说：‘开始营建灵台，丈量土地，营建灵台，百姓也来一起修建，很快就营建好了。文王不急于修建，但是百姓却蜂拥而至地来帮忙。文王在园囿之中，母鹿安静地伏在地上。母鹿皮毛光滑而且有光泽，白鹤羽毛洁白。文王站在池塘旁边，满池的鱼都争相跳跃。’文王借用百姓的劳力来营建灵台和池沼，但是百姓却心甘情愿为其服务，把文王修建的台子称为灵台，池沼称为灵沼，为文王拥有麋鹿和鱼鳖而感到高兴。古代的人能够和百姓同乐，所以才能够得到真正的快乐。《尚书·汤誓》上说：‘太阳何时消亡，我与你同归于尽。’百姓想要和他同归于尽，那么，即使拥有台池鸟兽，又怎能独自享受这样的快乐呢？”

三

梁惠王曰：“寡人之于国也，尽心焉耳矣。河内[①]凶[②]，则移其民于河东[③]，移其粟于河内。河东凶亦然。察邻国之政，无如寡人之用心者。邻国之民不加[④]少，寡人之民不加多，何也？”

孟子对曰：“王好战，请以战喻[⑤]。填然[⑥]鼓[⑦]之，兵刃既接[8]，弃甲曳兵而走[9]。或百步而后止，或五十步而后止。以五十步笑百步，则何如？”

曰：“不可，直[10]不百步耳，是亦走也。”

曰：“王如知此，则无望民之多于邻国也。不违农时，谷不可胜[11]食也；数罟[12]不入洿池[13]，鱼鳖不可胜食也；斧斤[14]以时入山林，材木不可胜用也。谷与鱼鳖不可胜食，材木不可胜用，是使民养生丧死无憾也。养生丧死无憾，王道之始也。

“五亩之宅，树之以桑，五十者可以衣[15]帛矣。鸡豚狗彘之畜，无失其时，七十者可以食肉矣。百亩之田，勿夺其时，数口之家可以无饥矣。谨庠序[16]之教，申[17]之以孝悌之义，颁白[18]者不负戴[19]于道路矣。七十者衣帛食肉，黎民不饥不寒，然而不王[20]者，未之有也。

“狗彘食人食而不知检[21]，途有饿莩[22]而不知发[23]；人死，则曰：‘非我也，岁[24]也。’是何异于刺人而杀之，曰：‘非我也，兵[25]也。’王无罪岁[26]，斯天下之民至焉。”

注释

①河内：指魏国境内处于黄河北岸的土地。

②凶：年景不好，收成差。

③河东：魏国境内处于黄河东岸的土地。

④加：更加。

⑤喻：比喻，打比方。

⑥填然：象声词，形容声音巨大。

⑦鼓：动词，击鼓，代表进军、攻击。

⑧接：接触，指交战。

⑨走：逃跑。

⑩直：只是，不过。

⑪胜 shēng：尽。

⑫数 cù 罟 gǔ：细密的渔网。数，细密。罟，渔网。

⑬洿 wū 池：指较深的池塘。

⑭斤：斧子一类的用具。刃直称斧，刃横称斤。

⑮衣 yì：动词，穿衣。

⑯庠 xiáng 序：指学校，古代教化之处，殷商时的学校叫作序，周代的学校叫作庠。

⑰申：反复申劝、教导。

⑱颁白：也作“斑白”，头发花白。

⑲负戴：负是指把东西背在身上，戴是指把东西顶在头上。

⑳王 wàng：动词，称王。

㉑检：检查，约束，制止。

㉒饿莩 piǎo：同“饿殍”，指饿死的人。

㉓发：指打开粮仓，赈济百姓。

㉔岁：指凶年，收成不好。

㉕兵：兵器。

㉖罪岁：归罪于年成不好。罪，动词，归罪于。

译文

梁惠王说："我对于自己的国家，可以说是尽心尽力了。河内地区的收成不好，我就把那儿的百姓移到河东地区去就食，把河东的粮食转移到河内地区。河东地区收成不好的时候，也是采取相同的办法。遍观临近国家君主为政的措施，没有像我这样用心的了。但是邻国百姓的数量并没有因此而减少，我国百姓的数量也没有因此而增加，这是为什么呢？"

孟子回答说："大王您喜欢战争，请允许我用战争来打个比方。战鼓咚咚敲响的时候，两军兵刃相接，开始交战，战败的士兵丢弃盔甲、拖着兵器竞相逃跑。有的士兵跑了一百步之后停下来，有的士兵跑了五十步之后停下来。如果那些跑了五十步的去耻笑那些跑了一百步的，您觉得怎么样呢？"

梁惠王说："不可以，只是没有跑到一百步而已，但同样是逃跑。"

孟子说："大王您既然明白这个道理，就不要奢望自己的百姓多于邻国了。如果能够不违反农业生产的时令，就会有吃不尽的谷物粮食；如果细密的渔网不到深池里去捕鱼，就会有吃不尽的鱼鳖；如果按照一定的时令去采伐山林，就会有用不尽的木材。粮食与鱼鳖吃不完，木材也用不完，就会使得百姓对于养生丧死之事没有什么不满了。百姓对于养生丧死之事没有不满，这是王道政治的开始。

“在五亩大的宅地中种植桑树，五十岁以上的人就可以穿上丝帛了。养殖鸡豚狗彘的时候，不要耽误它们生长繁殖的时节，那么七十岁以上的老人就可以吃上肉了。面积百亩的田地，不要耽误百姓劳作的时令，那么几口人的家庭就可以免于饥饿之苦了。认真地开展学校教化，反复地申戒孝悌敬长的道理，那么头发花白的老人就不会再背着、顶着东西在路上行走了。七十岁以上的老人都能够穿着丝帛的衣服、都可以吃上肉，百姓可以免于饥寒之苦，如果这样还不能使天下百姓归附，这是不可能的。

“如果猪狗吃了人应该吃的东西，却还不知道加以约束和制止；如果道路上有饿死的人，却还不知道打开粮仓、赈济百姓；百姓死了，却说‘这不是我的过错，这是收成不好的缘故’，这何异于用刀子杀了人，却还说‘这不是我杀的，是刀子杀的’？大王您如果不把一切都归罪于年岁收成，那么天下百姓就会争相归附了。”

四

梁惠王曰：“寡人愿安①承教。”

孟子对曰：“杀人以梃②与刃，有以异乎？”

曰：“无以异也。”

“以刃与政，有以异乎？”

曰："无以异也。"

曰："庖[3]有肥肉，厩有肥马，民有饥色，野有饿莩，此率[4]兽而食人也。兽相食，且人恶之；为民父母，行政，不免于率兽而食人，恶[5]在其为民父母也？仲尼曰：'始作俑者，其无后乎[6]！'为其象人而用之也。如之何其使斯民饥而死也？"

注释

①安：安心，乐意。

②梃 tǐng：棍棒。

③庖 páo：厨房。

④率：率领。

⑤恶 wū：何，怎么。

⑥始作俑者，其无后乎：这句话是说第一个创造人偶来殉葬的人大概是要断子绝孙的吧。俑，古代用土、木等物制作的人偶，用来代替活人殉葬。

译文

梁惠王说："寡人很乐意接受您的教诲。"

孟子回答说："用棍棒和刀刃杀人，有什么区别吗？"

梁惠王回答说："没有区别。"

孟子又问道："用刀刃和政令杀人，有什么区别吗？"

梁惠王说："没有区别。"

孟子说："如果您的厨房里有肥肉，马厩里有肥马，而百姓却面有饥色，野外到处都是饿死的人，这无异于当政者率领野兽来吃人。禽兽互相啃食，人尚且厌恶不已；而作为百姓的衣食父母，施行政治教化，却不能免于率领禽兽来吃人，这又怎能去做百姓的衣食父母呢？孔子说过：'第一个创造人偶来殉葬的人大概是要断子绝孙的吧！'因为人偶和人很像却用来殉葬。更何况是使百姓饥饿而死呢？"

五

梁惠王曰："晋国，天下莫强焉，叟之所知也。及寡人之身，东败于齐，长子死焉[①]；西丧地于秦七百里[②]；南辱于楚[③]。寡人耻之，愿比[④]死者壹[⑤]洒[⑥]之，如之何则可？"

孟子对曰："地方百里[⑦]而可以王。王如施仁政于民，省刑罚，薄税敛，深耕易耨[⑧]，壮者以暇日修其孝悌忠信，入以事其父兄，出以事其长上，可使制[⑨]梃以挞秦、楚之坚甲利兵矣。

"彼夺其民时，使不得耕耨以养其父母。父母冻饿，兄弟妻子离散。彼陷溺其民[⑩]，王往而征之，夫谁与王敌？故曰：'仁者无敌。'王请勿疑！"

注释

①东败于齐，长子死焉：指马陵之战。魏惠王三十年，魏伐赵，赵向齐求救，齐国派田忌为大将，孙膑为军师，救赵击魏。魏惠王以庞涓领军迎敌，而命太子申为上将军。后来两军交战于马陵，魏军中了孙膑的“减灶诱敌”之计而大败，庞涓自杀，太子申被俘。

②西丧地于秦七百里：指魏国屡次被秦军打败，割河西之地和上郡的十数个县给秦国。

③南辱于楚：在南面受辱于楚国。

④比 bì：替，代。

⑤壹：全，都。

⑥洒 xǐ：同“洗”，雪耻，洗刷耻辱。

⑦地方百里：当读为：“地，方百里”，方圆百里的土地。

⑧易：副词，疾，速。耨 nòu：锄草。

⑨制：通“掣”，拿，持。

⑩陷溺其民：使百姓陷于井坑之中、溺于水中，即使百姓陷于水深火热之中。

译文

梁惠王说：“原来晋国的强大，天下没有哪个国家可以比得上，这您是知道的。但是等到了我治理魏国的时候，在东边败给齐国，我的长子也死在那儿了；

西方七百余里的土地也被秦国夺去；在南方又受辱于楚国。我以此为奇耻大辱，希望为那些死难者一雪前耻，那么要怎样才办得到呢？”

孟子回答说：“即使仅仅拥有方圆百里的土地也是可以称王于天下的。大王您如果可以向老百姓施行仁政，减省刑罚，轻徭薄赋，号召百姓深耕土地，及时清除杂草；引导年轻人在闲暇的时候学习、修养孝悌忠信之道，在家则以此侍奉自己的父兄，在外则以此侍奉长上，这样就可以驱使百姓手持木棍去讨伐秦、楚的坚甲利兵了。

“而像别的国家那样，肆意侵占百姓的劳作时间，使得百姓不能够耕种土地来奉养自己的父母，致使父母受冻挨饿，兄弟、妻子、儿女离散。对于这些使百姓陷入水深火热之中的国家，大王您前去讨伐它们，那么谁又能抵挡得住呢？所以说：‘心怀仁德的人是无敌于天下的。’大王您不要再迟疑了！”

六

孟子见梁襄王[①]，出，语人曰：“望之不似人君，就之而不见所畏焉。卒然[②]问曰：‘天下恶乎[③]定？’

“吾对曰：‘定于一[④]。’

“‘孰能一之？’

“对曰：‘不嗜杀人者能一之。’

“‘孰能与[⑤]之？’

“对曰：‘天下莫不与也。王知夫苗乎？七八月之间旱，则苗槁[⑥]矣。天油然[⑦]作云，沛然[⑧]下雨，则苗浡然[⑨]兴[⑩]之矣。其如是，孰能御之？今夫天下之人牧[⑪]，未有不嗜杀人者也。如有不嗜杀人者，则天下之民皆引领[⑫]而望之矣。诚如是也，民归之，由[⑬]水之就下，沛然谁能御之？’”

注释

①梁襄王：梁惠王之子，名嗣，公元前318年至公元前296年在位。

②卒cù然：同“猝然”，突然。

③恶wū乎：怎样，如何。

④一：统一。

⑤与yù：参与，随从。

⑥槁gǎo：枯，干枯。

⑦油然：云多的样子。

⑧沛然：雨量丰沛的样子。

⑨浡bó然：复苏、起来的样子。

⑩兴：起来。

⑪人牧：治理百姓的人，国君。牧，养，引申为治理。

⑫引领：伸长脖子。

⑬由：通“犹”。

译文

孟子去见梁襄王，出来之后，对别人说："从远处看他没有一点国君的样子，靠近他也感受不到任何畏惧。他突然间问我：'怎样才能实现天下安定呢？'

"我回答说：'只要实现统一，天下就会安定。'

"他又问道：'谁能够一统天下呢？'

"我回答：'不嗜好杀人的国君就能一统天下。'

"他接着问道：'那么谁能够听从于他呢？'

"我回答说：'天下没有不听从于他的。大王您了解禾苗的状态吗？七八月间天气干旱少雨，禾苗都干枯了。假如天空出现了大量的云彩，下起了大雨，那么禾苗就很快会复苏起来。如果这样的话，谁又能抵挡得住呢？如今天下那些治理百姓的君主，没有不嗜好杀人的。如果有不嗜好杀人的君主出现，那么天下百姓都会伸长脖子等待他的降临。如果真是这样，那么百姓归附于他，就好像水向下流一样，浩浩荡荡的谁又能抵挡得住呢？'"

七

齐宣王[①]问曰："齐桓、晋文[②]之事可得闻乎？"

孟子对曰："仲尼之徒无道桓文之事者，是以后世无传焉，臣未之闻也。无以[③]，则王乎[④]？"

曰："德何如则可以王矣？"

曰："保民而王，莫之能御也。"

曰："若寡人者，可以保民乎哉？"

曰："可。"

曰："何由知吾可也？"

曰："臣闻之胡龁[5]曰，王坐于堂上，有牵牛而过堂下者，王见之，曰：'牛何之[6]？'对曰：'将以衅[7]钟。'王曰：'舍[8]之！吾不忍其觳觫[9]，若无罪而就死地。'对曰：'然则废衅钟与？'曰：'何可废也？以羊易之！'不识有诸[10]？"

曰："有之。"

曰："是心足以王矣。百姓皆以王为爱[11]也，臣固知王之不忍也。"

王曰："然；诚有百姓者。齐国虽褊[12]小，吾何爱一牛？即不忍其觳觫，若无罪而就死地，故以羊易之也。"

曰："王无异[13]于百姓之以王为爱也。以小易大，彼恶知之？王若隐[14]其无罪而就死地，则牛羊何择[15]焉？"

王笑曰："是诚何心哉？我非爱其财，而易之以羊也，宜乎百姓之谓我爱也。"

曰："无伤也，是乃仁术也，见牛未见羊也。君子之于禽兽也，见其生，不忍见其死；闻其声，不忍食其肉。是以君子远庖厨也。"

王说[16]，曰："《诗》云：'他人有心，予忖度之[17]。'

夫子之谓也。夫我乃行之，反而求之，不得吾心。夫子言之，于我心有戚戚[18]焉。此心之所以合于王者，何也？”

曰：“有复[19]于王者曰：‘吾力足以举百钧[20]，而不足以举一羽；明足以察秋毫之末[21]，而不见舆薪[22]。’则王许[23]之乎？”

曰：“否。”

“今恩足以及禽兽，而功不至于百姓者，独何与？然则一羽之不举，为不用力焉；舆薪之不见，为不用明焉；百姓之不见保，为不用恩焉。故王之不王，不为也，非不能也。”

曰：“不为者与不能者之形何以异？”

曰：“挟太山以超北海[24]，语人曰：‘我不能。’是诚不能也。为长者折枝[25]，语人曰：‘我不能。’是不为也，非不能也。故王之不王，非挟太山以超北海之类也；王之不王，是折枝之类也。

“老吾老[26]，以及人之老；幼吾幼，以及人之幼。天下可运于掌。《诗》云：‘刑于寡妻，至于兄弟，以御于家邦[27]。’言举斯心加诸彼而已。故推恩足以保四海，不推恩无以保妻子。古之人所以大过人[28]者，无他焉，善推其所为而已矣。今恩足以及禽兽，而功不至于百姓者，独何与？

“权[29]，然后知轻重；度[30]，然后知长短。物皆然，心为甚。王请度之！

"抑[31]王兴甲兵，危士臣，构怨[32]于诸侯，然后快于心与？"

王曰："否，吾何快于是？将以求吾所大欲也。"

曰："王之所大欲，可得闻与？"

王笑而不言。

曰："为肥甘不足于口与？轻暖不足于体与？抑为采色[33]不足视于目与？声音不足听于耳与？便嬖[34]不足使令于前与？王之诸臣皆足以供之，而王岂为是哉？"

曰："否，吾不为是也。"

曰："然则王之所大欲可知已。欲辟[35]土地，朝[36]秦、楚，莅[37]中国而抚四夷也。以若所为求若所欲，犹缘[38]木而求鱼也。"

王曰："若是其甚与？"

曰："殆[39]有[40]甚焉。缘木求鱼，虽不得鱼，无后灾。以若所为，求若所欲，尽心力而为之，后必有灾。"

曰："可得闻与？"

曰："邹人与楚人战，则王以为孰胜？"

曰："楚人胜。"

曰："然则小固不可以敌大，寡固不可以敌众，弱固不可以敌强。海内之地，方千里者九，齐集有其一。以一服[41]八，何以异于邹敌楚哉？盖[42]亦反其本矣。

"今王发政施仁，使天下仕者皆欲立于王之朝，耕者皆欲耕于王之野，商贾皆欲藏于王之市，行旅皆欲出于王之涂[43]，天下之欲疾[44]其君者，皆欲赴诉于王。其若是，孰能御之？”

王曰：“吾惛[45]，不能进于是矣。愿夫子辅吾志，明以教我。我虽不敏，请尝试之。”

曰：“无恒产而有恒心者，惟士为能。若[46]民，则[47]无恒产，因无恒心。苟[48]无恒心，放辟邪侈[49]，无不为已。及陷于罪，然后从而刑之，是罔[50]民也。焉有仁人在位罔民而可为也？是故明君制民之产，必使仰足以事父母，俯足以畜[51]妻子，乐岁[52]终身饱，凶年免于死亡。然后驱而之善，故民之从之也轻[53]。

“今也制民之产，仰不足以事父母，俯不足以畜妻子；乐岁终身苦，凶年不免于死亡。此惟救死而恐不赡[54]，奚[55]暇治礼义哉？

“王欲行之，则盍[56]反其本矣！五亩之宅，树之以桑，五十者可以衣帛矣。鸡豚狗彘之畜，无失其时，七十者可以食肉矣。百亩之田，勿夺其时，八口之家可以无饥矣。谨庠序之教，申之以孝悌之义，颁白者不负戴于道路矣。老者衣帛食肉，黎民不饥不寒，然而不王者，未之有也。”

注释

①齐宣王：齐威王之子，名辟疆。

②齐桓、晋文：指齐桓公和晋文公。两人都是春秋时

期的霸主。

③无以：不得已，没办法。以，通“已”。

④则王乎：此句为省略句，意思是那我还是给您讲讲王道吧。

⑤胡龁 hé：齐宣王之臣。

⑥之：到……去。

⑦衅：古代的血祭，用牲畜的血涂在新制成的器物上。

⑧舍：放，释放。

⑨觳觫 hú sù：恐惧、颤抖的样子。

⑩诸：“之乎”的合音。

⑪爱：吝啬。

⑫褊 biǎn：狭小，狭窄。

⑬异：动词，怪，以……为怪。

⑭隐：恻隐，哀怜。

⑮择：区别。

⑯说：通“悦”，喜悦，高兴。

⑰他人有心，予忖度之：语出《诗经·小雅·巧言》，意思是他人的想法，我可以用心揣摩出来。

⑱戚戚：心有所动的样子。孟子所言，正与宣王之意合，故宣王为之心动。

⑲复：回答，答复。

⑳钧：古代重量单位，三十斤为一钧。

㉑秋毫之末：秋天的时候，鸟的羽毛末端变得极其细微，比喻极其细小的事物。

㉒舆薪：一车柴草。

㉓许：相信，同意。

㉔挟太山以超北海：太山即泰山。超，超越，越过。此句用来比喻不可能做到的事情。

㉕折枝：这个词有三种理解：一是“为长者折取树枝”，二是“为长者搔痒按摩”，三是“为长者屈身鞠躬”。此处取第三说，枝通“肢”。

㉖老吾老：意思是尊敬、侍奉自己的长辈。第一个“老”是动词，第二个“老”是名词。

㉗刑于寡妻，至于兄弟，以御于家邦：语出《诗经·大雅·思齐》。刑，通“型”，为……做榜样。寡妻，嫡妻。御，进。

㉘人：常人、普通人。

㉙权：称量。

㉚度：测量。

㉛抑：难道。

㉜构怨：结怨。

㉝采色：即彩色。

㉞便嬖 pián bì：被宠幸的近臣。

㉟辟：开辟，开拓。

㊱朝：使动词，使……前来朝见。

㊲莅：临，引申为统治的意思。

㊳缘：登，攀爬。

㊴殆：大概，或者。

㊵有：同“又”。

㊶服：降服，使服从。

㊷盖：同“盍”，何不。

㊸涂：通“途”，道路。

㊹疾：痛恨，怨恨。

㊺惛：通“昏”，愚昧，昏乱。

㊻若：至于。

㊼则：假如。

㊽苟：如果。

㊾放辟邪侈：放纵欲望，奸邪不正。

㊿罔：通“网”，引申为网罗、陷害之意。

51畜：供养，抚养。

52乐岁：好年景，收成好的年份。

53轻：容易。

54赡：充足，足够。

55奚：何，哪里。

56盍：何不。

译文

齐宣王问孟子说：“您可以给我讲讲齐桓公和晋文公称霸的事迹吗？”

孟子回答说：“孔子的学生并没有谁提到过齐桓公和晋文公的事迹，因此他们的事迹也没有流传下来，我也没有听到过。没有办法，那么我给您讲讲王道可以吗？”

齐宣王说：“什么样的德行可以使天下之人归附呢？”

孟子说：“通过安定百姓的生活来使天下之人归附，这样就没有谁可以抵挡得住了。”

齐宣王说：“像寡人这样，可以使百姓的生活安定下来吗？”

孟子说：“可以的。”

齐宣王说：“您怎么知道我可以呢？”

孟子说：“我听胡龁说过，有一次您在大殿之上坐着，有人牵着牛从大殿之下通过，大王看见之后，说：‘要把牛牵到哪儿去？’那人回答说：‘这头牛是用来祭钟的。’大王立即说：‘放了它吧！我实在不忍心看到它恐惧的样子，没有罪过却要遭到杀戮，我真的不忍心。’那人又问：‘难道就不再祭钟了吗？’大王说：‘怎么能不祭呢？用羊来代替牛吧！’不知可有此事？”

齐宣王回答说：“确有此事。”

孟子说：“这种心境就足以使百姓归附了。百姓都以为大王是因为吝啬，臣却以为您是因为心中确实不忍。”

齐宣王说：“对，确实是有那么想的百姓。齐国虽然地域狭小，我怎么会吝惜一头牛呢？确实是因为不忍心看到那头牛恐惧的样子，它没有罪过却要惨遭杀戮，因此才用羊来代替它。”

孟子说：“大王不要惊异于百姓认为您是吝啬的。用小的来代替大的，他们怎么会理解您呢？大王如果真的哀怜它们没有罪过而惨遭杀戮，那么牛和羊又有什么区别呢？”

宣王笑道：“这是什么心理啊？我并不是因为吝惜钱财才用羊来代替牛的。照您的说法，百姓说我是吝啬看来是理所当然的了。”

孟子说：“没关系，这种不忍之心就是仁义，只是大王您看到了那只牛却没有看到那只羊啊。君子对于那些禽兽，希望看见它们活着，不忍心看到它们死去；希望听到它们的声音，不忍心吃它们的肉。因此君子都远离厨房。”

宣王欢喜地说道：“《诗经》上说：‘他人的内心，我可以揣摩得到。’这说的大概就是先生这样的人吧。我已经这样去做了，但是反过来想想我为什么要这样做，却不明白。先生您说的话，正与我的心思相合啊。这样的心思之所以是合于王道的，原因是什么呢？”

孟子说：“如果有人这样告知大王：‘我的力量足以举起三千斤的重量，却不能拿起一根羽毛；我的眼力足以看到秋天鸟的羽毛的末梢，但是却不能看见一车柴草。那么大王您相信这样的话吗？”

宣王说：“我不相信。”

孟子说：“如今大王您的恩惠足以加至禽兽之身，

却不能使百姓得到同样的好处，这是为什么呢？不能拿起一根羽毛，是因为不用力气；不能看见一车柴草，是因为不用眼力；不能安定百姓的生活，是因为不肯为百姓施加恩惠。因此大王您不能够使百姓归附，是因为您没有去做，而不是做不到的缘故。”

宣王说：“不去做与做不到这两种情况有什么不同啊？”

孟子说：“挟持着泰山去越过北海，对人说：‘我做不到。’这确实是做不到。为长者屈身行礼，对人说：‘我做不到。’这是不去做，而不是因为做不到。因此大王您不能使百姓归附，并不同于挟持着泰山去越过北海之类的事；大王您不能使百姓归附，同不为年长者屈身行礼之类的事情是一样的。

“尊敬自己家里的长辈，同样也尊敬别人家里的长辈；爱护自己家里的晚辈，同时也爱护别人家里的晚辈。《诗经》上说：‘给自己的妻子树立榜样，同时也推广到自己的兄弟，再进而推广到整个国家。’这句话说的就是将同样的仁心施加到别人的身上罢了。因此说推广自己的恩惠就足以使四海安定，不推广自己的恩惠就不能安定自己的妻子和儿女。古代的贤人之所以大大超过普通人，没有别的缘故，就是善于推广自己的所作所为而已。如今恩惠足以施加于禽兽，而不能使百姓得到同样的好处，这是为什么呢？

“称一下，才能知道轻重；量一下，才能知道长短。事物都是这样的，人心更是如此。大王您还是好好揣度揣度吧！

“难道大王您只有出动军队，危及将士及臣下的安全，与别的诸侯国结怨，才能使自己的心里感到痛快吗？”

宣王说：“不是，我怎么会以此为快事呢？我只是以此来求得自己最想要的罢了。”

孟子说：“大王您最想要的是什么，可以说给我听听吗？”

宣王微笑着却没有说话。

孟子说：“难道是因为丰盛的食物还不够吃吗？是因为华丽的衣服还不够穿吗？或是因为绚丽的色彩不够看呢？好听的声音不够听呢？身边的近臣不够自己使唤呢？大王您的大臣们都足以为您提供这些，那么大王难道会是因为这些吗？”

宣王说：“不是，不是因为这些。”

孟子说：“那么大王您最想要的我就可以知道了，您想要开拓土地，使秦楚等国前来朝见，统治中国而安抚四方。以您现在的所作所为来求您最想要的，简直如同缘木求鱼一样。”

宣王说：“有这么严重吗？”

孟子说：“可能还要更严重呢。缘木求鱼，即使得不到鱼，也不会有危险。以您现在的所作所为来求得您最想要的，即使您尽心尽力，后来肯定还要有灾祸呢。”

宣王说：“我可以听听其中的道理吗？”

孟子说：“邹国与楚国交战，您觉得谁会取得胜利呢？”

宣王说：“楚国会取得胜利。”

孟子说：“小国本来是不能战胜大国的，人少的本来是不能战胜人多的，弱者本来是不能战胜强者。如今天下达到方圆千里的地方有九个，齐国只占有其中的九分之一，以其中之一来使其他的八方服从，这和邹国与楚国开战又有什么区别呢？大王您何不反过来修养根本呢？

“大王您如果能够施行仁政，使天下为官之人都能够效力于您的朝堂之上，耕田的百姓都能够耕种于您的田地之上，商贾都能够将货物收藏在您的集市之内，外出之人都能够出没于您的道路之上，天下那些痛恨自己君主的人都愿意向您申诉。如果能够做到这样，那么谁又能够抵挡呢？”

宣王说：“我太愚昧了，恐怕不能做到如此的地步。希望先生您能够辅佐我实现志向，明白地教给我怎么做。我虽然不够聪敏，但也想试试看。”

孟子说：“没有稳定的财产却有恒定的心志，只有士人能够做得到。至于普通百姓，如果没有稳定的财产，就没有恒定的心志。如果没有恒定的心志，那么放纵欲望、奸邪不正的事情，他们都做得出来。等到他们陷入犯罪的泥潭之中，然后再绳之以法，这就是陷害百姓。仁者为政怎么可以通过陷害百姓来实现呢？因此圣明的君王必须要使百姓获得稳定的资产，使他们对上足以侍奉自己的父母，对下足以抚养自己的妻子和儿女。收成好的年岁能够吃得饱，收成不好的年岁也不至于饿死；然后再教导他们从善，那么百姓也就会轻易地听从于他了。

“如今君主也为百姓提供资产，却使得他们对上不足以侍奉自己的父母，对下不足以抚养自己的妻子儿女；收成好的年岁，日子仍然辛苦；收成不好的年岁，也不能免于死亡。这样，人们连养活自己的能力都没有，又哪里有时间来修行礼仪呢？

“大王您如果真的想使百姓归附，就应该反修其本：在五亩大的宅地中种植桑树，五十岁以上的人就可以穿上丝帛了。养殖鸡豚狗彘的时候，不要耽误它们生长繁殖的时节，那么七十岁以上的老人就可以吃上肉了。面积百亩的田地，不要耽误百姓劳作的时令，那么几口人的家庭就可以免于饥饿之苦了。认真地开展学校教化，反复地申诫孝悌敬长的道理，那么头发花白的老人就不会再背着、顶着东西在路上行走了。七十岁以上的老人都能够穿着丝帛的衣服、都可以吃上肉，百姓可以免于饥寒之苦，如果这样还不能使天下百姓归附，这是不可能的。”

卷二　梁惠王下

题解

此篇凡十六章，主要反映了孟子“与民同乐”的政治思想。孟子认为，君王若“独乐乐”，百姓终会离他而去，只有“与众乐乐”，才能保民而王。

一

庄暴[①]见孟子，曰：“暴见于王[②]，王语[③]暴以好乐，暴未有以对也。”曰：“好乐何如？”

孟子曰：“王之好乐甚，则齐国其庶几[④]乎！”

他日，见于王曰：“王尝语庄子[⑤]以好乐，有诸[⑥]？”

王变乎色，曰：“寡人非能好先王之乐也，直好世俗之乐耳。”

曰：“王之好乐甚，则齐其庶几乎！今之乐由[⑦]古之乐也。”

曰：“可得闻与？”

曰：“独乐乐[⑧]，与人乐乐，孰乐[⑨]？”

曰：“不若与人。”

曰：“与少乐乐，与众乐乐，孰乐？”

曰：“不若与众。”

“臣请为王言乐。今王鼓乐于此，百姓闻王钟鼓之声，管籥[10]之音，举[11]疾首蹙頞[12]而相告曰：'吾王之好鼓乐，夫何使我至于此极[13]也？父子不相见，兄弟妻子离散。'今王田[14]猎于此，百姓闻王车马之音，见羽旄[15]之美，举疾首蹙頞而相告曰：'吾王之好田猎，夫何使我至于此极也？父子不相见，兄弟妻子离散。'此无他，不与民同乐也。

"今王鼓乐于此，百姓闻王钟鼓之声，管籥之音，举欣欣然有喜色而相告曰：'吾王庶几[16]无疾病与，何以能鼓乐也？'今王田猎于此，百姓闻王车马之音，见羽旄之美，举欣欣然有喜色而相告曰：'吾王庶几无疾病与，何以能田猎也？'此无他，与民同乐也。今王与百姓同乐，则王矣。"

注释

①庄暴：齐臣。

②见于王：被王接见。

③语：告诉。

④庶几：可以，差不多。指百姓生活较为安定、富足。

⑤庄子：指庄暴。子是古代对男子的尊称。

⑥诸："之乎"的合音。

⑦由：通"犹"。

⑧独乐 yuè 乐 lè：第一个"乐"指欣赏音乐，第二个"乐"指快乐。

⑨乐 lè：快乐。

⑩管籥yuè：古代乐器，如笙笛之类。

⑪举：全，都。

⑫疾首蹙cù 頞è：脑袋疼痛，鼻梁皱起。蹙，皱。頞，鼻梁。

⑬极：极端的地步。

⑭田：通“畋”。

⑮羽旄máo：指旌旗等仪仗之物。

⑯庶几：大概。

译文

庄暴前来拜见孟子，说：“我去觐见齐王的时候，大王告诉我他喜好音乐，我不知道该怎样回答。”庄暴接着说：“喜好音乐，有什么作用吗？”

孟子说：“齐王如果非常喜好音乐的话，那么齐国百姓的生活应该不错吧！”

过了几天，孟子被齐王接见，说道：“您曾经告诉庄暴，说自己喜好音乐，有这样的事吗？”

齐王脸色一变，说道：“我并不是喜好古时先王之乐，只是爱好一般的世俗之乐罢了。”

孟子说：“大王如果非常喜好音乐的话，那么齐国百姓的生活应该不错吧！喜好现在的音乐和喜好古时的音乐是一样的道理。”

齐王说：“我可以听听其中的道理吗？”

孟子说：“独自一人欣赏音乐的快乐，与别人一起欣赏音乐的快乐，这两种快乐哪种更快乐呢？”

齐王说：“与别人一起欣赏音乐更加快乐。”

孟子说：“与少数的人一起欣赏音乐的快乐，与众人一起欣赏音乐的快乐，这两种快乐哪种更快乐呢？”

齐王说：“与众人一起欣赏音乐更加快乐。”

孟子说：“请允许我为大王您讲讲音乐的道理吧。假使大王您在这里演奏音乐，百姓听到大王演奏的是钟鼓之音以及笙笛之乐，都感到脑袋疼痛，皱着鼻梁互相转告说：‘我们的王喜好演奏音乐，怎么会使我们生活辛苦到这样的地步呢？父子不能相见，兄弟和妻子儿女互相离散。’假使大王您在这儿狩猎，百姓听到车马的声音，看到旌旗仪仗的华美，都感到脑袋疼痛，皱着鼻梁互相转告说：‘我们的王喜好狩猎，怎么会使我们的生活辛苦到这样的地步呢？父子不能相见，兄弟和妻子儿女互相离散。’百姓这样的反应，并没有其他的原因，就是因为大王不与百姓共同欢乐。

“假使大王您在这里演奏音乐，百姓听到大王演奏的钟鼓之音以及笙笛之乐，都感到很愉悦，欣喜地互相转告说：‘我们的王大概是没有什么疾病吧，否则怎么能演奏音乐呢？’假使大王您在这儿狩猎，百姓听到车马的声音，看到旌旗仪仗的华美，都感到很愉悦，欣喜地互相转告说：‘我们的王大概是没有什么疾病吧，否则怎么能在此狩猎呢？’百姓这样的反应也没有其他的原因，就是因为大王与百姓共同欢乐。假使大王您能够与百姓共同欢乐，那么天下百姓自然就归附了。”

二

齐宣王问曰：“文王之囿[①]方七十里，有诸？”

孟子对曰：“于传[②]有之。”

曰：“若是其大乎？”

曰：“民犹以为小也。”

曰：“寡人之囿方四十里，民犹以为大，何也？”

曰：“文王之囿方七十里，刍荛者[③]往焉，雉兔者[④]往焉，与民同之，民以为小，不亦宜乎？臣始至于境，问国之大禁，然后敢入。臣闻郊关之内有囿方四十里，杀其麋鹿者如杀人之罪。则是方四十里为阱[⑤]于国中，民以为大，不亦宜乎？”

注释

①囿：古代畜养草木、禽兽的山林。有围墙的称作“苑”，没有围墙的就称作“囿”。

②传：书传，古代记事的典籍。

③刍 chú 荛 ráo 者：割草砍柴之人。刍，割草。

④雉兔者：打猎的人。

⑤阱：陷阱。

译文

齐宣王问孟子说："周文王的苑囿有方圆七十里之大，真的有这种事吗？"

孟子回答说："在典籍中确实有这样的记载。"

宣王说："真的有这么大吗？"

孟子说："百姓还觉得小呢。"

宣王说："我的苑囿只有四十里，但是百姓却还嫌大，为什么呢？"

孟子说："文王的苑囿虽然方圆七十里，但是割草砍柴的人可以进去，打猎的人也可以进去，文王与百姓共同享有这个苑囿，百姓觉得小，不也是应该的吗？我刚到齐国边境的时候，就询问齐国最严的禁令是什么，之后才敢入境。我听说齐国国都的郊外，有一个苑囿方圆四十里，杀了其中的一只麋鹿与杀人之罪等同；那么这方圆四十里的地方就好像齐国境内的一个陷阱一样，百姓觉得太大，不也是应该的吗？"

三

齐宣王问曰："交邻国有道乎？"

孟子对曰："有。惟仁者为能以大事小，是故汤事葛①，文王事昆夷②。惟智者为能以小事大，故大王事獯鬻③，勾践事吴④。以大事小者，乐天者也；以小事大者，畏天者也。乐天者保天下，畏天者保其国。《诗》

云：‘畏天之威，于时保之[5]。’”

王曰：“大哉言矣！寡人有疾，寡人好勇。”

对曰：“王请无好小勇。夫抚剑疾视曰：‘彼恶敢当[6]我哉！’此匹夫之勇，敌一人者也。王请大之！

“《诗》云：‘王赫斯怒，爰整其旅，以遏徂莒，以笃周祜，以对于天下[7]。’此文王之勇也。文王一怒而安天下之民。

“《书》曰：‘天降下民，作之君，作之师，惟曰其助上帝宠之，四方有罪无罪惟我在，天下曷敢有越厥志[8]？’一人衡行[9]于天下，武王耻之。此武王之勇也。而武王亦一怒而安天下之民。今王亦一怒而安天下之民，民惟恐王之不好勇也。”

注释

①汤事葛：《滕文公下》有详述，可参照。

②昆夷：也称混夷，西戎国名。

③大王事獯鬻 xūn yù：大王，同“太王”，即古公亶父。獯鬻即“猃狁”，又称獯育。《史记·周本纪》记载：“古公亶父复脩后稷、公刘之业，积德行义，国人皆戴之。獯育戎狄攻之，欲得财物，予之……”“大王事獯鬻”当是言此。

④勾践事吴：越王勾践被吴国打得大败，不得不卑事吴国，自己亲身为吴王夫差牵马。后卧薪尝胆数十年，终于灭吴。

⑤畏天之威，于时保之：语出《诗经·周颂·我将》，意思是畏惧上天的威严，因此才能保住己身。

⑥当：挡住，抵挡。

⑦王赫斯怒，爰整其旅，以遏徂莒cú jǔ，以笃周祜hù，以对于天下：语出《诗经·大雅·皇矣》。意思是大王勃然而怒，整饬军旅，阻遏莒国之敌，使周国福祚大增，以此来回馈天下对周国的期望。赫斯，愤怒的样子。徂，往。莒，国名，在今山东境内。笃，厚，强。祜，福，福祚。

⑧"天降下民"六句语出《尚书·泰誓》，与今本稍异。意思是上天降生百姓，也替他们降生了君王，降生了师傅，这些君王和师傅的责任就是代替上天来爱护百姓，因此天下四方的有罪和无罪者的责任都在我一人身上，那么天下还有谁敢超越自己的欲望呢？

⑨衡行：即"横行"。

译文

齐宣王问孟子说："与邻国打交道有什么原则吗？"

孟子回答说："有。只有仁德之君才能以大国的身份来服侍小国，因此商汤曾经服侍葛国，文王曾经服侍昆夷。只有有智之君才能以小国的身份来服侍大国，因此太王曾经服侍獯鬻，勾践曾经服侍吴国。以大国的身份来服侍小国的，是乐承天命之君；以小国的身份来服侍大国的，是畏惧天命之君。乐承天命之君可以使天下得到安定，畏惧天命之君可以使本国保持安定。《诗经》上说：‘畏惧上天的威严，因此才能保住已身。’”

宣王听到后说：“先生说得真好啊！但是我却有个毛病，就是我十分好勇。”

孟子说：“那么就请大王您不要喜好小勇。有些好勇之人只是手持刀剑，怒目而言：‘你怎么敢抵挡我呢？’这只是个人的匹夫之勇而已，只能够抵挡住一个人，请大王将其扩大！

“《诗经》上说：‘大王勃然而怒，整饬军旅，阻遏莒国之敌，使周国福祚大增，以此来回馈天下对周国的期望。’这是文王的英勇。文王愤然一怒就使天下百姓得到了安定。

“《尚书》上说：‘上天降生百姓，也替他们降生了君王，降生了师傅，这些君王和师傅的责任就是代替上天来爱护百姓，因此天下四方的有罪和无罪者的责任都在我一人身上，那么天下还有谁敢超越自己的欲望呢？’独夫商纣王当时横行于天下，武王以此为耻。这是武王的英勇。而且武王也是愤然一怒就使天下百姓得到安定。假如大王也能愤然一怒就使天下百姓得到安定，那么百姓还唯恐大王您不好勇呢。”

四

齐宣王见孟子于雪宫[1]。王曰："贤者亦有此乐乎？"

孟子对曰："有。人不得，则非其上矣。不得而非其上者，非也；为民上而不与民同乐者，亦非也。乐民之乐者，民亦乐其乐；忧民之忧者，民亦忧其忧。乐以天下，忧以天下，然而不王者，未之有也。

"昔者齐景公[2]问于晏子[3]曰：'吾欲观于转附、朝儛[4]，遵[5]海而南，放[6]于琅邪[7]；吾何修而可以比于先王观也？'晏子对曰：'善哉问也！天子适诸侯曰巡狩。巡狩者，巡所守也。诸侯朝于天子曰述职。述职者，述所职也。无非事者。春省耕而补不足，秋省敛而助不给。夏谚[8]曰：'吾王不游，吾何以休？吾王不豫[9]，吾何以助？一游一豫，为诸侯度[10]。'今也不然，师[11]行而粮食[12]，饥者弗食，劳者弗息。睊睊胥谗[13]，民乃作慝[14]。方命[15]虐民，饮食若流；流连荒亡，为诸侯忧。从流下而忘反谓之流，从流上而忘反谓之连，从兽无厌谓之荒，乐酒无厌谓之亡。先王无流连之乐、荒亡之行。惟君所行也。'

"景公悦，大戒[16]于国，出舍于郊，于是始兴发补不足。召大师[17]曰：'为我作君臣相说之乐！'盖《徵招》《角招》[18]是也。其《诗》曰：'畜[19]君何尤[20]？'畜君者，好君也。"

注释

①雪宫：齐宣王的行宫，在今山东临淄。

②齐景公：春秋时期的齐国国君，名杵臼。

③晏子：即晏婴，齐国贤臣。

④转附、朝儛 wǔ：皆山名，转附疑即今芝罘山，朝儛疑为今山东荣成市东之召石山。

⑤遵：沿着。

⑥放：至，到达。

⑦琅邪：山名，在今山东诸城县东南。

⑧夏谚：夏代的谚语。

⑨豫：通“游”。

⑩度：法度。

⑪师：众，众人，指从王所游之众人。

⑫粮食：“粮”是名词，即粮食；“食”是动词，意为吃、食用。

⑬睊 juàn 睊胥 xū 谗：百姓都心生愤怒，怨恨国君。睊睊，侧目怒视的样子。胥，相。谗，毁谤。

⑭慝 tè：恶，奸恶之事。

⑮方命：违反天命。方，违反。命，天命。

⑯戒：备，准备。

⑰大师：即“太师”。古代乐官之长。

⑱《徵 zhǐ 招》《角招》：两乐名，即太师承名所作之乐。徵、角为古代五音中的两个。招，同“韶”。

⑲畜：爱，好。

⑳尤：过失，错误。

译文

宣王在雪宫之中接见孟子。宣王说："贤人也以此为乐吗？"

孟子回答说："是的。如果他们得不到这种快乐，他们就会埋怨自己的君王了。自己得不到这种快乐却要埋怨君王，这是不对的；作为百姓的君主却不能与百姓共享此乐，这也是不对的。君王把百姓的快乐作为自己的快乐，百姓也会以君王的快乐作为自己的快乐；君王把百姓的忧愁作为自己的忧愁，百姓也会以君王的忧愁作为自己的忧愁。与天下人同乐，与天下人同忧，这样还不能使天下百姓归附，是不可能的。

"从前齐景公问晏子道：'我想到转附、朝儛两山去游玩，然后沿着海岸一直向南走，一直到达琅邪山，我该怎样做才能和古代圣明君王的巡游相比拟呢？'晏子回答说：'您问得好啊！天子到诸侯那里去巡查叫作巡狩。巡狩的意思就是巡查诸侯所守卫的疆土。诸侯朝见天子叫作述职。述职的意思就是报告自己的职务状况。这些都是自己分内的事情。春天巡查耕作情况，并且对有困难的施以补助。秋天巡查收成情况，并且对缺少粮食的施以补助。夏代有谚语这样说：'我们的大王不来巡游，我们怎么能得到休息？我们的大王不来巡查，我们怎么能得到补助？大王的巡游和巡查，足以作为诸侯的法度。’但是现在的情况却不是这样，随国君出行的众人，消耗了大量的粮食，饥饿的人却吃不到东西，劳苦的人也得不到休息。百姓心生愤怒，怨恨国君，于是他们就会无恶不作了。违反天命，虐待百姓，耗费的粮食如同流水一般；流连荒亡之事，为国君带来了无边的忧愁。从上游向下游游玩而乐不思蜀叫作流，从下游向上游游玩而乐不思蜀叫作连，毫无厌倦地一味狩猎叫作荒，毫无厌倦地一味吃喝叫作亡。古代的圣明君王是没有这种流连荒亡的行为的。大王您要怎么做，还是您自己看着办吧。’

“景公听完之后非常高兴，在都城之内做了充分的准备，然后驻扎在郊外，开始拿出钱粮，赈济生活无助之人。并且叫来乐师说：‘给我创作一支君臣同乐的乐曲。’这大概就是《徵招》《角招》两支乐曲的由来。其歌词中有：‘爱戴自己的君王有什么过错呢？’‘畜君’就是爱戴君王的意思。”

五

齐宣王问曰：“人皆谓我毁明堂[①]，毁诸？已[②]乎？”

孟子对曰：“夫明堂者，王者之堂也。王欲行王政，则勿毁之矣。”

王曰："王政可得闻与？"

对曰："昔者文王之治岐[3]也，耕者九一[4]，仕者世禄[5]，关市讥[6]而不征，泽梁无禁，罪人不孥[7]。老而无妻曰鳏，老而无夫曰寡，老而无子曰独，幼而无父曰孤。此四者，天下之穷民而无告[8]者。文王发政施仁，必先斯四者。《诗》云：'哿矣富人，哀此茕独[9]！'"

王曰："善哉言乎！"

曰："王如善之，则何为不行？"

王曰："寡人有疾，寡人好货。"

对曰："昔者公刘[10]好货，《诗》云：'乃积乃仓，乃裹餱粮，于橐于囊，思戢用光。弓矢斯张，干戈戚扬，爰方启行[11]。'故居者有积仓，行者有裹囊也，然后可以爰方启行。王如好货，与百姓同之，于王何有[12]？"

王曰："寡人有疾，寡人好色。"

对曰："昔者大王好色，爱厥妃。《诗》云：'古公亶父，来朝走马，率西水浒，至于岐下，爰及姜女，聿来胥宇[13]。'当是时也，内无怨女，外无旷夫[14]。王如好色，与百姓同之，于王何有？"

注释

①明堂：古代帝王宣明政教、举行大典的地方。

②已：止，停。

③岐qí：地名，即岐山，又称岐周，在今陕西省岐山县

东北。文王时，周族尝居岐，后来迁至丰。

④耕者九一：即九一而税，这是和古代的井田制度相联系的。井田制下每井九百亩，平均分为九份，大概似九宫状。八家各耕种外围的八百亩，这八百亩是私田。当中一百亩由八家共同耕种，叫作公田。私田的收成归耕种者自己所有，公田的收成则归土地所有者。

⑤仕者世禄：古代的世卿世禄制度，大夫以上的官职都是由其子孙世代承袭爵位、俸禄或者采邑。

⑥讥：通“稽”，查，稽查。

⑦罪人不孥：孥，妻子儿女，这里作动词，意思是对于犯罪的人不牵连他的妻子儿女。

⑧告：申诉。

⑨哿 gě 矣富人，哀此茕 qióng 独：语出《诗经·小雅·正月》。富人的生活是快乐了，只是可怜了那些孤独无依的人。哿，快乐，欢乐。茕，没有兄弟叫茕。独，没有子女叫独。

⑩公刘：周人的先祖，后稷曾孙。

⑪“乃积乃仓，乃裹餱 hóu 粮”诸句，语出《诗经·大雅·公刘》。粮仓里积满了粮食，还有盛在橐囊里的粮食，百姓和乐，国威大扬。张开弓箭，高举干戈，勇敢前行。餱粮，干粮。橐和囊都是盛粮食的器物。思，语气词，无实义。戢，通“辑”，和谐，和乐。

⑫于王何有：意思是这对于大王来说有什么难处呢。

⑬"古公亶父"诸句，语出《诗经·大雅·绵》。意思是古公亶父早上骑着马，沿着漆水来到岐山脚下，和他的妻子姜氏之女，在这里考察住处。率，循，沿着。水，当指漆水。姜女，即太姜，太王之妃。聿，语首词。胥，省察，视察。宇，房屋。

⑭旷夫：无妻的男子。

译文

齐宣王问道："别人都建议我毁掉明堂，是毁掉它呢，还是不毁呢？"

孟子回答道："明堂是王者施行仁政的殿堂。大王您如果想要施行仁政，还是不要毁掉它。"

宣王说："仁政的道理，可以说给我听听吗？"

孟子说："从前周文王治理岐地，对百姓是九一而税；做官的世代享受俸禄，关卡和市场只稽查不征税；湖泊池沼不设禁令，对犯人不牵连妻儿。年老无妻叫鳏，年老无夫叫寡，年老无子叫独，年幼无父叫孤。这四种人是天下最困难而又无依无靠的人。文王发布政令、施行仁政，必定先照顾这四种人。《诗经》上说：'富人的生活是快乐了，只是可怜了这些无依无靠的人！'"

宣王说："说得好啊！"

孟子说："大王如果觉得好，那么为什么不照着去做呢？"

宣王说："我有个毛病，我喜好货财。"

孟子说："从前公刘也喜好货财，《诗经》上说：'粮仓里积满了粮食，还有盛在橐囊里的粮食，百姓和乐，国威大扬。张开弓箭，高举干戈，勇敢前行。'这就是说，留在家的人粮食满仓，行军的人也带足了干粮，然后才启程远行。大王如果爱财，能和百姓共同享用，那么施行仁政又有什么困难的呢？"

宣王说："我还有个毛病，我喜好美色。"

孟子说："从前太王也喜好美色，宠爱他的妃子。《诗经》上说：'古公亶父早上骑着马，沿着漆水来到岐山脚下，和他的妻子姜氏之女，在这里考察可以建宫之处。'在那时候，没有找不到丈夫的女子，也没有找不到妻子的男子。大王如果喜好美色，也能让百姓都有配偶，那么施行仁政又会有什么困难呢？"

六

孟子谓齐宣王曰："王之臣有托其妻子于其友而之楚游者，比[①]其反也，则冻馁[②]其妻子，则如之何？"

王曰："弃之。"

曰："士师[③]不能治士，则如之何？"

王曰："已之。"

曰："四境之内不治，则如之何？"

王顾左右而言他。

注释

①比：及，等。

②馁：饥饿。

③士师：古代主管司法的官员。

译文

孟子对齐宣王说："假如大王有个臣子，把妻子儿女托付给朋友照顾，自己到楚国去游历，等他回来的时候，妻子儿女却在受冻挨饿，那么，对这样的朋友该怎么办？"

宣王说："不再和他交往。"

孟子说："假如士师不能管理好他的下级，那该怎么办呢？"

宣王说："把他罢免掉。"

孟子说："如果国家治理不好，那该怎么办呢？"

宣王左顾右看，说起了其他的事情。

七

孟子见齐宣王，曰："所谓故国①者，非谓有乔木②之谓也，有世臣③之谓也。王无亲臣④矣，昔者所进⑤，今日不知其亡⑥也。"

王曰："吾何以识其不才而舍之？"

曰："国君进贤，如不得已，将使卑逾尊，疏逾戚，可不慎与？左右皆曰贤，未可也；诸大夫皆曰贤，未可也；国人皆曰贤，然后察之，见贤焉，然后用之。左右皆曰不可，勿听；诸大夫皆曰不可，勿听；国人皆曰不可，然后察之，见不可焉，然后去之。左右皆曰可杀，勿听；诸大夫皆曰可杀，勿听；国人皆曰可杀，然后察之，见可杀焉，然后杀之。故曰国人杀之也。如此，然后可以为民父母。”

注释

①故国：历史久远的国家。

②乔木：高大的古树。

③世臣：累世皆有功勋之臣。

④亲臣：亲信之臣。

⑤进：进用。

⑥亡：去官，罢免。

译文

孟子前去谒见齐宣王，说：“所谓历史久远的国家，不是说他们国中要有高大的古木，而是说要有世代都有功勋的臣子。现在大王没有亲信的臣子了，从前进用的人，现在不知道为什么都离官而去了。”

宣王说：“我怎么识别那些没有才能的人而不任用他们呢？”

孟子说：“国君进用人才，如果是不得已而任人为官，将会使地位低的超过地位高的，关系远的超过关系近的，这能不慎重吗？左右之人都说一个人好，这不行；大夫们都说一个人好，这还不行；全国的人都说一个人好，之后才去考察他，如果他确实是个贤才，然后才任用他。左右之人都说不行，不要听信；大夫们都说不行，不要听信；全国的人都说不行，之后才考察他，如果他确实不行，然后才能罢免他。左右侍臣都说可杀，不要听信；大夫们都说可杀，不要听信；全国的人都说可杀，之后才考察他，如果他确实可杀，然后才杀掉他。所以说，这是全国的人杀掉他的。这样，才可以算是百姓的父母。”

八

齐宣王问曰：“汤放桀[1]，武王伐纣，有诸？”

孟子对曰：“于传有之。”

曰：“臣弑其君，可乎？”

曰：“贼[2]仁者谓之‘贼’，贼义者谓之‘残’；残贼之人谓之‘一夫’。闻诛一夫纣矣，未闻弑君也。”

注释

①汤放桀：汤指商汤，商朝的开国之君。商汤曾讨伐夏桀，并将夏桀流放于南巢。

②贼：动词，残害，败坏。

译文

齐宣王问道："商汤流放夏桀，武王讨伐商纣，有这些事吗？"

孟子回答道："典籍上确实有这些事的记载。"

宣王问："做臣子的杀害自己的君主，这样可以吗？"

孟子说："败坏仁的人叫'贼'，败坏义的人叫'残'；残、贼这样的人叫'独夫'。我只听说杀了独夫纣罢了，没听说臣子杀害君主啊。"

九

孟子见齐宣王，曰："为巨室，则必使工师[1]求大木。工师得大木，则王喜，以为能胜其任也。匠人斫[2]而小之，则王怒，以为不胜其任矣。夫人幼而学之，壮而欲行之，王曰：'姑舍女所学而从我。'则何如？今有璞玉于此，虽万镒[3]，必使玉人雕琢之。至于治国家，则曰：'姑舍女所学而从我。'则何以异于教玉人雕琢玉哉？"

注释

①工师：古代主管工匠的官员。

②斫 zhuó：砍，削。

③镒：古代重量单位，二十两为一镒。

译文

孟子前去谒见齐宣王，说："想要建造大的宫室，就一定要叫工师去寻找大的木料。工师找到了大的木料，大王您就高兴，认为工师是称职的。木匠砍削木料，把木料砍小了，大王就发怒，认为木匠是不称职的。一个人从小学到了一种本领，长大了想运用它，大王却说：'暂且放弃你所学的本领来听我的。'这样行得通吗？假如现在有块璞玉在这里，虽然价值二十万两，也必定要叫玉匠来雕琢切削。对于治理国家，如果也说：'暂且放弃你所学的本领来听我的。'那么，这同让玉匠按您的办法去雕琢玉石，又有什么不同呢？"

十

齐人伐燕，胜之[①]。宣王问曰："或谓寡人勿取，或谓寡人取之。以万乘之国伐万乘之国，五旬[②]而举之，人力不至于此。不取，必有天殃。取之，何如？"

孟子对曰："取之而燕民悦，则取之。古之人有行之者，武王是也。取之而燕民不悦，则勿取。古之人有行之者，文王是也[③]。以万乘之国伐万乘之国，箪食壶浆以迎王师，岂有他哉？避水火也。如水益深，如火益热，亦运[④]而已矣。"

注释

①齐人伐燕，胜之：此事发生在齐宣王五年。燕王哙把自己的国家让给了国相子之，由于燕王此举与既成制度不合，因此在燕国引发了内讧。后来齐宣王发兵击燕，一举成功。

②旬：十天为一旬。

③“取之而燕民悦……文王是也”：文王之时，虽然周国的实力已经很强，并且三分天下有其二，但是伐商的时机还不成熟，百姓还难以接受，于是文王仍然臣事殷商；但是到了武王之时，时机已然成熟，伐商已是大势所趋、人心所向，因此武王伐纣。

④运：转。

译文

齐国攻打燕国，一举攻下。齐宣王问道：“有人劝我不要吞并燕国，有人劝我吞并燕国。以一个拥有万辆兵车的国家去攻打另一个拥有万辆兵车的国家，五十天就打了下来，这不是只凭人力就可以做到的。不吞并它，一定会有上天降下的灾祸。我吞并了燕国，怎么样呢？”

孟子回答说：“如果吞并了燕国能使燕国的百姓高兴，那就吞并它。古代有人这样做过，武王就是这样。如果吞并了燕国却不能使燕国的百姓高兴，那就不要吞并。古代也有人这么做过，文王就是这样。以拥有万辆兵车的国家去攻打另一个拥有万辆兵车的国家，百姓带着饭食和酒浆来迎接大王的军队，难道还有别的原因吗？他们只是想避免水深火热的生活罢了。如果水更深，火更热，那么百姓也会转而欢迎别的国君去解救他们。”

十一

齐人伐燕，取之。诸侯将谋救燕。宣王曰："诸侯多谋伐寡人者，何以待之？"

孟子对曰："臣闻七十里为政于天下者，汤是也。未闻以千里畏人者也。《书》曰：'汤一征，自葛始[①]。'天下信之，东面而征[②]，西夷怨；南面而征，北狄怨，曰：'奚为后我？'民望之，若大旱之望云霓也。归市者不止，耕者不变，诛其君而吊[③]其民，若时雨降，民大悦。《书》曰：'徯我后，后来其苏[④]。'今燕虐其民，王往而征之，民以为将拯己于水火之中也，箪食壶浆以迎王师。若杀其父兄，系累[⑤]其子弟，毁其宗庙，迁其重器[⑥]，如之何其可也？天下固畏齐之强也，今又倍地[⑦]而不行仁政，是动[⑧]天下之兵也。王速出令，反其旄倪[⑨]，止其重器，谋于燕众，置君而后去之，则犹可及止也。"

注释

①汤一征，自葛始：此句是《尚书》遗文，不存于今本《尚书》。商汤取得天下，是从征伐葛伯开始的。一，始，开始。

②东面而征：面向东方，自西向东开始征伐。

③吊：抚恤，抚慰。

④徯 xī 我后，后来其苏：意思是等待我们的君王，君王来了我们也就得救了。徯，等待。后，王，君王。苏，复苏，复原。

⑤系累：束缚，捆绑。

⑥重器：宝器。

⑦倍地：土地增加一倍。

⑧动：使……出动。

⑨旄 mào：通“耄”，老人。倪 ní：幼儿，小孩。

译文

齐国攻伐燕国，占领了它。各诸侯国都一起谋划去救燕国。宣王说：“很多诸侯都谋划来攻打我，我该怎么对付他们呢？”

孟子回答说：“我听说依靠方圆七十里的一块地方就能统一天下，商汤就是这样。没有听说依靠方圆千里之地还会惧怕别人的。《尚书》上说：‘商汤取得天下，是从征伐葛伯开始的。’天下的人都信任商汤，他自西向东征伐，西边的民族就埋怨，向南征伐，北边的民族就埋怨，他们埋怨道：‘为什么把我们放到后面了呢？’人民盼望他，如同大旱之时盼望云霓一样。商汤征伐的时候从不惊扰百姓，赶集市的不必停下来，耕田的也照常干活。杀了那里的国君，抚慰那里的百姓，像是及时的甘霖从天而降，百姓都欢喜之极。《尚书》上又说：‘等待我们的君王，君王来了，我们也就得救了。’现在，燕国国君虐待百姓，大王前去征伐，百姓都以为您会把他们从水深火热中拯救出来，所以都带着饭食、酒浆迎接大王的军队。如果您杀戮他们的父兄，抓捕他们的子弟，毁坏他们的宗庙，搬走他们国家的宝器，那怎么行呢？天下本来就畏惧齐国的强大，现在齐国的土地扩大了一倍却不能施行仁政，这就会使天下诸侯都要出动军队攻打您了。大王赶紧发布命令，把掳掠的老人孩子都遣送回去，停止搬运燕国的宝器，同燕国人商量，选立一个新国君，然后撤离燕国，那么还来得及阻止列国的征伐。”

十二

邹[①]与鲁哄[②]。穆公[③]问曰：“吾有司[④]死者三十三人，而民莫之死也。诛之，则不可胜诛；不诛，则疾视其长上之死而不救，如之何则可也？”

孟子对曰：“凶年饥岁，君之民老弱转[⑤]乎沟壑，壮者散而之四方者，几[6]千人矣。而君之仓廪实，府库充，有司莫以告，是上慢而残下也。曾子[7]曰：‘戒之戒之！出乎尔者，反乎尔者也。’夫民今而后得反之也。君无尤焉。君行仁政，斯民亲其上，死其长矣。”

注释

①邹：邹国，在今山东邹城附近。

②哄 hòng：交战，争战。

③穆公：即邹穆公。

④有司：官吏。

⑤转：辗转，迁徙不定。

⑥几：几乎，差不多。

⑦曾子：即曾参，孔子弟子。

译文

邹国与鲁国交战。邹穆公问孟子说：“我的官员死了三十三人，但是却没有一个百姓肯为保护长官去死的。要是杀了他们吧，是无法杀尽的；要是不杀吧，又痛恨他们眼睁睁看着自己的长官死难而不去援救，这该怎么办才好呢？”

孟子回答道：“在收成不好、到处闹饥荒的年岁，您的百姓，年迈体弱的辗转死于沟壑中，年轻体壮的逃散于四方，几乎多达千人。而您的粮仓里粮食充足，库房里财物充足，没有一个官员向您报告，这就是对上级怠慢，对百姓残暴啊。曾子说过：‘警惕啊，警惕啊！你怎样对待别人，别人就会怎样对待你。’百姓现在终于可以用官吏对待他们的态度来对待官吏了。您还是不要责怪他们了。如果您能施行仁政，那么百姓自然就会亲近他们的长官，愿为长官死难了。”

十三

滕文公[①]问曰："滕，小国也，间于齐、楚。事齐乎？事楚乎？"

孟子对曰："是谋非吾所能及也。无已，则有一焉：凿斯池也，筑斯城也，与民守之，效死而民弗去，则是可为也。"

注释

①滕文公：滕国国君。滕国是周代小国，在今山东滕州市附近。

译文

滕文公问道："滕国是个小国，夹在齐国和楚国的中间，是侍奉齐国呢，还是侍奉楚国呢？"

孟子回答道："这样的谋划我力不能及。如果您一定要我说，那就只有一个办法：深挖护城的沟池，筑牢城墙，与百姓共同守卫，百姓宁可献出生命也不逃离，这样就有办法了。"

十四

滕文公问曰："齐人将筑薛[①]，吾甚恐，如之何则可？"

孟子对曰："昔者大王居邠[②]，狄人[③]侵之。去，之岐山之下居焉。非择而取之，不得已也。苟为善，后世子孙必有王者矣。君子创业垂统，为可继也。若夫成功，则天也。君如彼何哉？强[④]为善而已矣。"

注释

①薛：原是周代诸侯国，在今山东滕州南，后被齐国所灭。

②邠 bīn：同"豳"，在今陕西旬邑、彬县一带。古公亶父尝率周族人居此，由于受到狄人的侵扰，后迁至岐山脚下。

③狄人：指猃狁。

④强：勉励，劝勉。

译文

滕文公问道："齐国将要修筑薛城，我非常害怕，该怎么办才好呢？"

孟子回答道："从前太王居住在邠，常常受到狄人的侵扰。他便离开，迁到岐山下居住。他并不是主动选择去那里居住，只是迫不得已罢了。如果能施行善政，后代子孙中必定会有能使天下归附的。君子创立基业，传给后世，是为了能够继承下去。至于能否成功，那就由天命决定了。您怎样对付齐国呢？只有勉励自己推行善政了。”

十五

滕文公问曰：“滕，小国也，竭力以事大国，则不得免焉，如之何则可？”

孟子对曰：“昔者大王居邠，狄人侵之。事之以皮币[①]，不得免焉；事之以犬马，不得免焉；事之以珠玉，不得免焉。乃属[②]其耆老[③]而告之曰：‘狄人之所欲者，吾土地也。吾闻之也：君子不以其所以养人者害人。二三子何患乎无君？我将去之。’去邠，逾梁山[④]，邑[⑤]于岐山之下居焉。邠人曰：‘仁人也，不可失也。’从之者如归市。或曰：‘世守也，非身之所能为也，效死勿去。’君请择于斯二者。”

注释

①皮币：皮，裘，皮袄。币，指缯帛等物。

②属 zhǔ：召集。

③耆老：年长者。

④梁山：在今陕西乾县西北，在邠与岐山之间。

⑤邑：动词，修筑城邑。

译文

滕文公问道："滕国是个小国，即使竭力去侍奉大国，也不能免于侵犯，该怎么办才好呢？"

孟子回答道："从前，太王居住在邠，常常受到狄人的侵犯。以皮币侍奉狄人，不能免于侵犯；以犬马侍奉狄人，不能免于侵犯；以珠玉侍奉狄人，还是不能免于侵犯。于是太王召集邠地的长老，对他们说：'狄人想要的是我们的土地。我听说过这样一句话：君子不拿用来养活人的东西来害人。你们何必担心没有君主？我要离开这里了。'于是离开邠地，越过梁山，在岐山脚下修建城邑定居下来。邠地的人说：'他是个仁人啊，不能失去他。'追随他迁居的人，多得像赶赴集市一般。也有人说：'这是我们必须世世代代守护的基业，是不能自作主张舍弃的，拼了命也不能舍弃离开。'请您在这两种情形中选其一吧。"

十六

鲁平公[①]将出，嬖人[②]臧仓者请曰："他日君出，则必命有司所之。今乘舆已驾矣，有司未知所之，敢请。"

公曰："将见孟子。"

曰："何哉，君所为轻身以先于匹夫者，以为贤乎？礼义由贤者出，而孟子之后丧逾前丧。君无见焉！”

公曰：“诺。”

乐正子[3]入见，曰：“君奚为不见孟轲也？”

曰：“或告寡人曰‘孟子之后丧逾前丧’，是以不往见也。”

曰：“何哉，君所谓逾者？前以士，后以大夫；前以三鼎，而后以五鼎与[4]？”

曰：“否，谓棺椁衣衾[5]之美也。”

曰：“非所谓逾也，贫富不同也。”

乐正子见孟子，曰：“克告于君，君为[6]来见也。嬖人有臧仓者沮[7]君，君是以不果来也。”

曰：“行，或使之；止，或尼[8]之。行止，非人所能也。吾之不遇鲁侯，天也。臧氏之子焉能使予不遇哉？”

注释

①鲁平公：鲁国国君，景公之子，名旅。

②嬖人：受宠信的小臣。

③乐正子：即乐正克，孟子弟子。

④“前以士”以下诸句：在孟子为父母办丧事的时候，他的官爵前后不同。其父死时，孟子的身份是士，故要行士礼，用三鼎。其母死时，孟子已为大夫，需用大夫之礼，用五鼎。

⑤棺椁衣衾：内棺称棺，外棺称椁。衣衾，装殓死者的衣被。此处代指装殓死者的器物。

⑥为 wèi：将。

⑦沮：止，阻止。

⑧尼nǐ：阻止，停止。

译文

鲁平公将要外出，他所宠信的小臣臧仓来请示说："您往日外出的时候，总是将要去的地方告诉给有关官员。现在车马都已准备好了，官员还不知道您要去哪儿，因此冒昧请示。"

鲁平公说："我要去见孟子。"

臧仓说："您降低自己的身份主动去见一个普通人，是为什么呢？是认为他是个贤人吗？贤人所做之事都是合乎礼义的，然而孟子为母亲办的丧事，超过了先前为父亲办的丧事。您别去见他了吧！"

鲁平公说："好吧。"

乐正子前来朝见鲁平公，问道："您为什么不去见孟子呢？"

鲁平公说："有人告诉我说'孟子为母亲办的丧事超过了为父亲办的丧事'，所以我不去见他。"

乐正子说："您所说的超过，是指什么呢？是指先前为父亲办丧事用士礼，后来为母亲办丧事用大夫之礼；先前办丧事用三个鼎，后来用五个鼎吗？"

鲁平公说："不是的，是指装殓之物的华美。"

乐正子说："这不叫超过，是前后贫富不同的缘故。"

乐正子去见孟子，说："国君告诉我，他本打算来见您。有个叫臧仓的宠臣阻止他，所以国君最终没有来。”

孟子说:“一件事情，行得通，有某种力量促使它；行不通，有某种力量阻挠它。行和不行，不是人力所能决定的。我不能见到鲁君，是天意。臧仓怎么能阻止得了呢？”

卷三　公孙丑上

题解

此篇凡九章，是《孟子》一书的重要篇章。在此篇中，孟子阐述了他的“四端”理论，即恻隐之心、羞恶之心、辞让之心、是非之心。“人之有是四端也，犹其有四体也。”将此四端“括而充之”，即为仁、义、礼、智。阐明仁、义、礼、智人人皆能为之，而关键在于内心的扩充。

一

公孙丑[①]问曰：“夫子当路[②]于齐，管仲、晏子[③]之功，可复许[④]乎？”

孟子曰：“子诚齐人也，知管仲、晏子而已矣。或问乎曾西[⑤]曰：‘吾子[⑥]与子路孰贤？’曾西蹴然[⑦]曰：‘吾先子[⑧]之所畏也。’曰：‘然则吾子与管仲孰贤？’曾西艴然[⑨]不悦，曰：‘尔何曾[⑩]比予于管仲？管仲得君如彼其专也，行乎国政如彼其久也，功烈如彼其卑也。尔何曾比予于是？’”曰：“管仲，曾西之所不为也，而子为[⑪]我愿之乎？”

曰：“管仲以其君霸，晏子以其君显。管仲、晏子犹不足为与？”

曰：“以齐王，由反手也。”

曰："若是，则弟子之惑滋[12]甚。且以文王之德，百年而后崩[13]，犹未洽[14]于天下；武王、周公继之，然后大行。今言王若易然，则文王不足法与？"

曰："文王何可当也。由汤至于武丁[15]，贤圣之君六七作，天下归殷久矣，久则难变也。武丁朝诸侯，有天下，犹运之掌也。纣之去武丁未久也，其故家遗俗，流风善政，犹有存者；又有微子、微仲、王子比干、箕子、胶鬲[16]，皆贤人也，相与[17]辅相之，故久而后失之也。尺地，莫非其有也；一民，莫非其臣也；然而文王犹方百里起，是以难也。

"齐人有言曰：'虽有智慧，不如乘势，虽有镃基[18]，不如待时。'今时则易然也。夏后、殷、周之盛，地未有过千里者也，而齐有其地矣；鸡鸣狗吠相闻，而达乎四境，而齐有其民矣。地不改[19]辟矣，民不改聚矣，行仁政而王，莫之能御也。且王者之不作，未有疏于此时者也；民之憔悴于虐政，未有甚于此时者也。饥者易为食，渴者易为饮。孔子曰：'德之流行，速于置邮[20]而传命。'当今之时，万乘之国行仁政，民之悦之，犹解倒悬[21]也。故事半古之人，功必倍之，惟此时为然。"

注释

①公孙丑：孟子弟子，齐人。

②当路：当政，当权。

③管仲、晏子：都是齐国贤人。管仲辅佐齐桓公成为春秋首霸，晏子乃齐景公时的贤臣，两人都为齐国建立了很大的功业。

④许：期许。

⑤曾西：曾参之子，即曾申，字子西。

⑥吾子：对对方的敬称。

⑦蹴然：不安的样子。

⑧先子：古人对自己已逝长辈的敬称，这里是指曾西的父亲曾参。

⑨艴 bó 然：愤怒的样子。

⑩曾：竟。

⑪为：通“谓”。

⑫滋：益，更。

⑬百年而后崩：古代传说文王年寿很高，近百岁。

⑭洽：遍，周遍。

⑮武丁：殷王，称高宗。商汤至武丁的贤君有汤、太甲、太戊、祖乙、盘庚、武丁六人，故孟子说“贤圣之君六七作”。

⑯微子、微仲、王子比干、箕子、胶鬲 gé：皆殷商之贤臣。微子即微子启，商纣王的庶兄，后被封于宋，继承商祀。微仲，微子之弟，名衍，后继承其兄之位。王子比干，商纣王的叔父，后因屡次进谏，被纣王剖心。箕子，也是纣王叔父，比干被杀之后，他假装疯癫，被纣王囚禁，武王克商之后，

将其释放，并归附于周。胶鬲，原为殷臣，后归附于周，在武王克商的过程中发挥了极其重要的作用。

⑰相与：共同。

⑱镃基：即锄头。

⑲改：更，再。

⑳置邮：古代驿站的统称。车马传递叫置，步行传递叫邮。

㉑解倒悬：意即解救百姓于水火之中。

译文

公孙丑问孟子说："假如先生您在齐国主持政事，那么管仲和晏子的功业，是不是可以再次出现在齐国呢？"

孟子回答说："你真是个齐国人啊，只知道管仲、晏子而已。有人曾经问曾西说：'先生您和子路相比，谁更贤能呢？'曾西很不安地说道：'子路是先父最敬畏的一个人啊。'那人又说：'那先生您和管仲相比，谁更贤能呢？'曾西听后很不高兴，说：'你怎么拿我和管仲相提并论呢？管仲得到齐桓公如此专一的信任，在齐国主持了如此久的政事，但是功业却是如此的卑小。你怎么能拿我跟他相提并论呢？'"孟子继续说道："连曾西都不愿意和管仲相比，你觉得我会愿意那样做吗？"

公孙丑说："管仲使得齐桓公称霸天下，晏子使齐景公声名远扬。管仲和晏子还不值得学习吗？”

孟子说：“以齐国的实力来统一天下，简直易如反掌。”

公孙丑说：“如果这样的话，那么弟子的疑惑就更加厉害了。即便是像文王那样的德行，活了将近百岁，但是他还不能将仁政行遍天下。武王和周公继承文王，然后才使仁政大行于天下。现在你把王道说得如此简单，难道文王也不足效法吗？”

孟子说：“文王怎么能行呢？从商汤到武丁，贤明的君主出了六七个，天下归顺殷朝很久了，久了就难以改变。武丁使诸侯来朝于殷，统治天下，就像将东西放在手掌中转动一样容易。商纣距武丁的时代不算长，勋旧世家遗留的习俗，及当时流行的良好风气和仁政措施，还有留存下来的，又有微子、微仲、王子比干、箕子、胶鬲这些贤臣一起辅佐他，所以过了很长的时间才失掉天下。没有一尺土地不是他的疆土，没有一个人不是他的臣民，这样文王要依靠方圆百里的地方兴起，还是很困难的。

“齐国人有句谚语说：‘虽然有智慧，不如趁时势；虽然有锄头，不如等农时。’现在的形势要使天下归附还是很容易的。夏、殷、周三朝兴盛时，土地没有超过方圆一千里的，而现在齐国有那么大的地方了；鸡鸣狗叫之声，一直传到四周的边境，齐国已经有那么多的百姓了。土地不必再扩大，百姓不必再招聚，施行仁政称王天下，没有人能阻挡得了。况且，仁德的君王不出现，没有比现在隔的时间更长的了；百姓受暴政折磨的痛苦，没有比现在更厉害的了。饥饿的人什么都可以吃，干渴的人什么都可以喝。孔子说：'德政的流行，比驿站传递政令的速度还要快。'当今这个时候，拥有万辆兵车的大国施行仁政，百姓对此感到喜悦，就像在倒悬着时被解救下来一样。所以，只要付出古人一半的功劳，就能收到成倍的功效，只有现在才是这样。"

二

公孙丑问曰："夫子加[①]齐之卿相，得行道焉，虽由此霸王，不异[②]矣。如此，则动心[③]否乎？"

孟子曰："否，我四十不动心。"

曰："若是，则夫子过孟贲[④]远矣。"

曰："是不难，告子[⑤]先我不动心。"

曰："不动心有道乎？"

曰："有。北宫黝[⑥]之养勇也：不肤桡[⑦]，不目逃；思以一豪挫于人，若挞之于市朝[⑧]；不受于褐宽博[⑨]，亦不受于万乘之君；视刺万乘之君，若刺褐夫[⑩]；无严[⑪]诸侯，恶声至，必反之。孟施舍[⑫]之所养勇也，曰：'视不胜犹胜也；量敌而后进，虑胜而后会[⑬]，是畏三军者也。舍岂能为必胜哉？能无惧而已矣。'孟施舍似曾子，北宫黝似子夏[⑭]。夫二子之勇，未知其孰贤，然而孟施舍守约[15]也。昔者曾子谓子襄[16]曰：‘子好勇乎？吾尝闻大勇于夫子矣：自反而不缩，虽褐宽博，吾不惴[17]焉；自反而缩，虽千万人，吾往矣。’孟施舍之守气，又不如曾子之守约也。”

曰：“敢问夫子之不动心与告子之不动心，可得闻与？”

“告子曰：‘不得于言，勿求于心；不得于心，勿求于气。’不得于心，勿求于气，可；不得于言，勿求于心，不可。夫志，气之帅[18]也；气，体之充也。夫志至焉，气次[19]焉。故曰：‘持其志，无暴[20]其气。’”

“既曰‘志至焉，气次焉’，又曰‘持其志，无暴其气’，何也？”

曰：“志一[21]则动气，气一则动志也。今夫蹶者趋者[22]，是气也，而反动其心。”

“敢问夫子恶乎长[23]？”

曰：“我知言[24]，我善养吾浩然之气[25]。”

“敢问何谓浩然之气？”

曰：“难言也。其为气也，至大至刚，以直养而无害，则塞于天地之间。其为气也，配义与道；无是，馁[26]也。是集义所生者，非义袭而取之也。行有不慊[27]于心，则馁矣。我故曰，告子未尝知义，以其外之也。必有事焉，而勿正；心勿忘，勿助长也。无若宋人然：宋人有闵其苗之不长而揠[28]之者，芒芒然[29]归，谓其人曰：‘今日病[30]矣！予助苗长矣！’其子趋而往视之，苗则槁矣。天下之不助苗长者寡矣。以为无益而舍之者，不耘苗者也；助之长者，揠苗者也，非徒无益，而又害之。”

“何谓知言？”

“诐辞[31]知其所蔽[32]，淫辞[33]知其所陷[34]，邪辞[35]知其所离[36]，遁辞[37]知其所穷。生于其心，害于其政；发于其政，害于其事。圣人复起，必从吾言矣。”

“宰我、子贡[38]善为说辞，冉牛、闵子、颜渊[39]善言德行。孔子兼之，曰：‘我于辞命，则不能也。’然则夫子既圣矣乎？”

曰：“恶！是何言也！昔者子贡问于孔子曰：‘夫子圣矣乎？’孔子曰：‘圣则吾不能，我学不厌而教不倦也。’子贡曰：‘学不厌，智也；教不倦，仁也。仁且智，夫子既圣矣。’夫圣，孔子不居——是何言也！”

“昔者窃闻之：子夏、子游、子张皆有圣人之一体[40]，冉牛、闵子、颜渊则具体而微[41]。敢问所安[42]。”

曰：“姑舍是。”

曰：“伯夷、伊尹[43]何如？”

曰：“不同道。非其君不事，非其民不使；治则进，乱则退，伯夷也。何事非君，何使非民；治亦进，乱亦进，伊尹也。可以仕则仕，可以止则止，可以久则久，可以速则速，孔子也。皆古圣人也，吾未能有行焉；乃所愿，则学孔子也。”

“伯夷、伊尹于孔子，若是班[44]乎？”

曰：“否。自有生民以来，未有孔子也。”

曰：“然则有同与？”

曰：“有。得百里之地而君之，皆得以朝诸侯，有天下；行一不义，杀一不辜[45]而得天下，皆不为也。是则同。”

曰：“敢问其所以异。”

曰：“宰我、子贡、有若[46]，智足以知圣人，污[47]不至阿[48]其所好。宰我曰：‘以予观于夫子，贤于尧、舜远矣。’子贡曰：‘见其礼而知其政，闻其乐而知其德；由百世之后，等百世之王，莫之能违也。自生民以来，未有夫子也。’有若曰：‘岂惟民哉！麒麟之于走兽，凤凰之于飞鸟，太山之于丘垤[49]，河海之于行潦，类也；圣人之于民，亦类也。出于其类，拔乎其萃。自生民以来，未有盛于孔子也。’”

注释

①加：居。

②不异：不足为异，不足为奇。

③动心：因惊惧惶惑而心神异动。

④孟贲：古代勇士。

⑤告子：孟子同时期之人，年长于孟子，尝与孟子辩论，主“性无善无不善”之说。

⑥北宫黝：齐人，为人有勇力。

⑦桡 náo：亦作“挠”，肌肤被刺而弯曲。

⑧市朝：市，市场，集市。朝，朝堂。

⑨褐宽博：原指穿着宽大的粗布衣服之人，这里代指卑贱之人。褐，粗布。宽博，宽大的衣服。

⑩褐夫：匹夫，平民。

⑪严：尊敬，畏惧。

⑫孟施舍：人名。

⑬会：原意为合兵，此处意思是交战。

⑭子夏：姓卜名商，孔子弟子。

⑮约：简约，或理解为要领。

⑯子襄：曾子弟子。

⑰惴：害怕。

⑱帅：统帅，总领。

⑲次：居，处。

⑳暴：乱。

㉑一：专，专一。

㉒蹶者趋者：蹶，颠。趋，走。

㉓恶乎长：擅长什么。恶乎，何，什么。

㉔知言：洞察、彻悟言语中的深意。

㉕浩然之气：广大、磅礴的正气。

㉖馁：空虚，不足。

㉗慊 qiè：快，满足。

㉘揠 yà：拔。

㉙芒芒然：疲倦的样子。

㉚病：累，疲倦。

㉛诐bì辞：偏颇、不全面的言辞。

㉜蔽：蒙蔽，遮蔽。

㉝淫辞：过分的言辞。

㉞陷：沉溺，沉陷。

㉟邪辞：偏离正道的言辞。

㊱离：偏，偏离。

㊲遁辞：言穷词尽、闪烁其词之语。

㊳宰我、子贡：皆是孔子弟子，以言辞著称。宰我，名予。子贡，姓端木，名赐。

㊴冉牛、闵子、颜渊：皆是孔子弟子，以德行著称。冉牛，名耕，字伯牛。闵子，即闵子骞，名损。颜渊，即颜回。

㊵子夏、子游、子张皆有圣人之一体：子游即言偃，子张即颛孙师。三人皆孔子高徒，都以文学著称，但是三人都有一个不足之处，就是只继承了孔子思想的某个方面，因此说他们“得圣人之一体”。

㊶冉牛、闵子、颜渊则具体而微：三人都以德行著称，虽然继承了孔子思想的精髓，但是仍然不能和孔子相比。

㊷所安：所处。

㊸伯夷、伊尹：古之贤人。伯夷是孤竹君的儿子，与其弟叔齐都不愿继承父位，后一起出逃，及武王伐纣，二人耻食周粟，饿死于首阳山中。伊尹，殷之

贤臣，辅佐商汤而有天下。

㊹班：等，等同。

㊺不辜：即无辜，无罪。

㊻有若：即有子，孔子高徒。

㊼污：下。

㊽阿 ē：偏私，偏袒。

㊾垤 dié：土堆。

译文

公孙丑问道："如果让您担任齐国的卿相，能够实行您的主张了，即使建立了霸业或王业也不足为奇。这样，您动心不动心呢？"

孟子说："不，我四十岁之后就不再动心了。"

公孙丑说："如果这样，老师就远远超过孟贲了。"

孟子说："做到这点不难，告子在我之前就做到不动心了。"

公孙丑问："做到不动心有什么方法吗？"

孟子说："有。北宫黝这样培养自己的勇气：肌肤被刺也不退缩，双目被刺也目不转睛；但他觉得，受了他人一点小委屈，就像在大庭广众之下被人鞭打了一般；既不受平民百姓的羞辱，也不受大国君主的羞辱；把刺杀大国君主看得跟刺杀普通百姓一样；毫不畏惧诸侯，听了恶言，一定回击。孟施舍这样培养自己的勇气，他说：'把不能取胜看作能够取胜；估量了对方的实力才前进，先考虑到能够取胜再交战，这是畏惧敌人的强大。我哪能做到战无不胜呢？只是能无所畏惧罢了。’孟施舍像曾子，北宫黝像子夏。这两人的勇气，不知道谁强些，但孟施舍把握住了简约的要领。从前，曾子对子襄说：‘你喜欢勇敢吗？我曾经在孔子那里听到过关于大勇的道理：反省自己，觉得自己没有道理，那么即使对普通百姓，我也不去恐吓；反省自己，觉得自己有道理，纵然面对千万人，我也勇往直前。’孟施舍能够保持一股勇气，却又不如曾子能把握住其中简约的要领。”

公孙丑说：“请问，您的不动心和告子的不动心，可以讲给我听听吗？”

孟子说：“告子曾经说过：‘言论上有所不通，心里不必去寻求道理；心里有所不安，不必求助于意气。’心里有所不安，不必求助意气，这是可以的；言论上有所不通，心里不寻求道理，这不可以。心志是意气的统帅，意气是充满体内的。心志关注到哪里，意气就停留到哪里。所以说：‘要把握住心志，不要妄动意气。’”

公孙丑问：“既说‘心志关注到哪里，意气就停留到哪里’，又说‘要把握住心志，不要妄动意气’，这又怎么讲呢？”

孟子说：“心志专一就能调动意气，意气专一也能触动心志。譬如跌倒和奔跑，这是意气专注的结果，反过来也不能不使他的心志受到触动。”

公孙丑问：“那请问老师擅长哪方面呢？”

孟子说：“我能洞察各种言论，我善于培养我的浩然之气。”

公孙丑说：“请问什么叫浩然之气？”

孟子说：“这就很难说清楚了。它作为一种气，最为盛大，最为刚强，靠正直去培养它而不伤害它，就会充塞天地之间。它作为一种气，要和义与道配合；没有这些，它就会萎缩。它是不断积累义而产生的，不是偶然有过正义的举动就取得的。如果行为有愧于心，气就萎缩了。因此我说，告子不曾懂得义，因为他把义看作是外在的东西。一定要培养浩然之气，不能停止下来；心里不能忘记它，也不妄自助长它。不要像宋国人那样：宋国有个担心他的禾苗不长而去拔苗助长的人，一身疲倦地回到家中，对家里人说：‘今天累极了，我帮助禾苗长高啦！’他的儿子赶忙跑到田里去看，禾苗已经枯死了。天下不拔苗助长的人实在很少啊。以为浩然之气没有用处而放弃的人，就像是不给禾苗锄草的懒汉；妄自帮助它生长的，就像拔苗助长的人，非但没有好处，反而是危害了它。”

公孙丑问：“什么叫能识别各种言论呢？”

孟子说：“对于偏颇的言论，要知道它不全面的地方；对于过激的言论，要知道它陷入错误的地方；对于邪曲的言论，要知道它背离正道的地方；对于闪烁其词的言论，要知道它理屈词穷的地方。这些言论从人心里产生出来，会危害政治；从政治上表现出来，会危害各种事业。如果有圣人再次出现，也一定会赞成我所说的。”

公孙丑说：“宰我、子贡擅长言谈辞令，冉牛、闵子、颜渊擅长德行。孔子兼有这两方面的特长，尚且说：‘我对于辞令，是不擅长的。’老师既然说擅长洞彻言辞，那么先生您已经是圣人了吧？”

孟子说：“哎呀！这是什么话！从前子贡问孔子道：‘老师是圣人了吧？’孔子说：‘圣人，我不能做到，我只是学习不觉满足，教人不知疲倦。’子贡说：‘学习不觉满足，这是有智慧；教人不知疲倦，这是有仁德。既有仁德又有智慧，老师已经是圣人了。’圣人，孔子尚且不敢自居——你说我是圣人了，这是什么话呀！”

公孙丑说：“以前我听说过这样的话：子夏、子游、子张都有圣人的一部分德行，冉牛、闵子、颜渊虽继承了圣人很多的德行，只是还嫌浅薄。请问先生您处于哪种情况？”

孟子说：“暂且不谈这个问题吧。”

公孙丑问道：“伯夷、伊尹怎么样啊？”

孟子说：“他们的处世之道不同。不是理想的君主不去侍奉，不是理想的百姓不去使唤；天下安定就入朝做官，天下动乱就辞官隐居，这是伯夷的处世方法。可以侍奉不好的君主，可以使唤不好的百姓，天下安定去做官，天下动乱也去做官，这是伊尹的处世方法。该做官就做官，该辞官就辞官，该任职长一些就任职长一些，该赶快辞职就赶快辞职，这是孔子的处世方法。他们都是古代的圣人，我还做不到他们这样；至于我所希望的，那就是学习孔子。”

公孙丑问道：“伯夷、伊尹相对于孔子来说，是处于同一水平的吗？”

孟子说：“不。自有人类以来，还没有能比得上孔子的。”

公孙丑问：“那么他们有共同之处吗？”

孟子说：“有。如果能有方圆百里的一块地方而由他们做君主，他们都能使诸侯来朝见而拥有天下；如果要他们干一件不义的事情，杀一个无辜的人而让他们得到天下，他们都是不愿去干的。这些都是相同的。”

公孙丑说：“请问孔子和他们不同的地方是什么呢？”

孟子说：“宰我、子贡、有若，他们的智慧足以了解孔子，即使他们有失偏颇，也不至于阿谀吹捧他们所敬爱的人。宰我说：‘根据我对老师的观察，老师远远超过尧、舜了。’子贡说：‘见了一国礼制，就能知道一国的政治；听了一国的音乐，就能了解一国的德教；从一百代以后来评价这一百代的君主，也没有谁能违背这个规律。自有人类以来，没有比得上孔子的。’有若说：‘岂止是人类有这样的不同！麒麟对于走兽，凤凰对于飞鸟，泰山对于土丘，河海对于水沟，都是同类的；圣人对于一般的人，也是同类的。这些都高出了同类，超出了同群。自有人类以来，没有比孔子更伟大的了。’”

三

孟子曰：“以力假仁者霸，霸必有大国；以德行仁者王，王不待大——汤以七十里，文王以百里。以力服人者，非心服也，力不赡[①]也；以德服人者，中心悦而诚服也，如七十子[②]之服[③]孔子也。《诗》云：‘自西自东，自南自北，无思不服[④]。’此之谓也。”

注释

①赡：足，充足。

②七十子：指孔子弟子，史称孔子“弟子三千，贤人七十二”，因此常以七十子之徒代指孔子弟子。

③服：归服，服侍。

④自西自东，自南自北，无思不服：语出《诗经·大雅·文王有声》。

译文

孟子说："凭借武力而又假借仁义称霸的，必定需要强大的国力；依靠德行而又施行仁义就使天下归附的，就不需要大国的实力——商汤依靠方圆七十里的地方，文王依靠方圆百里的地方就使天下归附了。靠武力使人服从，不是使人真心服从，只是他们的力量不够罢了；靠德行使人服从，就能使人心悦诚服，就像孔子弟子服侍孔子那样。《诗经》上说：'从西从东，从南从北，无不心悦诚服。'就是说的这种情况。"

四

孟子曰："仁则荣，不仁则辱。今恶辱而居不仁，是犹恶湿而居下也。如恶之，莫如贵德而尊士，贤者在位，能者在职。国家闲暇[①]，及是时，明其政刑，虽大国必畏之矣。《诗》云：'迨天之未阴雨，彻彼桑土，绸缪牖户。今此下民，或敢侮予[②]？'孔子曰：'为此诗者，其知道[③]乎！能治其国家，谁敢侮之？'今国家闲暇，及是时，般乐怠敖[④]，是自求祸也。祸福无不自己求之者。《诗》云：'永言配命，自求多福[⑤]。'《太甲》[⑥]曰：'天作孽，犹可违；自作孽，不可活。'此之谓也。"

注释

①闲暇：国家安定，尚无内忧外患的时候。

②“迨天之未阴雨”诸句：语出《诗经·豳风·鸱鸮》。迨，趁，趁着。彻，剥。桑土，桑根或桑皮。绸缪，缠，缠缚。牖，窗。户，门。

③知道：懂得大道。

④般pán乐怠敖：般，玩乐。怠，怠惰。敖，通“遨”，游。

⑤永言配命，自求多福：语出《诗经·大雅·文王》。

⑥《太甲》：《尚书》篇名。

译文

孟子说：“施行仁政就能获得尊荣，不行仁政就招来耻辱。如今有人厌恶耻辱却又安于不仁，这就像厌恶潮湿却又安于居住在低洼的地方一样。如果真的厌恶耻辱，就不如崇尚德行、尊重士人，让贤人在位做官，让能人在职办事。国家无内忧外患，趁这时候修明政教刑罚，这样即使大国也必然会惧怕了。《诗经》上说：‘趁着天气还没下雨，取来桑皮拌上泥，窗洞门户细修葺。今后下边的人，有谁再敢把我欺？’孔子说：‘做这篇诗的人，真正是懂得大道啊！能治理好他的国家，谁还敢欺侮他？’如果国家无内忧外患，趁这时候寻欢作乐，怠惰游玩，这是自取其祸啊。祸与福，没有不是自己招来的。《诗经》上说：‘永远服从天命，自己求来众多的幸福。'《太甲》说：'上天降下灾祸，还有办法可躲；自己造下罪孽，那就别想再活了。'就是说的这个道理。"

五

孟子曰："尊贤使能，俊杰[1]在位，则天下之士皆悦，而愿立于其朝矣；市，廛而不征[2]，法而不廛[3]，则天下之商皆悦，而愿藏于其市矣；关，讥而不征，则天下之旅皆悦，而愿出于其路矣；耕者，助而不税[4]，则天下之农皆悦，而愿耕于其野矣；廛，无夫里之布[5]，则天下之民皆悦，而愿为之氓[6]矣。信能行此五者，则邻国之民仰之若父母矣。率其子弟，攻其父母，自有生民以来未有能济[7]者也。如此，则无敌于天下。无敌于天下者，天吏[8]也。然而不王者，未之有也。"

注释

①俊杰：才能出众之人。

②廛 chán 而不征：对储藏货物的不征收赋税。廛，指市中储藏、堆放货物的场所。

③法而不廛：对于那些长期储藏而无法销售的货物，官府以一定的价格收取。

④助而不税：对百姓征取劳役却不收取赋税。助，指井田制度下百姓共同耕种公田。

⑤廛，无夫里之布：廛，此处指百姓住的地方。布，钱。夫布，古代男子如果不出力役，可以以相应的代役钱来代替，即夫布。里布，相当于住宅税。

⑥氓：民

⑦济：成功。

⑧天吏：奉行天命，施行人道，即是天吏。

译文

孟子说："君主尊重贤人，任用贤才，才能出众的人都有施展自己才能的职位，那么天下的士人都会欢欣鼓舞，而且愿意到其朝廷去做官；市场上，对储藏货物的不征收赋税，对于那些长期储藏而无法销售的货物，官府以一定的价格收取，那么天下的商人都会高兴，愿意把货物储藏在他的市场上了；虽设立了关卡，只稽查而不征税，那么天下的商旅都会高兴，愿意经过他的道路了；对于种田的人，只需要他们助耕公田而不征收别的赋税，那么天下的农民都会高兴，愿意在他的田野里耕种了；人们居住的地方，没有劳役税和额外的地税，那么天下的人都会高兴，愿意来做那里的百姓了。真能做到这五个方面，那么邻国的百姓就会像敬仰父母一样敬仰他了。邻国要想率领这样的百姓来攻打他，那正像是率领子弟去攻打他们的父母，自有人类以来，这是不可能成功的。这样，就能无敌于天下。无敌于天下的人，就叫作'天吏'。

这样还不能使天下归附的，是从来没有过的事。”

六

孟子曰：“人皆有不忍人之心[1]。先王[2]有不忍人之心，斯有不忍人之政矣。以不忍人之心，行不忍人之政，治天下可运之掌上。所以谓人皆有不忍人之心者，今人乍见孺子将入于井，皆有怵惕[3]恻隐之心——非所以内交于孺子之父母也，非所以要誉[4]于乡党朋友也，非恶其声[5]而然也。由是观之，无恻隐之心，非人也；无羞恶之心，非人也；无辞让之心，非人也；无是非之心，非人也。恻隐之心，仁之端[6]也；羞恶之心，义之端也；辞让之心，礼之端也；是非之心，智之端也。人之有是四端也，犹其有四体也。有是四端而自谓不能者，自贼[7]者也；谓其君不能者，贼其君者也。凡有四端于我者，知皆扩而充之矣，若火之始然[8]，泉之始达[9]。苟能充之，足以保四海；苟不充之，不足以事父母。”

注释

①不忍人之心：不忍心看到别人受到伤害的心情，即恻隐之心。

②先王：古代圣王，如尧、舜、禹等。

③怵惕：惊惧，警惕。

④要yāo誉：求取声名。要，求，谋取。

⑤声：名声，声誉。

⑥端：首，始，开始。

⑦贼：害，残害。

⑧然：同“燃”。

⑨达：通。

译文

孟子说：“每个人都有恻隐哀怜别人之心。古代圣王有恻隐哀怜之心，因此才有恻隐哀怜百姓的政教措施。以恻隐哀怜之心，施行恻隐哀怜百姓的政教措施，那么治理天下就易如反掌了。之所以说每个人都有恻隐哀怜之心，是因为假如人突然看见小孩子掉入井中，都会产生惊惕恻隐的心情——而这并不是因为想要结交于这个孩子的父母，不是想要向乡党朋友谋取名利，也不是因为害怕毁坏了自己的名声。由此看来，如果一个人没有恻隐之心，那么也就不成其为人了；如果一个人没有羞恶之心，那么也不成其为人了；如果一个人没有辞让之心，那么也不成其为人了；如果一个人没有是非之心，那么也不成其为人了。恻隐之心，是仁的发端；羞恶之心，是义的发端；辞让之心，是礼的发端；是非之心，是智的开端。人有这四端，就如同有四肢一样。有这样的四端却说自己不能行善的，这是自己要残害自己；说自己的君王不能行善的，这是残害自己的君王。只要自己有这四端，并知道将其扩充开来，就会像火开始燃烧一样，就会像泉水开始畅通一样。如果能将四端扩充，就足以安定四海；如果不能将其扩充，就连自己的父母也不能侍奉。

七

孟子曰："矢人[①]岂不仁于函人[②]哉？矢人唯恐不伤人，函人唯恐伤人。巫匠[③]亦然。故术不可不慎也。孔子曰：'里仁为美。择不处仁，焉得智？'夫仁，天之尊爵也，人之安宅也。莫之御而不仁，是不智也。不仁、不智，无礼、无义，人役也。人役而耻为役，由弓人而耻为弓，矢人而耻为矢也。如耻之，莫如为仁。仁者如射：射者正己而后发；发而不中，不怨胜己者，反求诸己而已矣。"

注释

①矢人：制造弓矢的匠人。

②函人：制造盔甲的匠人。

③巫匠：懂得巫术之人，如巫医等。

译文

孟子说："制造弓矢的匠人与制造盔甲的人相比，难道是不仁的吗？制造弓矢的人唯恐不能将人杀伤，制造盔甲的人却唯恐伤到人。对于巫匠也是这样。因此选择技术不可以不慎重。孔子说：'居处在仁德的环境中是件好事。不选择仁德的环境，怎么能算是智慧呢？’仁，是天地间最尊贵的爵位，是人最安心的住宅。没有人阻止却不选择仁，这是很不明智的。不仁、不智、无礼、无义，这样的人只能去做别人的力役。以做力役为耻，就像是造弓矢的人以造弓为耻、造箭的人以造箭为耻一样。如果真的感到耻辱的话，就不如选择仁。关于仁的道理就好像射箭一样：射箭的人首先端正自己，然后才射箭；即使箭没有射中，也不去埋怨那些战胜了自己的人，只是反躬自省罢了。”

八

孟子曰："子路，人告之以有过，则喜。禹闻善言，则拜。大舜有[①]大焉，善与人同，舍己从人，乐取于人以为善。自耕稼、陶、渔[②]以至为帝，无非取于人者。取诸人以为善，是与人为善者也。故君子莫大乎与人为善。"

注释

①有：即“又”。

②耕稼、陶、渔：《史记·五帝本纪》记载：“舜耕历山，历山之人皆让畔；渔雷泽，雷泽上人皆让居；陶河滨，河滨器皆不苦窳。”

译文

孟子说："子路听到别人指出他的错误，他就会很高兴。禹听见别人的善言，就会亲自拜谢。而舜则更是超过了他们，他善于与大家共同分享，放弃自己的错，听从别人的善。从耕种庄稼、烧陶、打鱼及至自己做了天子，没有一项优点不是从别人那里吸取而来的。吸取别人的优点来行善，这就是在和别人一起行善。因此，君子之德莫大于与人共同为善。"

九

孟子曰："伯夷，非其君不事，非其友不友。不立于恶人之朝，不与恶人言。立于恶人之朝，与恶人言，如以朝衣朝冠坐于涂炭[①]。推恶恶之心，思与乡人立，其冠不正，望望然[②]去之，若将浼[③]焉。是故诸侯虽有善其辞命而至者，不受也。不受也者，是亦不屑[④]就已。柳下惠[⑤]不羞污君[⑥]，不卑小官；进不隐贤[⑦]，必以其道；遗佚[⑧]而不怨，厄穷而不悯[⑨]。故曰：'尔为尔，我为我，虽袒裼裸裎[⑩]于我侧，尔焉能浼我哉？'故由由然[⑪]与之偕而不自失焉，援而止之而止。援而止之而止者，是亦不屑去已。"孟子曰："伯夷隘，柳下惠不恭。隘与不恭，君子不由[⑫]也。"

注释

①涂炭：污浊之物。涂，泥。

②望望然：头也不回地离开。

③浼 měi：污，玷污。

④屑：清洁，高洁。

⑤柳下惠：春秋时鲁国大夫，姓展，名获，字禽；因封邑在柳下（地名），谥号“惠”，故称为柳下惠。

⑥污君：昏君，不好的君主。

⑦进不隐贤：官爵上升也丝毫不隐匿自己的贤能。

⑧遗佚：遗弃，指不被任用。

⑨悯：忧。

⑩袒裼 xī 裸裎 chéng：皆含露出身体之意。

⑪由由然：欢快的样子。

⑫由：行。

译文

孟子说：“伯夷，不是他理想的君主就不去侍奉，不是他中意的朋友就不去结交。不在恶人的朝廷里做官，不同恶人交谈。在恶人的朝廷里做官，同恶人交谈，就觉得像是穿戴着上朝的衣帽坐在泥土炭灰上一样。把这种厌恶恶人的心情推广开来，他就会想，如果同一个乡下人站在一起，那人帽子戴得不正，就该头也不回地离开他，就像会被他玷污似的。因此，诸侯即使用动听的言辞来请他的，他也不接受。不接受，就是不屑于接近他们。柳下惠不认为侍奉坏君主是羞耻的事，也不因为官职小而不去当；到朝廷做官，不掩藏自己的贤能，必定按自己的原则行事；被国君遗弃不会怨恨，处境困顿也不忧伤。所以他说：'你是你，我是我，即使你赤身裸体地在我身旁，你又怎能玷污我呢？'所以他能高高兴兴地同这样的人处在一起而不失去自己的风度，拉他留下，他就留下。拉他留下他就留下，这也就是不以离开为高洁。"孟子又说："伯夷狭隘，柳下惠不端庄。狭隘与不端庄，君子是不会那样做的。"

卷四　公孙丑下

题解

此篇凡十四章。在这篇中，孟子阐述了自己“得道者多助，失道者寡助”等思想，是研究孟子思想的重要篇章。尤其是第一章，“天时不如地利，地利不如人和”这句话在今天仍经常被人引用，可见其中的道理是一贯的。

一

孟子曰：“天时不如地利，地利不如人和。三里之城，七里之郭[①]，环[②]而攻之而不胜。夫环而攻之，必有得天时者矣，然而不胜者，是天时不如地利也。城非不高也，池非不深也，兵革非不坚利也，米粟非不多也，委[③]而去之，是地利不如人和也。故曰：域[④]民不以封疆之界，固国不以山溪之险，威天下不以兵革之利。得道者多助，失道者寡助。寡助之至，亲戚畔[⑤]之；多助之至，天下顺之。以天下之所顺，攻亲戚之所畔，故君子有不战，战必胜矣。”

注释

①郭：外城。

②环：围，包围。

③委：放弃。

④域：界限。这里作动词，可理解为限制，约束。

⑤畔：通“叛”。

译文

孟子说：“天时不如地利，地利不如人和。三里的内城，七里的外城，包围起来攻打它，却不能取胜。包围起来攻打它，必定有取得天时的战机，然而却不能取胜，这就是天时不如地利。城墙不是不高，护城河不是不深，兵器铠甲不是不坚利，粮食不是不多，但结果还是要放弃城郭而离开，这便是地利不如人和。所以说，约束住百姓不使其外逃，不能靠国家的疆界，保卫国家不能靠山川的险阻，威服天下不能靠兵器铠甲的坚利。得到仁义的人，帮助他的就多；失掉仁义的人，帮助他的就少。帮助他的人少到极点，连亲戚都会背叛他；帮助他的人多到极点，天下的人都归顺他。让天下都归顺他的人去攻打连亲戚都背叛他的人，所以君子不战则罢，战则必胜。”

二

孟子将朝王，王使人来曰：“寡人如[①]就见者也，有寒疾，不可以风。朝[②]，将视朝[③]，不识可使寡人得见乎？”

对曰：“不幸而有疾，不能造[④]朝。”

明日，出吊[5]于东郭氏。公孙丑曰："昔者辞以病，今日吊，或者不可乎？"

曰："昔者疾，今日愈，如之何不吊？"

王使人问疾，医来。孟仲子[6]对曰："昔者有王命，有采薪之忧[7]，不能造朝。今病小愈，趋造于朝，我不识能至否乎？"

使数人要[8]于路，曰："请必无归，而造于朝！"

不得已而之景丑氏[9]宿焉。

景子曰："内则父子，外则君臣，人之大伦也。父子主恩，君臣主敬。丑见王之敬子也，未见所以敬王也。"

曰："恶！是何言也！齐人无以仁义与王言者，岂以仁义为不美也？其心曰，'是何足与言仁义也'云尔，则不敬莫大乎是。我非尧舜之道，不敢以陈于王前，故齐人莫如我敬王也。"

景子曰："否，非此之谓也。礼曰：父召，无诺[10]；君命召，不俟驾[11]。固将朝也，闻王命而遂不果，宜与夫礼若不相似然。"

曰："岂谓是与！曾子曰：'晋楚之富，不可及也。彼以其富，我以吾仁；彼以其爵，我以吾义，吾何慊[12]乎哉？'夫岂不义而曾子言之？是或一道也。天下有达[13]尊三：爵一，齿[14]一，德一。朝廷莫如爵，乡党莫如齿，辅世长民[15]莫如德。恶得有其一以慢[16]其二哉？故将大有为之君，必有所不召之臣，欲有谋焉，则就之。其尊德乐道，不如是，不足与有为也。故汤之于伊尹，学焉而后臣之，故不劳而王；桓公之于管仲，学焉而后臣之，故不劳而霸。今天下地丑[17]德齐，莫能相尚[18]，无他，好臣其所教，而不好臣其所受教。汤之于伊尹，桓公之于管仲，则不敢召。管仲且犹不可召，而况不为管仲者乎？”

注释

①如：宜，当。

②朝：早晨。

③视朝：指国君上朝办公，处理政事。

④造：到……去。

⑤吊：吊丧。

⑥孟仲子：孟子之昆弟，从孟子学。

⑦采薪之忧：患病的代称。

⑧要 yāo：遮拦。

⑨景丑氏：人名，齐国大夫，即下文的景子。

⑩父召，无诺：《礼记·曲礼》云："父召无诺，先生召无诺，唯而起。""唯"和"诺"都是应辞，但是"唯"要比"诺"显得恭敬，因此父召不回答诺，而应以"唯"。

⑪君命召，不俟驾：若受到君王的召见，不等驾好车就立刻动身。

⑫慊：以……为少。

⑬达：通，共。

⑭齿：年龄。

⑮辅世长民：辅助君主，化育百姓。辅，助。长，育。

⑯慢：轻慢，疏忽。

⑰丑：相似，相同。

⑱尚：同“上”。

译文

孟子将要去朝见齐王，齐王派人来说道：“寡人本该亲自去见先生，但是患了风寒，不能受风。早上我将上朝听政，不知道那时能够在朝堂上见到您吗？”

孟子回答说：“我也不幸患了小疾，不能够上朝朝见了。”

第二天，孟子外出去东郭大夫家吊丧。公孙丑说：“昨天还说自己有病谢绝国君的召见，今天就出来吊丧，这是否不妥呢？”

孟子说：“昨天有病，今天已经康复，怎么不能来吊丧呢？”

齐王派人来慰问孟子的病情，还派了医师。孟仲子应付说：“昨天接到齐王召见的命令，但是先生身体有病，不能上朝朝见。今天身体稍稍好点，先生就去上朝了，不知道现在能不能到。”

随后孟仲子派了好几个人在孟子回去的路上拦截他，说：“您千万别回家了，赶紧上朝去吧！”

孟子没有办法，只得躲到景丑大夫家里去歇息一宿。

景丑说："在家有父子，在外有君臣，这是人世间最重大的伦理关系。父子关系以慈爱为主，君臣关系以恭敬为主。我看到了齐王对您敬重，却没看到您怎么敬重齐王。"

孟子说："哎呀！这是什么话！齐国人没有一个拿仁义的道理去说给齐王听的，难道是认为仁义不好吗？只是他们心里在想：'这个君王哪值得同他去谈仁义！'那么，对齐王的不恭敬没有比这更大的了。至于我，不是尧、舜之道不敢在齐王面前陈述，所以齐国人没有一个像我这样敬重齐王的。"

景子说："不，不是说的这个。按礼：父亲召唤，儿子不能用'诺'应答，而要恭敬地用'唯'应答；君王召见，臣子不等车子驾好就动身。您本来准备去朝见，听了君王的召令却不去了，这恐怕与礼的规定不大符合吧。"

孟子说："难道能这么说吗？曾子说过：'晋国、楚国的财富，没法比得上。不过，它们凭借财富，我凭借我的仁德；它们凭借爵位，我凭借我的道义，我又缺少什么呢？'难道这话会没有道理而曾子随便说说？是另有一种道理的。天下共同看重的东西有三样：官爵、年龄、德行。在朝廷里，没有比爵位更尊贵的；在乡里，没有比年龄更尊贵的；辅助君主、管理百姓，没有比德行更尊贵的。怎能有了其中一种而疏忽另外两种呢？所以想要有大作为的君主，必定有他不能召见的臣子，要有事情商议，那就亲自前去请教。如果他不这样崇尚德行、喜爱仁义，就不值得同他一起做事。所以汤王对于伊尹，首先是向他学习，然后才把他当作臣子，所以不费力气就统一了天下；桓公对于管仲，也是首先向他学习，然后才把他当作臣子，所以不费力气就称霸诸侯。现在天下诸侯土地相等，德行相似，谁也超不过谁，没有别的原因，就是喜欢任用听从他们使唤的人做臣子，而不喜欢任用教导他们的人做臣子。汤王对于伊尹，桓公对于管仲，就不敢随意召见。管仲尚且不能随意召见，何况不愿做管仲的人呢？”

三

陈臻[①]问曰："前日于齐，王馈兼金一百[②]而不受；于宋，馈七十镒而受；于薛，馈五十镒而受。前日之不受是，则今日之受非也；今日之受是，则前日之不受非也。夫子必居一于此矣。"

孟子曰："皆是也。当在宋也，予将有远行，行者必以赆[③]，辞曰：'馈赆。'予何为不受？当在薛也，予有戒心[④]，辞曰：'闻戒，故为兵馈之。'予何为不受？若于齐，则未有处也。无处而馈之，是货[⑤]之也。焉有君子而可以货取乎？"

注释

①陈臻：孟子弟子。

②兼金一百：好金一百镒（即两千两，古时一镒二十两，为一金）。兼金，好金，上等金，因其价兼倍于常者，故曰兼金。

③赆 jìn：临别时赠送的财物。

④戒心：当时有人欲加害于孟子，故孟子有戒备之心。

⑤货：贿赂，收买。

译文

陈臻问孟子说："之前在齐国的时候，齐王送给您上等金一百镒，您没有接受；在宋国的时候，送给您七十镒，您却接受了；在薛地的时候，送给您五十镒，您也接受了。如果过去不接受是对的，那么现在的接受就是不对的；如果现在的接受是对的，那么从前的不接受就是错的。这两者之中，总是只有一种做法是对的。"

孟子回答说："都是对的。在宋国的时候，我将要远行，对远行的人一定要赠送盘缠，他们说：'送您一些盘缠。'我为什么不接受呢？在薛地的时候，我有戒备之心，他们说：'听说您需要戒备，送些钱给您做兵费吧。'我为什么不接受呢？至于在齐国的时候，就没有这样的缘由，没有缘由而要送给我财物，这是要收买我。君子怎么可以用钱财来收买呢？”

四

孟子之平陆[1]，谓其大夫[2]曰：“子之持戟之士[3]，一日而三失伍[4]，则去之否乎？”

曰：“不待三。”

“然则子之失伍也亦多矣。凶年饥岁，子之民，老羸[5]转于沟壑，壮者散而之四方者，几千人矣。”

曰：“此非距心之所得为也。”

曰：“今有受人之牛羊而为之牧之者，则必为之求牧与刍[6]矣。求牧与刍而不得，则反诸其人乎？抑亦立而视其死与？”

曰：“此则距心之罪也。”

他日，见于王曰：“王之为都者，臣知五人焉。知其罪者，惟孔距心。”为王诵[7]之。

王曰：“此则寡人之罪也。”

注释

①平陆：齐国邑名，在今山东汶上北。

②大夫：当时的邑宰也称大夫，相当于县令，即下文的孔距心。

③持戟之士：战士，兵士。

④失伍：离开队列，离开岗位。

⑤羸：弱，瘦弱。

⑥牧与刍：牧地与草料。

⑦诵：复述。

译文

孟子到平陆去，对邑宰孔距心说："如果您的战士一天里三次离开队列，您会将他开除吗？"

回答说："不到三次就会将他开除。"

孟子说："可是您的战士离开队列的已经很多了。收成不好的年岁，老弱病残者辗转死于沟壑之中，年轻体壮者流散四方，几乎达到千人了。"

回答说："这不是我自己所能做到的。"

孟子说："假如有人接受别人的牛羊来帮别人放牧，那么他就应该找到牧地与牧草，如果找不到牧地与牧草，是该把别人的牛羊还回去呢，还是眼睁睁看着牛羊死去？"

回答说："这确实是我的罪过。"

过了几天，孟子见到齐王，说："大王您的地方长官，我已经认识五个人了。知道自己过错的，只有孔距心一个人。"于是就把之前的话都复述了一遍。

齐王听完后说道："这都是我的过错啊。"

五

孟子谓蚳蛙[①]曰："子之辞灵丘[②]而请士师，似也，为其可以言也。今既数月矣，未可以言与？"

蚳蛙谏于王而不用，致为臣而去[3]。

齐人曰："所以为蚳蛙则善矣，所以自为，则吾不知也。"

公都子[4]以告。

曰："吾闻之也：有官守者，不得其职则去；有言责者，不得其言则去。我无官守，我无言责也，则吾进退，岂不绰绰然[5]有余裕哉？"

注释

①蚳chí蛙：齐国大夫。

②灵丘：齐国邑名。

③致为臣而去：指辞职而去。致，还。

④公都子：孟子弟子。

⑤绰绰然：宽裕的样子。

译文

孟子对蚳蛙说："您辞去灵丘邑宰之职，要去做士师，这是有道理的，因为士师可以向国君进谏。如今您已为士师几个月了，不知道您可曾向国君进谏了？"

蚳蛙向国君进谏但是得不到采纳，于是就辞官离去了。

齐人说："孟子替蚳蛙考虑得不错，但是他是怎样为自己考虑的就不得而知了。"

公都子将这话转告给孟子。

孟子说："我听说，有官职的人，如果不能尽职就当离开；有进谏责任的，如果所言之事不被采纳也当离去。我一无官职，二无进谏的责任，那么我的进退，不就很宽松有很大的回旋余地吗？"

六

孟子为卿于齐，出吊于滕[①]，王使盖[②]大夫王驩[③]为辅行[④]。王驩朝暮见，反齐滕之路，未尝与之言行事也。

公孙丑曰："齐卿之位，不为小矣；齐滕之路，不为近矣，反之而未尝与言行事，何也？"

曰："夫既或治之，予何言哉？"

注释

①出吊于滕：当时滕文公死，故孟子去为其吊丧。

②盖：齐国邑名，在今山东沂水县西北。

③王驩：人名，盖邑大夫。

④辅行：副使。

译文

孟子做齐国的卿，到滕国去吊丧，齐王派盖大夫王驩为副使与孟子同行。其间，王驩与孟子经常见面，在往返于齐滕两国的路途中，都未曾和孟子谈过公事。

公孙丑说："齐国卿的爵位，也不算小了；齐、滕两国之间的道路，也不算近了，但往返一回都未尝和您谈过公事，为什么呢？”

孟子说：“他既然什么事都独断专行了，我跟他还有什么好说的呢？”

七

孟子自齐葬于鲁[①]，反于齐，止于嬴[②]。

充虞[③]请曰：“前日不知虞之不肖，使虞敦[④]匠事，严[⑤]，虞不敢请[⑥]。今愿窃[⑦]有请也：木若以[⑧]美[⑨]然。”

曰：“古者棺椁无度[⑩]，中古[⑪]棺七寸，椁称[⑫]之。自天子达于庶人，非直[⑬]为观美也，然后尽于人心。不得[⑭]，不可以为悦；无财，不可以为悦。得之为[⑮]有财，古之人皆用之，吾何为独不然？且比[⑯]化[⑰]者无使土亲肤[⑱]，于人心独无恔[⑲]乎？吾闻之也：君子不以天下俭其亲。”

注释

①自齐葬于鲁：孟子在齐国为卿的时候，其母死，故孟子返回鲁国为其母服丧。

②嬴：齐国邑名，在今山东莱芜西北。

③充虞：孟子弟子。

④敦：治，监督。

⑤严：急，急迫。

⑥请：请教。

⑦窃：私下里。

⑧以：通“已”，太，过。

⑨美：好。

⑩度：标准，尺寸。

⑪中古：自周公制礼以来。

⑫称：相称，相当。

⑬直：只，仅仅。

⑭不得：根据法制所不当得。

⑮为：与。

⑯比 bì：为。

⑰化：死者。

⑱土亲肤：泥土接触死者的皮肤。

⑲恔 xiào：满足。

译文

孟子从齐国到鲁国去为自己的母亲服丧，服完丧，返回齐国的途中，在嬴邑停了下来。

充虞向孟子请教说：“之前您不嫌我无才，让我负责管棺木之事，因为当时比较忙，我没敢向您请教。现在我想私下里向您请教：那棺木太好了吧？”

孟子说：“古时棺椁都没有一定的标准，中古之后才规定内棺要七寸，外棺与内棺相称。但是，自天子以至庶民，都不仅仅是为了棺木看着美观，而是这样做了，才算尽了自己的孝心。如果拘于法制的规定而不能这样做，就不会感到安心；法制允许却没有钱财，也不会安心。法制允许以及有足够的钱财，古时的人都是这样做的，为什么独独我不能？而且，埋葬死者的时候，不使他的皮肤接触到泥土，能做到这样不也就满足了吗？我听说：在任何时候，君子都不应当在自己的父母身上省钱。”

八

沈同[①]以其私问曰："燕可伐与？"

孟子曰："可。子哙[②]不得与人燕，子之不得受燕于子哙。有仕[③]于此，而子悦之，不告于王而私与之吾子之禄爵，夫士也，亦无王命而私受之于子，则可乎？何以异于是？"

齐人伐燕。

或问曰："劝齐伐燕，有诸？"

曰："未也。沈同问'燕可伐与'，吾应之曰'可'，彼然而伐之也。彼如曰：'孰可以伐之？'则将应之曰：'为天吏，则可以伐之。'今有杀人者，或问之曰：'人可杀与？'则将应之曰：'可。'彼如曰：'孰可以杀之？'则将应之曰：'为士师，则可以杀之。'今以燕[④]伐燕，何为劝之哉？"

注释

①沈同：齐国大臣。

②子哙 kuài：即燕王哙，欲将君位禅让于其相子之。

③仕：即“士”。

④燕：指与燕国一样的齐国。

译文

沈同以私人身份问孟子说：“燕国可以讨伐吗？”

孟子说：“可以的。燕王哙不应当把燕国让给别人，他的国相子之也不应当从燕王哙那里接受燕国。假如现在有个人在这里，你非常欣赏他，于是不向齐王请示而私下里就把你的爵禄都让给了他，那个人也没有得到齐王的任命就私下里接受了，这样可以吗？燕国的所作所为和这有什么区别呢？”

后来齐国讨伐了燕国。

有人问孟子：“您曾经劝齐国去讨伐燕国，有这件事吗？”

孟子说：“没有。沈同问我：‘燕国可以讨伐吗？’我回答说：‘可以。’他们也觉得可以讨伐,然后就去了。他如果说：‘谁可以讨伐燕国呢？’那么我会回答说：‘天吏才能够去讨伐。’假如有人杀了人，有人问：‘这个人可以杀吗？’回答说：‘可以。’他如果问：‘谁可以杀呢？’那么别人肯定说：‘只有士师才可以杀他。’现在与燕国一样无道的齐国去讨伐燕国，我怎么会鼓励他呢？”

九

燕人畔。王曰："吾甚惭[①]于孟子。"

陈贾[②]曰："王无患[③]焉。王自以为与周公孰仁且智？"

王曰："恶！是何言也！"

曰："周公使管叔监殷，管叔以殷畔[④]。知而使之，是不仁也；不知而使之，是不智也。仁智，周公未之尽也，而况于王乎？贾请见而解[⑤]之。"

见孟子，问曰："周公何人也？"

曰："古圣人也。"

曰："使管叔监殷，管叔以殷畔也，有诸？"

曰："然。"

曰："周公知其将畔而使之与？"

曰："不知也。"

"然则圣人且有过与？"

曰："周公，弟也；管叔，兄也。周公之过，不亦宜乎？且古之君子，过则改之；今之君子，过则顺[⑥]之。古之君子，其过也，如日月之食，民皆见之；及其更也，民皆仰之。今之君子，岂徒顺之，又从为之辞[⑦]。"

注释

①惭：愧，羞愧，愧对。因孟子曾劝说齐王停止对燕国施暴，齐王不听，终于招致燕国的反抗，因此齐

王感到羞愧。

②陈贾：齐国大夫。

③患：担忧。

④周公使管叔监殷，管叔以殷畔：周公曾派管叔、蔡叔、霍叔为三监，监督居于殷商故地的纣子武庚，后来三监联合武庚叛周。

⑤解：解释。

⑥顺：有过而不改。

⑦辞：托词，辩解。

译文

燕国人反抗齐国。齐王说："对于孟子，我感到很羞愧。"

陈贾说："大王您不要担心。大王自以为与周公相比，谁更加仁而且智呢？"

齐王说："哎呀！这是什么话啊！"

陈贾说："周公曾经派管叔去监督殷民，但是管叔却联合殷民叛周。周公明知管叔会反叛还要任用他，这是不仁；如果不知道他会反叛而任用他，这就是不智。仁和智，周公都未能完全做到，更何况是大王您呢？请大王允许我去见孟子并向他解释清楚。"

陈贾见到孟子，说道："周公是什么人呢？"

孟子回答："周公是古代的圣人。"

陈贾说："周公派管叔去监督殷人，但是管叔却联合殷人反叛，是这样的吗？”

孟子说：“是这样的。”

陈贾说：“周公明知管叔会反叛还派他去的吗？”

孟子说：“周公不知道。”

陈贾说：“既然这样，那岂不是圣人也会有过错吗？”

孟子说：“周公是弟弟，管叔是兄长，周公的过错，不也是情有可原的吗？况且，古代的君子，犯了过错就改正；现在的君子，犯了过错却照样犯下去。古代的君子，他的过错就像日食月食一样，人民都能看到；等他改正后，人民都仰望着他。现在的君子，岂止是坚持错误，竟还为错误做辩解。”

十

孟子致为臣而归。王就见孟子，曰：“前日[①]愿见而不可得，得侍同朝，甚喜；今又弃寡人而归，不识可以继此而得见乎？”

对曰：“不敢请[②]耳，固所愿也。”

他日，王谓时子[③]曰：“我欲中国[④]而授孟子室[⑤]，养弟子以万钟[⑥]，使诸大夫国人皆有所矜式[⑦]。子盍为我言之？”

时子因[⑧]陈子[⑨]而以告孟子，陈子以时子之言告孟子。

孟子曰：“然[⑩]。夫时子恶知其不可也？如使予欲富，辞十万而受万，是为欲富乎？季孙⑪曰：‘异哉子叔疑⑫！使己为政，不用，则亦已矣，又使其子弟为卿。人亦孰不欲富贵？而独于富贵之中有私龙断⑬焉。’古之为市也，以其所有易其所无者，有司者治之耳。有贱丈夫⑭焉，必求龙断而登之，以左右望，而罔⑮市利。人皆以为贱，故从而征⑯之。征商自此贱丈夫始矣。”

注释

①前日：前些时候。

②请：请求，要求。

③时子：齐国大臣。

④中国：都城之中。

⑤室：房屋，住处。

⑥万钟：谷物之数。钟是古代重量单位，万钟约相当于古代的六万四千石。

⑦矜：敬，尊敬。式：法，效法。

⑧因：通过，借助。

⑨陈子：孟子弟子。

⑩然：此为应答之辞，不应理解为“是”。

⑪季孙：事迹不详。

⑫子叔疑：事迹不详。

⑬龙断：即“垄断”。

⑭丈夫：古代对成年男子的统称。

⑮罔：通“网”，网罗。

⑯征：征税。

译文

孟子辞掉了齐国的官职准备回去。齐王到孟子住处来见他，说：“前些时候想见您却见不到，能够同朝共事，我感到非常高兴；现在您要离我而去了，不知道自此之后还能不能再见到您。”

孟子说：“我不敢要求与您相见，但这本来也是我所希望的。”

过了几天，齐王对时子说：“我打算在都城中给孟子建一所房子，给他万钟粮食来养活他的弟子。让列位大夫和百姓都有个敬畏和效法的对象。你何不替我向孟子说说这件事呢？”

时子通过陈子转述齐王的打算，于是陈子把时子的话告诉了孟子。

孟子说：“嗯。时子哪知道这件事是不能做的呢？如果我想富，辞掉了十万钟的俸禄却来接受这一万钟的赏赐，这是想要富吗？季孙说：‘真奇怪啊，子叔疑这个人！想让自己做官，没被任用，那也就算了，却又叫他的子弟去做卿。人们哪个不想富贵？而偏偏在富贵之中有人想独自垄断。’古时候做买卖，是百姓拿自己的东西交换所没有的东西，而诸侯只是派相关的官吏管管这种事罢了。有个卑贱的汉子，总要找块高地登上去，用来左右张望，企图把集市贸易的好处都捞到。人人都认为他卑鄙，于是就对他征税。对商人征税就是从这种卑贱的汉子开始的。”

十一

孟子去齐，宿于昼①。有欲为王留行者，坐而言。不应，隐几②而卧。

客不悦曰：“弟子齐宿③而后敢言，夫子卧而不听，请勿复敢见矣。”

曰：“坐！我明语子。昔者鲁缪公④无人乎子思⑤之侧，则不能安子思；泄柳、申详⑥无人乎缪公之侧，则不能安其身。子为长者⑦虑，而不及子思；子绝长者乎？长者绝子乎？”

注释

①昼：齐国邑名，在临淄西南。

②隐几：靠在小桌上。隐，靠，凭。几，小桌。

③齐 zhāi 宿：先一日斋戒。齐，通“斋”。

④鲁缪 mù 公：鲁国国君，名显，前409年至前377年在位。

⑤子思：孔子之孙，名伋。鲁缪公尊敬子思，常派人在子思身边伺候致意，使子思安心留下。

⑥泄柳、申详：同为鲁缪公时贤人。泄柳亦称子柳；申详，孔子弟子子张之子。他们二人认为，如果没

有贤者在君主身边，自身就感到不安。

⑦长者：指孟子自己。

译文

孟子离开齐国，在昼地过夜休息。有人想要为齐王挽留孟子，端庄地坐着跟孟子说话。但是孟子却不回应，靠在小桌边休息。

那个人不高兴地说："我斋戒了一天才敢来跟您说话，但是先生您却不听我说，我以后再也不敢和您相见了。"

孟子说："坐下！我明白地告诉你。从前鲁缪公如果没有人在子思身边传达尊贤之意，就不能使子思安心留下；泄柳、申详，如果没有贤人在鲁缪公身边，也不能使自己安心。你替我着想，但是却连子思怎么被鲁缪公对待都不知道。那么是你和我诀别呢，还是我和你诀别？"

十二

孟子去齐。尹士[①]语人曰："不识王之不可以为汤武，则是不明也；识其不可，然且至，则是干泽[②]也。千里而见王，不遇故去，三宿而后出昼，是何濡滞[③]也？士则兹不悦[④]。"

高子[⑤]以告。

曰："夫尹士恶知予哉？千里而见王，是予所欲也；

不遇故去，岂予所欲哉？予不得已也。予三宿而出昼，于予心犹以为速，王庶几改之，王如改诸，则必反[⑥]予。夫出昼，而王不予追也，予然后浩然有归志。予虽然，岂舍王哉？王由[⑦]足用[⑧]为善。王如用予，则岂徒齐民安，天下之民举安。王庶几改之！予日望之！予岂若是小丈夫然哉？谏于其君而不受，则怒，悻悻然[⑨]见于其面，去则穷日之力而后宿哉？”

尹士闻之，曰：“士诚小人也。”

注释

①尹士：齐人。

②干泽：求取俸禄。干，求取。泽，禄。

③濡滞：迟缓，迟滞。

④兹不悦：倒装句，即“不悦兹”。兹，此。

⑤高子：齐人，孟子弟子。

⑥反：召回，使……返回。

⑦由：通“犹”。

⑧足用：足以。

⑨悻悻然：愤怒不平的样子。

译文

孟子离开齐国。尹士对别人说：“认识不到齐王不能成为商汤、周武王那样的君主，那就是不明智；知道齐王不可能成为商汤周武，然而还是到齐国来，这就是为了求取爵禄。不远千里来见齐王，不被重用就离开了，却又在昼邑停留了三天才离开，为什么这么迟缓呢？我对这种情况很不满意。”

高子将这话告诉了孟子。

孟子说：“尹士怎么能了解我呢？我不远千里来见齐王，这是我的期望；不被重用而离开，怎么会是我所期望的呢？我也是迫不得已。我在昼邑停了三天才离开，在我心里还觉得太快了，齐王或许可以改变态度的，齐王如果改正，肯定会把我召回来。离开了昼邑之后，齐王并没有派人追我，然后我才毅然下定决心离开。我虽然这么做了，难道是要舍弃齐王吗？齐王还是可以施行善政的。齐王如果任用我，那岂止会使齐国百姓安定，天下的百姓都会安定的。真希望齐王会改正！我天天盼望着他能改变！我难道像那种气度狭小的人吗？向君主进谏不被接受，就怒气冲冲，脸上显露出不满的表情，离开时就非得拼尽一天的气力赶路，然后才歇宿吗？”

尹士听了这些话，说：“我真是个小人啊。”

十三

孟子去齐，充虞路问曰：“夫子若有不豫[①]色然。前日虞闻诸夫子曰：‘君子不怨天，不尤人[②]’”

曰：“彼一时，此一时也。五百年必有王者兴，其间必有名世者[③]。由周而来，七百有余岁矣。以其数[④]，则过矣；以其时[⑤]考之，则可矣。夫天未欲平治天下也，如欲平治天下，当今之世，舍我其谁也？吾何为不豫哉？”

注释

①不豫：不高兴，不开心。

②君子不怨天，不尤人：语出《论语·宪问》，孔子语。

③名世者：指那些有德业、声望名于永世之人。

④数：年数。

⑤时：时势。

译文

孟子离开齐国，在路上，充虞问道：“先生您好像有点不高兴的样子。前些时候我听先生说过这样的话：‘君子不抱怨天，也不埋怨人。’”

孟子说：“那时是一个情况，现在又是一个情况。每隔五百年必定会有圣王出现，这期间也必定会有闻名于世的贤才。从周以来，已经七百多年了。按年数说，已经超过了；按时势来考察，也该出现圣君贤臣了。上天还不想让天下安平罢了，如果想让天下安平，在当今这个时代，除了我，还有谁呢？我怎么会不高兴呢？”

十四

孟子去齐，居休[1]。公孙丑问曰："仕而不受禄，古之道乎？"

曰："非也。于崇[2]，吾得见王，退而有去志，不欲变，故不受也。继而有师命[3]，不可以请。久于齐，非我志也。"

注释

①休：地名，在今山东滕州北，距孟子家百里。

②崇：齐国地名，不详。

③师命：战事，师旅之命。

译文

孟子离开齐国，停住在休地。公孙丑问道："做了官却不接受俸禄，这是古时的规矩吗？"

孟子回答道："不是的。在崇地，我见到了齐王，回来后就有了离开齐国的想法，我不想改变这个想法，所以不接受俸禄。接着齐国有战事，不便请求离开。长时间待在齐国，并不是我的意愿。"

卷五 滕文公上

题解

本篇以孟子与滕文公对话开始，故以此为篇名。本篇前三章有许多关于孟子思想的重要记载：第一章论述人性本善，应当效法古之贤人；第二章由丧礼入手，指出行仁道与行礼义的关系；第三章论述为国之道,在于尊圣贤，薄赋税，修学校，劝礼义，制民之产等等。最后两章分别列出孟子对农、墨两家的批评。这些篇章多广为流传，对于我们理解孟子的思想至关重要。

一

滕文公[①]为世子[②]，将之楚，过宋[③]而见孟子。孟子道性善[④]，言必称尧舜。世子自楚反，复见孟子。孟子曰："世子疑吾言乎？夫道一[⑤]而已矣。成覸[⑥]谓齐景公曰：'彼，丈夫也；我，丈夫也。吾何畏彼哉？'颜渊曰：'舜，何人也？予，何人也？有为者[⑦]亦若是。'公明仪[⑧]曰：'文王我师也，周公岂欺我哉？'今滕，绝长补短[⑨]，将[⑩]五十里也，犹可以为善国。《书》曰：'若药不瞑眩，厥疾不瘳[⑪]。'"

注释

①滕文公：滕国国君，治今山东滕州。滕国为姬姓，

故下文说“为世子”。

②世子：太子。

③过宋：路过宋国。宋国国都本在河南商丘附近，后迁至彭城，即今江苏徐州。因此由滕至楚，必定路过宋国。

④道性善：道，谈论，论述。孟子倡导性善论，认为人之初其本性必是善的。性善论是孟子思想中十分重要的部分。

⑤道一：道理是一致的。道，道理，事理。一，一致，相同。

⑥成眴 xián：齐国勇士。

⑦有为者：有所作为的人。

⑧公明仪：姓公明，名仪，鲁国贤人，曾子之徒。

⑨绝长补短：从长的地方截取一部分接补在短的地方。本指计算国土纵横的方法。绝，截。

⑩将：将近。

⑪若药不瞑 miàn 眩，厥疾不瘳 chōu：语出《尚书·说命》，原文作“若药弗瞑眩，厥疾弗瘳”。若，如果，假如。瞑眩，指用药后产生的头晕目眩的感觉。厥，其。瘳，病好，痊愈。

译文

当滕文公还是太子的时候，曾经要到楚国去，中途路过宋国的时候拜访了孟子。孟子给他讲人性善的道理，而且总是拿尧、舜来说事。滕文公从楚国回来的时候，又去拜访孟子。孟子说："太子是怀疑我说的话吗？那些人所说的道理都是一致的啊。成瞷曾经对齐景公说：'他是一个男子汉，我也是男子汉。我有什么好怕他的呢？'颜渊曾说：'舜是什么样的人，我是什么样的人，有作为的人都会像他那样。'公明仪说：'文王是我的老师，周公难道会欺骗我吗？'现在的滕国，假如把疆土截长补短也有将近方圆五十里，还是可以治理成一个好的国家的。《尚书》中有句话说：'如果药不能使人头晕目眩的话，那病也是治不好的。'"

二

滕定公[①]薨，世子谓然友[②]曰："昔者孟子尝与我言于宋，于心终不忘。今也不幸至于大故[③]，吾欲使子问于孟子，然后行事[④]。"然友之邹[⑤]，问于孟子。孟子曰："不亦善乎！亲丧[⑥]，固所自尽[⑦]也。曾子曰：'生，事之以礼；死，葬之以礼，祭之以礼，可谓孝矣。'[⑧]诸侯之礼，吾未之学也。虽然，吾尝闻之矣。三年之丧，齐疏之服[⑨]，饘粥之食[⑩]，自天子达于庶人，三代共之。"

然友反命[⑪]，定为三年之丧。父兄百官皆不欲，曰："吾宗国[⑫]鲁先君[⑬]莫之行，吾先君亦莫之行也，至于子之身而反之，不可。且《志》[⑭]曰：'丧祭[⑮]从先祖。'曰：'吾有所受之也[⑯]。'"谓然友曰："吾他日未尝学问[17]，好驰马试剑。今也父兄百官不我足[18]也，恐其[19]不能尽于大事[20]。子为我问孟子！”

然友复之邹问孟子。孟子曰：“然，不可以他求者也。孔子曰：‘君薨，听于冢宰[21]。歠[22]粥，面深墨[23]，即位[24]而哭，百官有司莫敢不哀，先[25]之也。’上有好者，下必有甚焉者矣。君子之德，风也；小人之德，草也。草尚之风，必偃[26]。是在世子。”然友反命。世子曰：“然；是诚在我。”五月居庐[27]，未有命戒[28]。百官族人可[29]，谓曰知。及至葬，四方来观之，颜色[30]之戚[31]，哭泣之哀，吊者[32]大悦。

注释

①滕定公：滕国国君，文公之父。

②然友：滕文公的老师。

③大故：重大事故，这里指定公之丧。

④行事：办事，指办丧葬之事。

⑤邹：地名，孟子老家。

⑥亲丧：父母的丧事。亲，指父母。

⑦固所自尽：固，本来。自尽，竭尽自己所能。

⑧“曾子曰”诸句：据《论语·子张》记载，这是孔子说的话，孟子引为曾子语，而《大戴礼记·本孝》也记载了曾子的话，文句不同，意思相近。应该是曾子转引孔子的话。

⑨齐zī疏之服：古代丧服的一种。齐，古代长衣下部的

缉边。疏，粗。

⑩饩 zhān 粥之食：稀饭。饩，通“饘”，稠粥。粥，稀粥。

⑪反命：复命。

⑫宗国：鲁国和滕国的始封祖都是文王的儿子，周公封鲁，叔绣封滕，而周公为长，故滕以鲁为宗国。

⑬先君：前代君主，历代祖先。

⑭《志》：记，古代史官对相关史事的记载。

⑮丧祭：丧礼和祭礼。

⑯吾有所受之也：对这句话的理解历来有歧义，有人认为这是滕国父兄百官所说的话，有人认为是太子所说的话。

⑰学问：学习和请教。

⑱不我足：即“不足我”。足，满意。

⑲其：代词，己，指太子自己。

⑳大事：重大事件，指先君丧葬之事。

㉑冢宰：官名，周代六卿之一，《周礼》天官之属，为辅佐天子之官。后世因以冢宰为宰相之称。

㉒歠 chuò：饮，喝。

㉓面深墨：面，脸，脸色。深，很，甚。墨，黑。

㉔即位：指临孝子之位。即，就。

㉕先：前驱，先导，这里指做……的前驱、先导。

㉖“君子之德”诸句：语出《论语·颜渊》。尚，通“上”，加诸其上。偃，倒。

㉗五月居庐：按照礼制，诸侯去世后五个月才下葬，下葬前，孝子必居于庐。庐，古代为守丧而建在墓旁的小屋，一般比较简陋，用土砖砌成，不用柱、楣，不修饰，以草覆顶，也称凶庐或梁阇。

㉘命戒：命令和教诫。

㉙可：赞成，认同。

㉚颜色：脸色，神情。

㉛戚：哀伤，忧愁。

㉜吊者：吊丧之人。

译文

滕定公死了，滕文公对老师然友说："从前孟子曾经在宋国与我交谈，他的话在我心里始终不能忘记。现在不幸遭遇父亲之丧，我想请您先去拜问孟子，然后再办丧事。"然友到邹国去请教孟子。孟子说："这不是很好吗！父母的丧事本来就该竭尽心力。曾子曾说过：'父母活着的时候，要以礼侍奉他们；父母死去的时候，要以礼埋葬他们、祭祀他们。只有这样做了，才可以称为孝。'诸侯的礼节，我没有学过，但我还是听说过的。为父母服丧三年，穿着粗布衣服，喝着粥。从天子到百姓，夏商周三代以来都是如此。"

然友回国复命，太子决定实行三年之丧。滕国的父老和百官都不想这样做。他们都说："我们的宗国鲁国的先君从来都没有这样做过，我国的先君也没有这样做的，到了太子您这一代却要违反先人的常规，这是不可以的。而且有《志》记载说：‘丧礼和祭礼都要遵从先祖的常规。’还说：‘我们都是从先人那里继承而来的。’”太子对然友说：“我平日里未尝做过什么学问，喜欢骑马练剑。现在父兄百官对我的所作所为不满意，我恐怕自己不能做好这件大事。你为我再去请教孟子吧！”

然友又到邹国去请教孟子。孟子说：“对，这是需要自己身体力行的。孔子说过：‘国君死后，国家大事皆由冢宰处理。而太子则每天喝稀粥，面色深黑，临孝子之位便痛苦不堪，百官也没有不哀伤的，这是因为有太子表率的缘故。’在上者有所偏好，下面的人必定加倍追随。君子的德行就像风，而百姓的德行就像草。风吹草丛，草丛必然随风而倒。这完全取决于太子。”然友回国将此话告诉太子。太子说：“对啊，这件事确实取决于我。”于是太子在居丧的草庐里住了五个月，其间没有发布过政令教诫。百官和族人都赞同太子的做法，认为太子知礼。到了安葬那天，各地的人都来观看葬礼。太子面容悲戚，哭声哀伤，使前来吊丧之人心悦诚服。

三

滕文公问为国[①]。孟子曰：“民事[②]不可缓也。《诗》云：‘昼尔于茅，宵尔索绹；亟其乘屋，其始播百谷[3]。'民之为道也，有恒产者有恒心，无恒产者无恒心。苟无恒心，放辟邪侈[4]，无不为已。及陷乎罪，然后从而刑之，是罔[5]民也。焉有仁人在位罔民而可为也？是故贤君必恭俭礼下，取于民有制[6]。阳虎曰：'为富不仁矣，为仁不富矣。'

"夏后氏五十而贡[7]，殷人七十而助，周人百亩而彻，其实皆什一[8]也。彻者，彻[9]也；助者，藉也[10]。龙子[11]曰：'治地莫善于助，莫不善于贡。'贡者，挍[12]数岁之中以为常。乐岁，粒米狼戾[13]，多取之而不为虐，则寡取之；凶年，粪[14]其田而不足，则必取盈焉。为民父母，使民盻盻然[15]，将终岁勤动[16]，不得以养其父母，又称贷而益之[17]，使老稚转乎沟壑，恶在其为民父母也？夫世禄[18]，滕固行之矣。《诗》云：'雨我公田，遂及我私[19]。'惟助为有公田。由此观之，虽周亦助也。

"设为庠序学校以教之。庠者，养也；校者，教也；序者，射[20]也。夏曰校，殷曰序，周曰庠；学则三代共之，皆所以明人伦也。人伦明于上，小民亲于下。有王者起，必来取法，是为王者师也。

"《诗》云：'周虽旧邦，其命惟新。'[21]文王之谓也。子力行之，亦以新子之国！"

使毕战问井地[22]。

孟子曰："子之君将行仁政，选择而使子，子必勉之！夫仁政，必自经界[23]始。经界不正，井地不钧[24]，谷禄[25]不平，是故暴君污吏必慢[26]其经界。经界既正，分田制禄可坐而定也。

夫滕，壤地褊小[27]，将为君子[28]焉，将为野人[29]焉。无君子，莫治野人；无野人，莫养君子。请野九一而助[30]，国中什一使自赋[31]。卿以下必有圭田[32]，圭田五十亩；余夫[33]二十五亩，死徙[34]无出乡。乡田同井，出入相友，守望相助，疾病相扶持，则百姓亲睦。方里而井，井九百亩，其中为公田。八家皆私百亩，同养公田；公事毕，然后敢治私事，所以别野人也。此其大略也；若夫润泽[35]之，则在君与子矣。"

注释

①为国：治理国家。

②民事：治理百姓的事。

③"昼尔于茅"诸句：诗出《诗经·豳风·七月》。尔，助词。于，取。茅，茅草。宵，晚上。索，把几股绳子搓在一起，使更加结实。绹 táo，绳子。亟，急忙。乘屋，修缮房屋。乘，整，治；也有人理解为"升"，指登上房屋。

④放辟邪侈：肆意作恶。放、侈，放纵。辟、邪，不正派，不正当。

⑤罔：通"网"，网罗，陷害。

⑥制：节制。

⑦贡：与下文"助""彻"皆为古代赋税制度。

⑧什一：即“十一”，十分之一的意思，指夏商周三代都是实行十分之一的税率。

⑨彻：通，通行。“彻者，彻也”是说这种税制在周朝是天下通行的。

⑩藉：借，借助。借助民力来耕种公田。

⑪龙子：古代贤者。

⑫挍 jiào：同“校”，比较。

⑬粒米狼戾：稻米撒得满地都是，形容粮食收成好。狼戾，即“狼藉”。

⑭粪：为田地施肥。还有一种观点把“粪”理解为“扫除、清除”。全句意思是“即使把落在田里的粮粒扫起来凑数，也不够交税”。

⑮盻 xì 盻然：勤苦不休息的样子。

⑯将终岁勤动：将，而，却。动，作。

⑰称贷而益之：称，举。贷，借贷。益，补充，补益。

⑱世禄：指古代实行的世禄制度，贵族世代享有前代的爵位和俸禄。

⑲雨我公田，遂及我私：语出《诗经·小雅·大田》。雨，降雨。公田，指西周井田制中的公田。遂，遍，遍及。私，指井田制中的私田。

⑳射 yì：通“绎”，陈列。引申为陈列人伦关系的教导。

㉑周虽旧邦，其命惟新：语出《诗经·大雅·文王》。命，天命。

㉒毕战：当时滕国的大臣。井地：井田。

㉓经界：指田界。经，也是界限的意思。

㉔钧：通“均”。

㉕谷禄：古代官员的俸禄都是谷米，所以叫谷禄。

㉖慢：通 “漫”，意思是打乱原来的田界。

㉗褊小：狭小。

㉘将为君子：将，且。为，有。君子，指统治者，在高位者。

㉙野人：庶民，百姓。

㉚野九一而助：野，郊外。九一，九分之一。助，劳役租赋制度，以私田助耕公田。

㉛国中什一使自赋：国中，指郊野之内，靠近都城的地方。对于这些地方抽税十分之一。

㉜圭田：古代卿、大夫、士供祭祀用的田地。圭，洁，洁净。

㉝余夫：指古代法定的受田人口之外的人。

㉞死徙：死，死者埋葬。徙，迁徙，搬家。

㉟润泽：指对制度的调节、修饰。

译文

滕文公向孟子请教治理国家的问题。孟子说：“百姓的事情是不可怠慢的。《诗经》上说：‘白天去割茅草，晚上把绳搓好；赶紧上房修屋，就要播种百谷。’老百姓都适用这样一条准则：有稳定财产的人才能有恒定的道德行为准则，而没有稳定财产的人就不能形成一定的道德行为准则。如果没有恒定道德行为准则的话，那么那些放纵违法、为非作歹的事，就没有不去干的了。等到了他们犯罪的时候，然后再施以刑罚，这就是陷害百姓。哪里有仁人在位而去陷害百姓的呢？所以贤明的君主必定要恭敬、节俭，以礼对待臣下，向百姓征收赋税一定要有所节制。阳虎曾说：'要发财就顾不上仁爱，要仁爱就不能发财。'

"夏朝每家五十亩地而实行贡法，殷代每家七十亩地而实行助法，周代每家一百亩地而实行彻法，但是他们的实质都是十分之一的税率。'彻'是'通'的意思，'助'是'借'的意思。龙子说过：'管理土地的这些税法，没有比助法更好的，没有比贡法更差的。'贡法就是比较若干年的收成，取平均数作为常数，按常数征收赋税。丰年，粮食多得满地狼藉，多征些粮也不算暴虐，而相对来说贡法却征收得少；荒年，即使把落在田里的粮粒扫起来凑数，也不够交税，而贡法却非要足数征收。国君作为民之父母，却使百姓一年到头劳累不堪，结果还不能养活父母，还得靠借贷来补足赋税，使得老幼辗转死于沟壑，这样的国君哪能算是百姓的父母呢？做官的世代享受俸禄，滕国早已实行了。《诗经》上说：'雨下到我们的公田里，于是也下到我们的私田里。'只有助法才有公田。由此看来，就是周朝也要实行助法的。

“在此基础上，设立学校、庠序来教化他们。‘庠’是教养的意思；‘校’是教导的意思；‘序’是陈列的意思。夏代称‘校’，商代称‘序’，周代称‘庠’；至于中央的学校，三代共用一个名称，都是用来教人懂得人伦道德的。在上位者懂得人伦道德，在下位者就会亲近他们。如果有圣王出现，必然会来效法，这样就成为圣王的老师了。

“《诗经》上说：‘周代虽然是一个古老的邦国，但是它继承的天命却是新的。’说的就是文王。国君你应该尽力而行，这也是为了使自己的国家气象常新。”

滕文公派毕战来问井田的问题。

孟子说：“你的国君想要施行仁政，派你到我这里来，你一定要勉励行之啊。施行仁政，一定要从划分确定田界开始。如果田界不能确定，田地分配得不均匀，那么用来做俸禄的田租的征收就不合理，于是那些暴虐的君主和贪官污吏就会肆意打乱田界。田界一旦确定，分配井田和俸禄的工作就可以轻而易举地办妥了。

“滕国土地狭小，但也要有官员，也要有老百姓。没有官员，就不能治理百姓；没有百姓，就不能供养那些官员。我建议在郊野实行九分抽一的助法，在国中实行十分抽一的税赋。卿以下的官吏一定要有可供祭祀用的五十亩田地，对家中未成年的男子，另给二十五亩田地。百姓丧葬迁居都不离乡。乡里土地在同一井田的各家，出入相互结伴，守卫防盗相互帮助，有病相互照顾，那么百姓之间就亲近和睦。一里见方的土地定为一方井田，每一井田九百亩地，中间一块是公田。八家都有一百亩私田，共同耕作公田；公田农事完毕，才敢忙私田上的农活，这就是使君子和农夫有所区别的办法。这是井田制的大概情况；至于如何改进完善，那就在于国君和你的努力了。”

四

有为神农之言者许行[①]，自楚之滕，踵[②]门而告文公曰:“远方之人闻君行仁政,愿受一廛[③]而为氓[④]。”

文公与之处[⑤]。

其徒数十人，皆衣褐[⑥]，捆屦[⑦]织席以为食[⑧]。

陈良之徒陈相与其弟辛，负耒耜[⑨]而自宋之滕，曰:“闻君行圣人之政，是亦圣人也，愿为圣人氓。”

陈相见许行而大悦，尽弃其学而学焉。

陈相见孟子，道许行之言曰:“滕君则诚贤君也。虽然，未闻道也。贤者与民并耕而食，饔飧[⑩]而治。今也滕有仓廪府库，则是厉[⑪]民而以自养也，恶得贤？”

孟子曰:“许子必种粟而后食乎？”

曰:“然。”

“许子必织布而后衣乎？”

曰："否。许子衣褐。"

"许子冠乎？"

曰："冠。"

曰："奚冠？"

曰："冠素[12]。"

曰："自织之与？"

曰："否。以粟易之。"

曰："许子奚为不自织？"

曰："害[13]于耕。"

曰："许子以釜甑爨[14]，以铁耕乎？"

曰："然。"

"自为之与？"

曰："否。以粟易之。"

"以粟易械器[15]者，不为厉陶冶[16]；陶冶亦以其械器易粟者，岂为厉农夫哉？且许子何不为陶冶，舍[17]皆取诸其宫中[18]而用之？何为纷纷然与百工交易？何许子之不惮烦？"

曰："百工之事固不可耕且[19]为也。"

"然则治天下独可耕且为与？有大人之事，有小人之事[20]。且一人之身，而百工之所为备[21]，如必自为而后用之，是率天下而路[22]也。故曰，或劳心[23]，或劳力[24]，劳心者治[25]人，劳力者治于人；治于人者食[26]人，治人者食于人，天下之通义[27]也。

"当尧之时，天下犹未平[28]，洪水横流，泛滥[29]于天下，草木畅茂[30]，禽兽繁殖[31]，五谷不登[32]，禽兽偪[33]人，兽蹄鸟迹之道交于中国[34]。尧独忧之，举舜而敷治[35]焉。舜使益[36]掌火，益烈[37]山泽而焚之，禽兽逃匿。禹疏九河[38]，瀹济漯[39]而注诸海，决汝汉[40]，排淮泗而注之江[41]，然后中国可得而食也。当是时也，禹八年于外，三过其门而不入。虽[42]欲耕，得乎？

“后稷教民稼穑[43]，树艺[44]五谷，五谷熟而民人育[45]。人之有道[46]也，饱食、暖衣、逸居[47]而无教，则近于禽兽。圣人有[48]忧之，使契为司徒[49]，教以人伦：父子有亲，君臣有义，夫妇有别，长幼有叙，朋友有信。放勋[50]曰：‘劳之来之[51]，匡之直之[52]，辅之翼之[53]，使自得之，又从而振德[54]之。’圣人之忧民如此，而暇[55]耕乎？

“尧以不得舜为己忧，舜以不得禹、皋陶[56]为己忧。夫以百亩之不易[57]为己忧者，农夫也。分人以财谓之惠，教人以善谓之忠，为天下得人[58]者谓之仁。是故以天下与[59]人易，为天下得人难。孔子曰[60]：‘大哉，尧之为君！惟天为大，惟尧则[61]之，荡荡乎民无能名[62]焉！君哉舜也！巍巍乎有天下而不与[63]焉！’尧舜之治天下，岂无所用其心哉？亦[64]不用于耕耳。

“吾闻用夏变夷[65]者，未闻变于夷者也。陈良，楚产[66]也，悦周公、仲尼之道，北学于中国，北方之学者，未能或之先[67]也，彼所谓豪杰之士也。子之兄弟[68]事之数十年，师死而遂倍[69]之！昔者孔子没[70]，三年之外[71]，门人治任[72]将归，入揖[73]于子贡，相向而哭，皆失声，然后归。子贡反，筑室于场[74]，独居三年，然后归。他日，子夏、子张、子游以有若似圣人[75]，欲以所事孔子事之[76]，强[77]曾子。曾子曰：'不可。江汉以濯之[78]，秋阳以暴之[79]，皓皓乎不可尚已[80]。'今也南蛮鴃舌[81]之人，非[82]先王之道，子倍子之师而学之，亦异[83]于曾子矣。吾闻出于幽谷迁于乔木[84]者，未闻下乔木而入于幽谷者。《鲁颂》[85]曰：'戎狄是膺[86]，荆舒是惩[87]。'周公方且膺之，子是[88]之学，亦为不善[89]变矣。"

"从许子之道，则市贾不贰，国中无伪[90]；虽使五尺之童适市[91]，莫之或欺[92]。布帛长短[93]同，则贾相若[94]；麻缕丝絮轻重同[95]，则贾相若；五谷多寡[96]同，则贾相若；屦大小同[97]，则贾相若。"

曰："夫物之不齐[98]，物之情[99]也。或相倍蓰[100]，或相什百，或相千万。子比而同之[101]，是乱天下也。巨屦小屦同贾，人岂为之哉？从许子之道，相率而为伪者也，恶能治国家？"

注释

①许行：战国时农家学派的代表人物。

②踵：原指脚后跟，引申为"至、到"的意思。

③廛：古代平民一家在城邑中所占的房地，泛指民居、市宅。

④氓：民，百姓。
⑤处 chù：处所，居处。
⑥褐：粗布或粗布衣服，古代贫贱者所穿的衣服，后代指贫民。
⑦捆屦：编织鞋子辅以敲打使之牢固。屦，鞋子。
⑧为食：作为生活来源。
⑨耒耜 lěi sì：古代一种像犁的农具，木柄叫“耒”，犁头叫“耜”。
⑩饔飧 yōng sūn：早饭叫“饔”，晚饭叫“飧”，这里用作动词，做饭的意思。
⑪厉：病，损害。
⑫素：白色生绢，这里指白色生绢做成的帽子。
⑬害：损害，妨碍。
⑭釜：古代炊器，敛口，圈底，有的有两耳。甑 zèng：古代做饭用的一种陶器。爨 cuàn：烧火做饭。
⑮械器：器械，工具。
⑯陶冶：名词，指制陶匠与冶铸匠。
⑰舍：什么，都。
⑱宫中：家中。先秦时人们居住的地方都称“宫”，秦汉以后，只有君王居住的地方称“宫”。
⑲且：连接两个动词，表示两件事同时进行。下文“且一人之身”之“且”是“况且、而且”的意思，表递进。
⑳有大人之事，有小人之事：大人，有两重含义：一为品德高尚的人，一为统治者、在位者。这里是指后

者。事，工作。小人，指平民，百姓。

㉑备：完备，具备，不缺少。

㉒路：奔走于道路，没时间休息，即疲于奔命。也有人认为路当为“露”，意为败。

㉓劳心：动脑筋，费心思，从事脑力劳动。

㉔劳力：从事体力劳动。

㉕治：统治，管理。

㉖食sì：供养，养活。

㉗通义：天下通行的道理。

㉘天下犹未平：远古洪荒时期，灾荒连绵，虽然圣人迭兴，逐渐除害，但还没除尽。

㉙泛滥：大水漫溢。

㉚畅茂：旺盛繁茂。

㉛繁殖：原指生物的滋生繁衍，比喻增多、发展。

㉜五谷不登：五谷，指稻、黍、稷、麦、菽五种作物。登，丰收，成熟。

㉝偪：即古代的“逼”字。

㉞兽蹄鸟迹之道交于中国：指中原之地到处遍布野兽、野鸟，危害百姓。

㉟敷治：一种观点认为，敷是散、分的意思，敷治即分治，是说尧一人治理不过来，所以派舜分治。一种观点认为，敷即治，敷治即治理。

㊱益：舜的大臣。

㊲烈：烧，烤。

㊳疏九河：疏，疏通，分流。九河，指徒骇、太史、马颊、覆釜、胡苏、简、洁、钩盘、鬲津。

㊴瀹 yuè 济漯 tà：瀹，疏通水道，使水流通畅。济，古河流名。源出今河南济源县西王屋山。古代四渎之一，包括黄河南北两部分，东流入海。漯，古河流名，古黄河的支流，河道屡有变迁。

㊵决汝汉：决，排除壅塞，疏通水道。汝，古河流名。源出河南省鲁山县大盂山，注入淮河。汉，河流名，汉水，也称汉江，是长江最长的支流，源于今陕西省宁强县，经湖北，于武汉入长江。

㊶排淮泗而注之江：排，排除壅塞，疏通水道。淮，河流名，即淮河，源出河南桐柏山，东流经河南、安徽到江苏入洪泽湖。泗，古河流名，源于今山东省泗水县东，由四源并发，故名。对这句话，古今争论较多，因淮、泗都不入江，故前人对此提出过质疑。

㊷虽：即使。

㊸后稷教民稼穑：后稷，古代周族的始祖，名弃。善于种植各种粮食作物，曾在尧、舜时代做农官，教民耕种。稼穑，耕种。

㊹树艺：种植。

㊺育：养，养育。

㊻有道：即“为道”。

㊼逸居：安逸地居住。

㊽有：同“又”。

㊾使契 xiè 为司徒：契，商的始祖，曾任舜的司徒，掌管教化。司徒，官职名称，相传少昊始置，唐虞因袭，周代六卿之一，曰地官大司徒，掌管国家的土地和百姓的教化。

㊿放勋：尧的称号。

[illegible]localhost51劳、来：勤奋，勤勉。

52匡、直：匡正，纠正。

53辅、翼：辅助，帮助。

54振德：振，整顿，整治或拯救，挽救。德，使……有德，即教诲。感恩，感激。

55暇：空闲。

56皋陶 gāo yáo：相传是舜时掌管刑法的官。

57易：治，治理。下文“与人易”中的“易”是“容易、简单”的意思。

58人：指人才。

59与：给予，赐予。

60孔子曰：孔子的这些话也见于《论语·泰伯》，文字略有出入。

61则：取法，效法，学习。

62荡荡乎民无能名：功德浩大至人民不能形容。荡荡，浩荡、广大的样子。名，形容，称说。

63巍巍乎有天下而不与：品德高尚，拥有天下却不独占。巍巍，高大的样子。与，参与，引申为享有、占有的意思。

(64)亦：只，但。

(65)用夏变夷：以中原文明化育落后部族。夏，指当时居住中原地区的民族。夷，古代对东部各族的统称，这里泛指居住于中原地区以外的部族。

(66)产：出生，生长。

(67)先：在……之先，超越，超过。

(68)子之兄弟：你们兄弟，指陈相与陈辛。

(69)倍：通“背”，背叛。

(70)没 mò：通“殁”，去世，死亡。

(71)三年之外：三年以后。

(72)治任：整理行装。

(73)揖：作揖，拱手行礼。

(74)场：指孔子墓旁供祭祀的场所。

(75)圣人：指孔子。

(76)欲以所事孔子事之：想用侍奉孔子的礼节来侍奉他。

(77)强：勉强，强迫。

(78)江汉以濯之：用江汉的水来清洗。江，长江。汉，汉水。濯，洗。

(79)秋阳以暴之：用夏天的烈日来曝晒。秋阳，秋天的太阳。但这里是以周历而言。周历的秋天相当于夏历的五六月，故秋阳实际上是指夏天的烈日。暴，“曝”的本字。晒，晾。

(80)尚：超越，超过。

(81)南蛮鴃 jué 舌：南蛮，古代称呼南方的少数民族及其居住的地方。鴃舌，古时讥笑人操难懂的南方方言。鴃，指伯劳鸟。

㉜非：非议，非难，指责。

㉝异：不同，相反。

㉞出于幽谷迁于乔木：大概源出《诗经·小雅·伐木》："伐木丁丁，鸟鸣嘤嘤，出自幽谷，迁于乔木。"幽谷，深谷。迁，升，迁徙。乔木，高大的树木。伐木、鸟鸣的声音，从低处向高处传播，以喻人也应向高处走，向好处学。

㉟《鲁颂》：以下诗句出自《诗经·鲁颂·閟宫》。

㊱戎狄是膺：强调句式，"是"表示强调。戎、狄，我国古代北方的少数民族。膺，防范，攻击。

㊲荆舒是惩：强调句式，"是"表示强调。荆，楚国的本名。舒，周代的诸侯国，与楚国相近，是同盟国。

㊳是：认为……对。

㊴善：善于，擅长。

㊵从许子之道……国中无伪：从，遵从。道，学说。市贾同"市价"。不贰，一样，没有差异。伪，人为，人工雕饰。下文"相率而为伪"中的"伪"是"虚伪、欺诈"的意思。

㊶虽：即使。五尺之童：指幼童，小孩儿。适：去，到。

㊷莫之或欺：即"莫或欺之"。莫，没有谁，没有人。

㊸长短：指尺寸。

㊹若：等同，一致。

⑮麻缕：麻线。丝絮：丝绵。

⑯多寡：多少。

⑰屦大小同：屦，鞋子。大小，指大小的程度。下文“巨屦、小屦”指粗糙的鞋子、精细的鞋子。

⑱齐：相同，等同。

⑲情：本性。

⑳或相倍蓰xǐ：或，有的。倍，一倍。蓰，五倍。下文“什百、千万”分别是“十倍、百倍、千倍、万倍”的意思。相，互相，指双方。下文“相率”中的“相”，偏指一方。

㉑子比而同之：强行使本不相同的事物整齐划一。比，并列，排列或编次，排比。同之，使之同。

译文

有一个践行神农氏学说的人叫许行，他从楚国来到滕国，亲自登门谒见滕文公，告诉他说：“我这个远方而来的人听说要施行仁政，希望能得到一处住所，做您的百姓。”

文公于是给了他住处。他有几十个门徒，都穿着粗麻布衣，靠编草鞋织席子为生。

陈良的弟子陈相和他的弟弟陈辛，背着农具从宋国来到滕国，对滕文公说：“听说您施行圣人的政治，这样，您也就是圣人了，我愿做圣人的百姓。”

陈相见到许行后大为高兴，就完全抛弃了自己原来所学的东西，改向许行学习。

陈相见到了孟子，转述许行的话说："滕文公倒确实是贤明的君主；虽然如此，他还不懂得君主的道理。贤君与人民一起耕作养活自己，一面烧火做饭，一面治理天下。现在，滕国有堆满粮食钱财的仓库，这是损害百姓来供养自己，哪能称得上贤明呢？"

孟子问："许子一定是自己种了粮食才吃饭的吗？"

陈相说："是的。"

孟子问："许子一定是自己织了布才穿衣的吗？"

答道："不是，许子穿粗麻编织的衣服。"

孟子问："许子戴帽子吗？"

答道："戴的。"

孟子问："戴什么样的帽子？"

答道："戴生丝织的帽子。"

孟子问："自己织的吗？"

答道："不是，用粮食换来的。"

孟子问："许子为什么不自己织呢？"

答道："会妨碍农活。"

孟子又问："许子用锅、甑烧饭，用铁农具耕田吗？"

答道："是的。"

孟子问："自己造的吗？"

答道："不是，用粮食换来的。"

孟子说："农夫拿粮食交换工具，不算是侵害陶工冶匠；陶工冶匠也拿他们的器具交换粮食，难道就侵害农夫利益了吗？再说，许子为什么不自己制陶冶铁，什么东西都从自家屋里取来用？为什么要忙忙碌碌同各种工匠交换呢？为什么许子这样不怕麻烦呢？"

陈相答道："各种工匠的活计本来就不可能边耕作边干的。"

孟子说："既然是这样的道理，那么治理天下的事就单单能边耕作边干吗？有官吏们的事，有小民们的事。再说一个人身上（所需的用品）要靠各种工匠来替他制备，如果一定要自己制作才能使用，这会导致天下的人疲于奔走。所以说：有些人动用心思，有些人动用体力。动用心思的人治理别人，动用体力的人被人治理；被人治理的人养活别人，治理人的人靠别人养活。这是天下通行的道理。

"在尧的时代，天下还不太平，洪水横流，到处泛滥，草木遍地丛生，禽兽大量繁殖，庄稼没有收成，禽兽威逼人类，印满兽蹄鸟迹的道路遍布中原各地。尧为此独自忧虑，提拔舜来全面治理。舜派益掌管用火，益在山冈沼泽燃起大火，烧掉草木，禽兽逃窜躲藏。大禹疏通九条河道，治理济水、漯水，将它们导流入海；开通汝水、汉水，疏浚淮水、泗水，将它们导入长江。这样，中原百姓才能吃上饭。在那时候，大禹八年在外，三次经过自己家的门口都没有进去，即使想亲自耕种，能办到吗？

“后稷教人民各种农事，种植五谷；五谷成熟了，人民才能养育。人类应该有社会生活的秩序，仅仅吃饱、穿暖、安居而没有教育，便同禽兽差不多。圣人又忧虑这件事，任命契担任司徒，把人伦关系教给人民——父子讲亲爱，君臣讲礼义，夫妇讲内外之别，长幼讲尊卑次序，朋友讲真诚守信。放勋说：‘慰劳他们，纠正他们，帮助他们，使他们自得其所，随后赈济他们给他们恩惠。’圣人为人民操心到这种程度，还有空闲耕作吗？

“尧把得不到舜当作自己的忧虑，舜把得不到禹、皋陶当作自己的忧虑。把耕种不好百亩田地当作自己忧虑的，是农夫。把财物分给人叫惠，教人行善叫忠，为天下物色贤才叫仁。因此，把天下让给别人是容易的，为天下物色到贤才是困难的。孔子说：‘尧作为君主真是伟大啊！只有天是伟大的，只有尧能效法天。（尧的功德）浩荡无边啊，人民简直无法用言语来形容！真是个好君主啊，帝舜！多么崇高啊！拥有天下却不一一参与政事！’尧舜治理天下，难道是无所用心的吗？只是不用在耕作上罢了。

“我只听说过用中原的文明去改变蛮夷的，没听说过被蛮夷改变的。陈良出生于楚国，爱好周公、孔子的学说，到北边的中原地区来学习，北方的学者没有人超过他的，他真称得上是杰出人物了。你们兄弟拜他为师几十年，老师一死就背叛了他。从前，孔子逝世，(弟子们服丧）三年后，收拾行李将要各自回去，走进子贡住处行礼告别，相对痛哭，泣不成声，这才回去。子贡又回到墓地，在祭场上搭了间房子，独居三年，然后才回家。后来的某一天，子夏、子张、子游认为有若像孔子，要用侍奉孔子的礼节侍奉有若，硬要曾子同意。曾子说：'不行！（老师的人品）如同经江汉之水洗涤过，盛夏的太阳曝晒过一般，洁白明亮得无人可以比得上的了！'现在，那个话语难听得像伯劳鸟叫似的南方蛮子，攻击先王之道，你却背叛自己的老师去向他学习，这跟曾子相差太远了。我听过'(鸟雀）从幽暗的山谷飞出来迁到高树上'的，没听过从高树迁下来飞进幽暗山谷的。《诗经·鲁颂》上说：'征讨戎狄，惩罚荆舒。'周公尚且要征讨楚国人，你却还向楚国人学习，也真是不善改变的了。"

陈相说："(如果）依照许子的学说实行，那么市场上物价就不会有两样，国中就没有弄虚作假的；哪怕叫小孩上市场（买东西)，也不会有人欺骗他。布和绸长短相同，价钱就一样；麻线丝绵轻重相同，价钱就一样；各种粮食多少相同，价钱就一样；鞋子大小相同，价钱就一样。"

孟子说："物品千差万别，这是客观情形。(它们的价值）有的相差一倍、五倍，有的相差十倍、百倍，有的相差千倍、万倍。你把它们放在一起等同看待，这是扰乱天下罢了。做工粗糙的鞋与做工精细的鞋同一个价钱，人们难道还肯做（做工好的鞋）吗？依从了许子的主张，便会使大家一个跟着一个地干虚假欺骗的勾当，哪还能治理好国家？”

五

墨者夷之[①]因徐辟[②]而求见孟子。孟子曰：“吾固愿见，今吾尚病，病愈，我且往见，夷子不来！”

他日，又求见孟子。孟子曰：“吾今则可以见矣。不直[③]，则道不见[④]；我且直之。吾闻夷子墨者，墨之治丧也，以薄[⑤]为其道也；夷子思以易[⑥]天下，岂以为非是[⑦]而不贵也；然而夷子葬其亲厚，则是以所贱事亲也。”

徐子以告夷子。

夷子曰：“儒者之道，古之人‘若保赤子’，此言何谓也？之则以为爱无差等，施[⑧]由亲始。”

徐子以告孟子。

孟子曰：“夫夷子，信[⑨]以为人之亲[⑩]其兄之子为若亲其邻之赤子乎？彼有取尔也。赤子匍匐将入井，非赤子之罪也。且天之生物也，使之一本[⑪]，而夷子二本[⑫]故也。盖上世尝有不葬其亲者，其亲死，则举而委[⑬]之于壑。他日过之，狐狸食之，蝇蚋姑嘬之[⑭]。其颡有泚[⑮]，睨而不视[⑯]。夫泚也，非为人泚，中心达于面目，盖归反虆梩[17]而掩之。掩之诚是也，则孝子仁人之掩其亲，亦必有道矣。”

徐子以告夷子。夷子怃然为间[18]曰：“命之[19]矣。”

注释

①墨者：墨家学派的人。夷之：人名，不详。

②徐辟：孟子弟子。

③直：直言。

④见：同“现”。

⑤薄：指薄葬。

⑥易：改变，变革。

⑦非是：并非这样。

⑧施：行。

⑨信：确实，真的。

⑩亲：以……为亲，爱护。

⑪一本：同一根本，同一本源。

⑫二本：孟子认为万物各有独自的根源，所以只有一个根本，即“一本”，因此以人为例，对父母的爱与对他人的爱应该不同；夷子宣扬“兼爱”，对父母与对他人的爱相同，反推回去，也就是人有父母和他人这两个根本，即“二本”。

⑬委：委弃，舍弃。

⑭蝇蚋 ruì 姑嘬 chuài 之：蚋，蚊子之类的害虫，体形似蝇而小，吸食人畜血液。姑嘬，用嘴吸吮。姑，通

“盬gǔ”，用嘴吸食。嘬，叮，咬。

⑮其颡sǎng有泚cǐ：颡，额，额头。泚，出汗、冒汗的样子。

⑯睨而不视：睨，斜视，斜着眼看。视，这里指正视。

⑰虆léi：古代用来盛土的器物。梩lí：锹锸之类的起土工具。

⑱怃然为间：怃然，茫然的样子。为间，一会儿。

⑲命之：命，教，教导。之，是夷子自称。

译文

修习墨学的夷之通过徐辟求见孟子。孟子说：“我本来愿意接见，现在我还病着，等病好了，我将去见他，夷子不必来。”

过了些日子，夷之又来求见孟子。孟子说：“我现在可以接见他了。说话不直截了当，道理就显现不出来，我直截了当地说吧。我听说夷子是墨家学者，墨家办理丧事是以薄葬为原则的。夷子想用它来改变天下的习俗，岂不是认为厚葬就不值得称道吗？然而夷子却厚葬自己的父母，那是用他自己所鄙薄的方式来对待双亲了。”

徐辟把孟子的话告诉了夷子。

夷子说：“按儒家的说法，古代的圣人爱护百姓‘就像爱护初生的婴儿’，这句话什么意思呢？我认为这是在说，对人爱是不分差别等级的，只是施行起来是从自己的父母开始。”

徐辟又把这话转告给孟子。

孟子说：“夷子真认为爱自己的侄子就像爱邻人的婴儿一样吗？圣人那样说只是用来比喻而已。婴儿在地上爬，就要掉进井里了，这不是婴儿的过错（圣人对待百姓，也是如此）。再说天生万物，使它们各自只有一个本源，然而夷子（主张爱不分差别等级），是他认为有两个本源的缘故。上古曾有个不安葬父母的人，父母死了，就抬走抛弃在山沟里。后来的一天路过那里，看见狐狸在啃他父母的尸体，苍蝇、蚊虫叮吮着尸体。那人额头上不禁冒出汗来，斜着眼不敢正视。那汗，不是流给人看的，而是内心的悔恨表露在脸上，也许他就会回家拿来筐和锹把尸体掩埋了。掩埋尸体确实是对的，那么孝子仁人掩埋他们亡故的父母，也就必然有（可以深究的）道理了。”

徐子把这番话转告给夷子。夷子茫然了一会儿，说：“我领受教诲了。”

卷六　滕文公下

题解

本篇大部分篇章记述孟子解答弟子及时人的疑惑，记载孟子的许多重要思想，比如孟子对大丈夫的理解——“富贵不能淫，贫贱不能移，威武不能屈”，这种精神品格两千年来已经深入中国人的骨髓，并彰显了儒家的气节。

一

陈代[①]曰：“不见[②]诸侯，宜若小[③]然；今[④]一见之，大则以王，小则以霸。且《志》[⑤]曰：‘枉尺而直寻[⑥]’，宜若可为也。”

孟子曰：“昔齐景公田[⑦]，招虞人[⑧]以旌[⑨]，不至，将杀之。志士不忘在沟壑，勇士不忘丧其元[⑩]。孔子奚取焉？取非其招不往也。如不待其招而往，何哉？且夫枉尺而直寻者，以利言也。如以利，则枉寻直尺而利，亦可为与？昔者赵简子[⑪]使王良[⑫]与嬖奚[⑬]乘，终日而不获一禽。嬖奚反命曰：‘天下之贱工[⑭]也。’或[⑮]以告王良。良曰：‘请复[⑯]之。’强[⑰]而后可[⑱]，一朝而获十禽。嬖奚反命曰：‘天下之良工也。’简子曰：‘我使掌[⑲]与女乘。’谓王良。良不可，曰：‘吾为之范[⑳]我驰驱，终日不获一；为之诡遇[㉑]，一朝而获十。

《诗》云：“不失其驰，舍矢如破。[22]”我不贯[23]与小人乘，请辞。’御者且羞与射者比[24]；比而得禽兽，虽若丘陵，弗为也。如枉道而从彼，何也？且子过矣：枉己者，未有能直人者也。”

注释

①陈代：人名，孟子弟子。

②见：谒见，拜见。

③宜若：似乎，好像。小：狭隘，狭窄，气量小。

④今：假如，如果。

⑤《志》：先秦时期某种古书，已亡佚。

⑥枉尺而直寻：枉，屈，弯曲。直，伸，伸直。寻，古代的长度单位，一寻等于八尺。

⑦田：田猎，打猎。

⑧虞人：守护管理苑囿的官吏。

⑨旌：有羽毛装饰的旗子。古代君主召唤臣下，按规定要对不同的臣子示以不同的物件。一般召大夫以旌，召虞人以皮冠。齐景公应以打猎的皮冠召唤虞人，他不遵守规定，小吏就应该不应召。

⑩元：首，头。

⑪赵简子：晋国大夫，名赵鞅。

⑫王良：春秋末年著名的驾车能手。

⑬嬖bì奚：嬖，嬖人，受宠幸的人，多指小人。奚，人名。

⑭贱工：拙劣的工匠。

⑮或：有人。

⑯复：再来。

⑰强：勉强。

⑱可：同意。

⑲掌：掌管。

⑳范：动词，规范。

㉑诡遇：指不正当地与禽兽相遇。诡，谲。

㉒不失其驰，舍矢如破：语出《诗经·小雅·车攻》。舍矢，发箭。如，则、而。破，射中目标。

㉓贯：惯，习惯。

㉔比：并列，比肩。

译文

陈代说："您不去谒见诸侯，气量见识似乎很狭隘；如果一旦去谒见诸侯，大则凭借他们推行王政，小则凭借他们称霸天下。《志》上也说：'委屈一尺却能伸直八尺'，这似乎是值得去做的。"

孟子说："从前，齐景公外出打猎，用旌旗来召唤看护园囿的小吏，小吏不来，景公要杀他。志士不怕弃尸山沟，勇士不怕丢掉脑袋。孔子曾称赞那个小吏，那取他哪一点呢？取的就是，不是他应该接受的召唤他就不去。如果我不等诸侯的召唤就主动去谒见，那又算什么呢？而且所谓委屈一尺可以伸直八尺，是依据利益来说的。如果只讲利益的话，那么假使委屈了八尺能伸直一尺而获利，也是可以去做的吗？从前赵简子派王良给自己宠幸的小臣奚驾车去打猎，一整天也打不到一只鸟儿。奚回来报告说：‘王良是天下最无能的驾车人。’有人把这话告诉了王良。王良说：‘请让我再驾一次。’奚勉强答应，结果一个早晨就猎获了十只鸟。奚回来报告说：‘王良是天下最能干的驾车人。’简子说：‘那我就叫他去专门给你驾车。’于是对王良说了。王良不肯这样做，说道：‘我规规矩矩地为他驾车，整天打不到一只鸟儿；不按规矩驾车，一个早上就打到了十只。《诗经》上说：“不违反驾车规矩，箭一出手就能射中。”我不习惯给小人驾车，请允许我辞掉这差事。’驾车的人尚且耻于同不守规矩的射手合作，即使这样的合作能猎获堆积如山的禽兽，也不愿意去干。如果背离正道去屈从于诸侯，那算什么呢？而且你错了：自己不正直，是不能够使别人正直的。”

二

景春[①]曰：“公孙衍[②]、张仪[③]岂不诚大丈夫哉？一怒而诸侯惧，安居而天下熄。”

孟子曰：“是焉得为大丈夫乎？子未学礼乎？丈夫之冠[④]也，父命之[⑤]；女子之嫁也，母命之，往送之门，戒之曰：‘往之女[⑥]家，必敬必戒，无违夫子[⑦]！’以顺为正者，妾妇之道也。居天下之广居[⑧]，立天下之正位[9]，行天下之大道；得志，与民由之[10]；不得志，独行其道。富贵不能淫[11]，贫贱不能移，威武不能屈，此之谓大丈夫。”

注释

①景春：人名，战国时期纵横家，与孟子同时。

②公孙衍：魏国人，号犀首，当时著名的说客，曾任五个国家的国相。

③张仪：战国时纵横家的代表人物，主张连横，为秦扩张势力。

④丈夫之冠：古代男子二十岁行加冠礼，冠礼后就可婚娶，标志着成年，因此以“丈夫”通称成年男子。

⑤父命之：《仪礼·士冠礼》记载，行加冠礼时，祝词都由“宾”，不由“父”，由于孟子的这一说法与之有出入，因此学者们有种种解释。一种说法是“父不自命，而以其命之意出于宾”，那么“宾命”也就等同于父命了。还有说孟子当时冠礼的礼仪可能本来就与《仪礼》记载不同。

⑥女：汝。

⑦夫子：指丈夫。

⑧广居：宽广的住宅，指仁。

⑨正位：正当的位置，指礼。

⑩由：行。

⑪淫：迷惑，惑乱。

译文

景春说："公孙衍、张仪难道不是真正的大丈夫吗？他们一发怒，诸侯就害怕，他们安居家中，天下就太平无事。"

孟子说："这怎么能算是大丈夫呢？你没有学过礼吗？男子行加冠礼时，父亲训导他；女子出嫁时，母亲训导她，送她到门口，告诫她说：'到了你家，一定要恭敬，一定要谨慎，不要违背丈夫！'把顺从当作正理，是妇人应该遵循的道理。居住在天下最宽广的住宅'仁'里，站立在天下最正确的位置'礼'上，行走在天下最宽广的道路'义'上；能实现理想时，就同人民一起行动；不能实现理想时，就独行此道。富贵不能迷乱，贫贱不能改变操守，威武不能屈服，这种人才叫作大丈夫。"

三

周霄[①]问曰："古之君子仕乎？"孟子曰："仕。《传》曰：'孔子三月无君，则皇皇如也，出疆必载质。'[②]公明仪[③]曰：'古之人三月无君，则吊[④]。'"

"三月无君则吊，不以[⑤]急乎？"

曰："士之失位也，犹诸侯之失国家也。《礼》曰：'诸侯耕助[⑥]，以供粢盛[⑦]；夫人蚕缫，以为衣服。牺牲不成，粢盛不洁，衣服不备，不敢以祭。惟士无田，则亦不祭。’牲杀、器皿、衣服不备，不敢以祭，则不敢以宴，亦不足吊乎？”

“出疆必载质，何也？”

曰：“士之仕也，犹农夫之耕也；农夫岂为出疆舍其耒耜哉？”

曰：“晋国亦仕国也，未尝闻仕如此其急。仕如此其急也，君子之难[8]仕，何也？”

曰：“丈夫生而愿为之有室[9]，女子生而愿为之有家[10]。父母之心，人皆有之。不待父母之命、媒妁[11]之言，钻穴隙相窥，逾墙相从，则父母国人皆贱之。古之人未尝不欲仕也，又恶不由其道。不由其道而往者，与钻穴隙之类也。”

注释

①周霄：人名，战国时魏人。

②“《传》曰”诸句：《传》，书名，已不可考。皇皇，惊恐，彷徨不安。疆，疆界，边界。出疆，越过边界，离开一个国家。质，同“贽”“挚”。古人初次相见，均以一定的礼物表示敬意，这种礼品被称作“质”。士人一般用雉（野鸡）来做礼物。

③公明仪：人名，鲁国贤人。

④吊：安慰，抚慰。

⑤以：通“已”，太，也。

⑥耕助：即“耕籍”。籍，籍田，天子、诸侯亲耕之

田，一般天子千亩，诸侯百亩。古代每到开春时节，都有耕籍礼，以示重视农业。其礼先由天子亲耕，然后三公九卿诸侯大夫等依次亲耕。耕时，天子三推，三公五推，九卿诸侯大夫九推，都是象征性地推几下犁头。

⑦粢 zī 盛 chéng：指盛在祭器中供祭祀用的谷物。六种谷物（黍、稷、稻、粱、麦、菰）中，可以盛于器皿中的称“粢”，已经盛在器皿中的称“盛”。

⑧难：不轻易。

⑨室：家室，妻室。

⑩家：夫家，婆家。

⑪媒妁：说合婚姻的人。历来对媒、妁的理解有所不同，一种认为媒是谋合二姓的人，妁是斟酌二姓的人；另一种认为男方称媒，女方称妁。

译文

周霄问孟子：“古代的君子也做官吗？”

孟子回答：“做官。《传》上记载：‘孔子三个月没有被君主任用，就惶惶不安；离开这个国家时，必定要带上谒见另一个国家君主的见面礼。公明仪说过：‘古代的人如果三个月不被君主任用，那就要去安慰他。’”

周霄问：“三个月不被君主任用，就要去安慰，不是有点太急切了吗？”

孟子说：“士失掉了官位，就像诸侯失掉了国家一样。《礼》上说：‘诸侯亲自耕种，用来供给祭品；夫人养蚕缫丝，用来供给祭服。祭祀的牛羊不肥壮，谷米不洁净，礼服不齐备，就不能用来祭祀。士失掉了官位就没有田地俸禄，也就不能祭祀。’祭祀用的牲畜、祭器、祭服都不齐备，不敢用来祭祀，也就不敢宴请，这还不该去安慰他吗？”

周霄问道：“离开一国时，一定要带上谒见别的国君的见面礼，为什么呢？”

孟子说：“士做官，就像农夫种田；农夫难道会因为离开一个国家就丢弃他的农具吗？”

周霄说：“我们魏国也是个有官可做的国家，却不曾听说想做官这样急切的。君子如此急切地想得到官位，却又不轻易去做官，为什么呢？”

孟子说：“男孩一出生，就愿给他找妻室；女孩一出生，就愿给她找婆家；父母的这种心情，人人都是有的。但如果不等父母同意、媒人说合，就钻洞扒缝互相偷看，翻过墙头与人相会，那么父母和社会上的人都会认为这种人下贱。古代的君子不是不想做官，但又厌恶不以正道求官。不以正道求官，是同钻洞扒缝之类的行径一样。”

四

彭更[①]问曰：“后车数十乘，从者数百人，以传食[②]于诸侯，不以泰[③]乎？”

孟子曰："非其道，则一箪食[4]不可受于人；如其道，则舜受尧之天下，不以为泰。子以为泰乎？"

曰："否。士无事而食，不可也。"

曰："子不通功易事[5]，以羡[6]补不足，则农有余粟，女有余布；子如通之，则梓匠轮舆[7]皆得食于子。于此有人焉，入则孝，出则悌，守先王之道，以待后之学者，而不得食于子。子何尊梓匠轮舆而轻为仁义者哉？"

曰："梓匠轮舆，其志将以求食也；君子之为道也，其志亦将以求食与？"

曰："子何以其志为[8]哉？其有功于子，可食而食之矣。且子食志乎？食功乎？"

曰："食志。"

曰："有人于此，毁瓦画墁[9]，其志将以求食也，则子食之乎？"

曰："否。"

曰："然则子非食志也，食功也。"

注释

①彭更：人名，孟子弟子。

②传食sì：辗转受人供养。食，吃饭，给人饭食，供养。

③以：通"已"，太。泰：奢侈，过分。

④一箪食：一竹筐饭食。

⑤通功易事：互通各人劳作的成果，交换各行业的产

品，互通有无。

⑥羡：余，多余。

⑦梓匠轮舆：梓、匠、轮、舆，分别是制造或建造木器、宫室、车轮、车厢的木匠。这里代指各类工匠。

⑧为："论"的意思。

⑨墁 màn：原指泥墙的工具，引申为墙壁上的涂饰。

译文

彭更问道："跟随的车子几十辆，随从数百人，从这个诸侯国吃到那个诸侯国，不也太过分了吗？"

孟子说："不合道理的，那么一小竹筐饭也不能接受他人的；如果是合理的，那么就是舜接受尧的天下，也不能认为是过分。你认为过分了吗？"

彭更说："不。士无所事事吃人白食是不可以的。"

孟子说："假设你不流通、交换产品成果，用多余的弥补不足的，那么农夫就会有多余的粮食，织女就会有多余的布匹；如果你互通有无，那么各类工匠都能在你这里换到饭吃。假定这里有个人，在家孝顺父母，在外尊敬兄长，恪守先王之道，以此来教育后辈求学的人，但他在你这里却得不到饭吃，你为什么看重各类工匠而轻视遵行仁义的人呢？"

彭更说："各种工匠的动机，就是通过干活找口饭吃。君子修行仁义，动机也是找口饭吃吗？"

孟子说："你何必讨论他们的动机呢？他们为你

做事，可以给饭吃才给他们饭吃。再说，你是根据动机给饭吃呢，还是根据他们所做的事给饭吃？”

彭更说：“根据动机给饭吃。”

孟子说：“有人在这里，毁坏了屋瓦，画脏了新刷的墙，他的动机是找口饭吃，那么你给他饭吃吗？”

彭更说：“不给。”

孟子说：“既然这样，你就不是根据动机，而是根据所做的事给饭吃的了。”

五

万章[①]问曰：“宋，小国也；今将行王政，齐楚恶而伐之，则如之何？”

孟子曰：“汤居亳[②]，与葛[③]为邻，葛伯放[④]而不祀。汤使人问之曰：‘何为不祀？’曰：‘无以供牺牲[⑤]也。’汤使遗[⑥]之牛羊。葛伯食之，又不以祀。汤又使人问之曰：‘何为不祀？’曰：‘无以供粢盛也。’汤使亳众往为之耕，老弱馈食[⑦]。葛伯率其民，要[⑧]其有酒食黍稻者夺之，不授者杀之。有童子以黍肉饷[⑨]，杀而夺之。《书》曰：‘葛伯仇饷[⑩]。’此之谓也。为其杀是童子而征之，四海之内皆曰：‘非富天下也，为匹夫匹妇复仇也。’汤始征，自葛载[⑪]，十一征而无敌于天下。东面而征，西夷怨；南面而征，北狄怨。曰：‘奚为后我？’民之望之，若大旱之望雨也。归市者弗止，芸[⑫]者不变，诛其君，吊其民，如时雨降。民大悦，《书》

曰：'奚[13]我后，后来其无罚！''有攸[14]不惟[15]臣，东征，绥[16]厥士女[17]，篚[18]厥玄黄[19]，绍我周王见休[20]，惟臣附于大邑周。'其君子实玄黄于篚，以迎其君子；其小人箪食壶浆，以迎其小人。救民于水火之中，取其残[21]而已矣。《泰誓》[22]曰：'我武惟扬，侵于[23]之疆，则取于残，杀伐用张，于汤有光。'不行王政云尔。苟行王政，四海之内皆举首而望之，欲以为君。齐楚虽大，何畏焉？"

注释

①万章：人名，孟子的一位重要弟子，《史记·孟子荀卿列传》载孟子"退而与万章之徒作《孟子》七篇"。

②亳bó：古地名，商汤时的国都，在今河南商丘附近。

③葛：古国名，嬴姓，在今河南睢县附近；一说在郾城北或宁陵北，距亳都较近。

④放：放肆，放纵。

⑤牺牲：祭祀时所用的牲畜。

⑥遗wèi：给予。

⑦馈食：送饭。

⑧要：阻拦，阻止。

⑨饷：馈，送给。

⑩葛伯仇饷：语见《尚书·商书·仲虺之诰》。仇饷，仇视饷者。

⑪载：开始。

⑫芸：通“耘”，耕耘，耕作。

⑬奚：为什么。

⑭攸：攸国，古国名。

⑮惟：为，做。

⑯绥：安抚，使安定。

⑰士女：青年男女，泛指人民、百姓。

⑱篚 fěi：盛东西的竹器。

⑲玄黄：彩色的织物。

⑳休：美。

㉑残：残暴。

㉒《泰誓》：《尚书》中的一篇。

㉓于：国名。

译文

万章问孟子：“宋国是一个小国，现在想要施行仁政，如果齐楚两国憎恨它，想出兵攻打，那该怎么办呢？”

孟子说：“从前汤居住在亳，和葛国是邻国。葛伯放肆无道，不祭祀祖先。汤派人问他：‘为什么不祭祀？’葛伯说：‘没有供祭祀用的牲畜。’汤就派人送给他牛羊。葛伯把牛羊吃了，并不拿来祭祀。汤又派人问他：‘为什么不祭祀？’葛伯说：‘没有供祭祀用的谷物。’汤就叫亳地的群众去为他耕种，年老体弱的送饭。葛伯率领自己的人拦截那些带有酒肉饭菜的人，抢夺他们的东西，不给的话就杀掉。有个孩子拿着饭和肉去送给耕种的人，葛伯杀了孩子，抢走了饭和肉。《尚书》上说：‘葛伯仇视送饭的人。’说的就是这件事。因为葛伯杀了这个孩子，汤才去征讨他，普天下的人都说：‘汤不是要把天下变为自己的财富，而是为了给平民百姓报仇。’汤王征讨，从葛国开始。十一次征讨，天下无敌。向东征讨，西面的民族就埋怨；向南征讨，北面的民族就埋怨。他们埋怨说：‘为什么把我们这里放在后面？’人民盼望他来，就像大旱时盼望下雨一样。汤所到之处，做买卖的人络绎不绝，种田的人照常干活，杀掉那里的暴君，安抚那里的人民，就像及时雨从天而降，人民十分喜悦。《尚书》上又说：‘等待我们君王，君王来了我们就不再受折磨。’又说：‘攸国不肯臣服，周武王向东征讨它，安抚那里的人们。人们用竹筐装着黑色、黄色的绢帛迎接周王，愿意侍奉周王而受他恩泽，称臣归附周国。’那里的官吏用筐装满黑色、黄色的绢帛迎接周王的官吏，那里的百姓抬着饭筐提着酒壶迎接周王的百姓。只因为周王把那里的人民从水深火热中拯救出来，除掉他们的暴君罢了。《泰誓》上说：‘我军威武要发扬，攻到于国疆土上，诛除暴君去凶残，杀伐之功震四方，伟绩辉煌胜成汤。’不行仁政便罢了，如果行仁政，普天下的人都将仰起头来盼望他，要拥护他做自己的君主；齐、楚两国尽管强大，又有什么可怕的呢？”

六

孟子谓戴不胜[①]曰：“子欲子之王之善与？我明告子。有楚大夫于此，欲其子之齐语也，则使齐人傅[②]诸？使楚人傅诸？”

曰：“使齐人傅之。”

曰：“一齐人傅之，众楚人咻[③]之，虽日挞而求其齐也，不可得矣；引而置之庄岳[④]之间数年，虽日挞而求其楚，亦不可得矣。子谓薛居州[⑤]，善士也，使之居于王所。在于王所者，长幼卑尊皆薛居州也，王谁与为不善？在王所者，长幼卑尊皆非薛居州也，王谁与为善？一薛居州，独如宋王何？”

注释

①戴不胜：人名，宋国大夫。

②傅：动词，教，教导。

③咻 xiū：喧哗，干扰。

④庄岳：庄，街名；岳，里名。都在齐都临淄城内。代指齐都中的街市区。

⑤薛居州：人名，宋国贤人。

译文

孟子对戴不胜说：“你希望自己的君王变好吗？

我明白地告诉你。假如有个楚国大夫在这里，想让他的儿子学齐国话，那么是请齐国人教他，还是请楚国人教他呢？”

戴不胜说：“请齐国人教他。”

孟子说：“一个齐国人教他，许多楚国人哇啦哇啦干扰他，即使天天鞭打他，逼他学齐国话，也不可能学会。如果带他到齐国都城的街市上住几年，即使天天鞭打他，要他讲楚国话，也是不可能的。你说薛居州是个好人,让他住在宋王宫中。如果王宫里的人，不论年龄大小、地位高低，都是薛居州那样的人，宋王还能同谁一起干坏事呢？如果王宫里的人，不论年龄大小、地位高低，都不是薛居州那样的人，宋王又能同谁一起做好事呢？仅仅一个薛居州，又能对宋王起什么作用呢？”

七

公孙丑问曰：“不见诸侯何义？”孟子曰：“古者不为臣不见。段干木[①]窬垣而辟[②]之，泄柳[③]闭门而不纳，是皆已甚；迫[④]，斯可以见矣。阳货欲见孔子，而恶无礼。大夫有赐于士，不得受于其家，则往拜其门。阳货瞰[⑤]孔子之亡[⑥]也，而馈孔子蒸豚[⑦]；孔子亦瞰其亡也，而往拜之。当是时，阳货先，岂得不见？曾子曰：‘胁肩谄笑[⑧]，病于夏畦[⑨]。’子路曰：‘未同而言，观其色赧赧然[⑩]，非由之所知也。’由是观之，则君子之所养，可知已矣。”

注释

①段干木：人名，魏国贤者，孔子之徒子夏的弟子，曾经做过魏文侯的老师，但是不愿意出仕。

②辟：同“避”，躲避。

③泄柳：人名，鲁缪公时的贤者。

④迫：指诸侯迫切想要见面。

⑤瞰：窥伺。

⑥亡：外出，不在家。

⑦豚：小猪。

⑧胁肩谄笑：耸起肩膀，露出笑脸。形容极其谄媚的样子。

⑨病于夏畦 qí：病，疲惫，劳累。于，比。夏，夏天。畦，田地，此处代指田间劳作。

⑩赧赧然：因羞愧而脸红的样子。

译文

公孙丑问孟子说：“不主动去谒见诸侯是什么意思？”孟子说：“古时候的惯例，不是诸侯的臣子不去谒见诸侯。因此，段干木为了躲避诸侯越墙躲避，泄柳关上门不让诸侯进来，这些行为都已经很过分了；如果诸侯非常急迫地想见自己，这才可以去谒见。阳货想要孔子来见他，又怕别人说自己不懂礼数。大夫馈赠礼物给士，士因故没能在家接受礼物，之后应该去大夫家答谢。于是阳货趁孔子不在家的时候，给孔子送了一只蒸猪。孔子也趁他不在的时候，前去他家里答谢。当时，阳货先送来礼物，孔子怎能不去见他呢？曾子曾经说过：‘耸起肩膀，装出笑脸，去行谄媚之事，真比夏天在地里干活还难受。’子路说：‘明明合不来还要交谈，看他脸色羞惭得通红的样子，这是我所不赞成的。’由此看来，君子所要培养的道德操守，就可以知道了。”

八

戴盈之[①]曰：“什一[②]，去关市之征，今兹[③]未能，请轻之，以待来年，然后已[④]，何如？”

孟子曰：“今有人日攘[⑤]其邻之鸡者，或告之曰：‘是非君子之道。’曰：‘请损[⑥]之，月攘一鸡，以待来年，然后已。’如知其非义，斯速已矣，何待来年？”

注释

①戴盈之：人名，宋国大夫。

②什一：十分之一的税率。

③兹：年。

④已：停止。

⑤攘：盗窃，偷盗。

⑥损：减少。

译文

戴盈之说："施行十分之一的税率，免去关卡市场的赋税，今年不能施行了，只能减轻一点，等来年再停止现在的税率，可以吗？"

孟子说："假如有个人每天偷他邻居一只鸡，有人对他说：'你这样做不是君子所为。'他回答：'请允许我减少偷鸡的数量，我每月偷一只鸡，等来年再停止偷。'如果知道自己的行为不合道义，就该迅速停止，哪有等来年的呢？"

九

公都子[1]曰："外人皆称夫子好辩，敢问何也？"

孟子曰："予岂好辩哉？予不得已也。天下之生[2]久矣，一治一乱[3]。当尧之时，水逆行，泛滥于中国，蛇龙居之，民无所定；下者为巢[4]，上者为营窟[5]。《书》曰：'洚水警余[6]。'洚水者，洪水也。使禹治之。禹掘地而注之海，驱蛇龙而放之菹[7]；水由地中行，江、淮、河、汉是也。险阻既远，鸟兽之害人者消，然后人得平土而居之。

"尧舜既没，圣人之道衰，暴君代作[8]，坏宫室[9]以为污池[10]，民无所安息；弃田以为园囿，使民不得衣食。邪说暴行又作，园囿、污池、沛泽多而禽兽至。及纣之身，天下又大乱。周公相武王诛纣，伐奄[11]

三年讨其君，驱飞廉[12]于海隅而戮之，灭国者五十，驱虎、豹、犀、象而远之，天下大悦。《书》曰：'丕显哉，文王谟！丕承者，武王烈！佑启我后人，咸以正无缺[13]'。

“世衰道微，邪说暴行有作，臣弑其君者有之，子弑其父者有之。孔子惧，作《春秋》。春秋，天子之事也；是故孔子曰：'知我者，其惟《春秋》乎！罪我者，其惟《春秋》乎！'

“圣王不作，诸侯放恣[14]，处士横议[15]，杨朱[16]、墨翟之言盈天下。天下之言不归杨，则归墨。杨氏为我[17]，是无君也；墨氏兼爱，是无父也。无父无君，是禽兽也。公明仪[18]曰：'庖[19]有肥肉，厩有肥马；民有饥色，野有饿莩[20]，此率兽而食人也。'杨墨之道不息，孔子之道不著[21]，是邪说诬民，充塞[22]仁义也。仁义充塞，则率兽食人，人将相食。吾为此惧，闲[23]先圣之道，距[24]杨墨，放淫辞[25]，邪说者不得作。作于其心，害于其事；作于其事，害于其政。圣人复起，不易吾言矣。

“昔者禹抑[26]洪水而天下平，周公兼[27]夷狄、驱猛兽而百姓宁。孔子成《春秋》而乱臣贼子惧。《诗》云：'戎狄是膺，荆舒是惩，则莫我敢承[28]。'无父无君，是周公所膺也。我亦欲正人心，息邪说，距诐行[29]，放淫辞，以承三圣者，岂好辩哉？予不得已也。能言距杨墨者，圣人之徒也。”

注释

①公都子：人名，孟子弟子。

②生：生民，产生人类。

③一治一乱：孟子的历史观，认为社会的发展就是治乱交替的。

④下者为巢：地势低洼的地方就在树上筑巢。下，低地，低洼的地方。为，建造，营建。

⑤营窟：古代掘地或垒土而成的住所，或指相连的洞穴，围绕而居，垒土而居。

⑥泽 jiàng 水警余：语见《尚书·虞书·大禹谟》。泽，大水泛滥。

⑦菹 zū：水草丛生的沼泽地。

⑧作：起，出现。

⑨宫室：房屋，民居。

⑩洿 wū 池：水池。

⑪奄：古国名，嬴姓，其地在今山东省曲阜附近。周成王时，奄与其他东夷诸国联合叛乱，周公东征讨伐，平定其乱。

⑫飞廉：《史记》作“蜚廉”，商纣王的宠臣，擅奔走钻营。

⑬“《书》曰”句：语见《尚书·周书·君牙》。丕，大，很。显，明。谟，谋，谋略。烈，功业，功绩。佑，扶助，帮助。启，开启，启迪。

⑭放恣：放纵，肆意妄为。

⑮处士横议：处士，指有才德而隐居不仕的人，后也泛指不做官的士人。横议，恣意议论。

⑯杨朱：战国初期思想家，魏国人，字子居，又称杨子、阳子或阳生。他主张“贵生”“重己”“为我”“全性葆真”，所谓“拔一毛以利天下而不为”，重视个人生命的保存，反对别人对自己的侵夺，也反对侵夺别人。

⑰为我：杨朱思想的重要组成部分，主张一切为我，与墨子“兼爱”相反。

⑱公明仪：人名，鲁国贤人。

⑲庖 páo：厨房。

⑳莩：饿死的人。

㉑著：显，显明。

㉒充塞：堵塞。

㉓闲：保卫，捍卫。

㉔距：同“拒”，抗拒，反对。

㉕放淫辞：放，驱而远之。淫辞，邪僻荒诞的言论。

㉖抑：平，平息。

㉗兼：并，兼并。

㉘戎狄是膺，荆舒是惩，则莫我敢承：语出《诗经·鲁颂·閟宫》。

㉙诐 bì 行：偏邪不正的行为。

译文

公都子问孟子："外面的人都说您喜欢辩论，请问，这是为什么呢？"

孟子回答说："我怎么会喜欢辩论呢？我是不得已而为之啊！天下有人类很久了，总是治乱交替。在尧的时候，水势倒流，泛滥于中国，蛇龙到处盘踞，人们居无定所；地势低的地方，就在树上筑巢栖身，地势高的地方，就挖筑洞穴容身。《尚书》上说：'洚水警告我们。'洚水，就是洪水。尧派禹治水。禹开挖河道，让洪水流注进大海；驱逐蛇龙，把它们赶进荒草丛生的沼泽；水都顺着地中间的河道流泻，这就是长江、淮河、黄河和汉水。险情排除了，危害人类的鸟兽消灭了，然后人们才能够在平地上安心居住。

"尧舜之后，圣人之道衰微了，暴君相继出现。他们毁坏民居开挖成水池，使百姓无处安身；废弃农田改作园林，使百姓没了衣食来源。荒谬的学说、暴虐的行为纷纷出现，园林、水池、沼泽多了，禽兽又多了起来。到了商纣时，天下又大乱。周公辅佐武王杀掉纣王，讨伐奄国，三年后除掉了奄君，把飞廉驱逐到海边杀掉，消灭的国家达五十个，把老虎、豹子、犀牛、大象驱赶到很远的地方，普天之下人心大快。《尚书》上说：'多么辉煌啊，文王的谋略！后继有人啊，武王的功业！帮助、启迪我们后人，都正确完美没有

欠缺。’

“太平盛世和圣人之道又一次衰微后，荒谬的学说、暴虐的行为纷纷出现，有臣子杀君主的，有儿子杀父亲的。孔子对此感到忧惧，编写了《春秋》。《春秋》之事，本是天子的职权。所以孔子说：‘了解我的，恐怕就在于《春秋》吧！怪罪我的，恐怕也就在于《春秋》吧！’

“现在圣王不出现，诸侯放纵无忌，隐居不仕的人横发议论，杨朱、墨翟的言论充塞天下。天下的言论，不是归向杨朱一派，就是归向墨翟一派。杨朱宣扬一切为自己，这是心中没有君王；墨翟宣扬对人一样地爱，这是心中没有父母。心中无父无君，这就成了禽兽。公明仪说过：‘厨房里有肥肉，马棚里有肥马，而百姓面黄肌瘦，野外有饿死的尸体，这就像是率领野兽来吃人啊！’杨朱、墨翟的学说不灭亡，孔子的学说不显扬，就会使邪说蒙骗人民、堵塞仁义。仁义被堵塞了，就会导致率领野兽吃人、人与人之间互相残害这种行为。我为此忧惧，决心捍卫古圣人的思想，批驳杨朱、墨翟的学说，排斥荒诞的言论，使邪说不能产生。邪说从心里产生，就会危害行为；在行为上起了作用，就会危害政治。圣人再度出现，也不会改变我这些话的。

“从前大禹平息了洪水而使天下太平，周公兼并夷狄、赶跑猛兽而使百姓安宁，孔子编写了《春秋》

而使犯上作乱的人畏惧。《诗经》上说：'攻伐戎狄，严惩荆舒，就没有谁敢抗拒我。'心中没有父母、君主的人，正是周公所要讨伐的。我也想端正人心，抗拒邪说，批判放纵、偏激的行为，排斥荒诞的言论，以此来继承三位圣人的事业，这怎么是喜欢辩论呢？我是迫不得已啊。能够用言论批驳杨朱、墨翟的人，才是圣人的信徒啊。"

十

匡章[1]曰："陈仲子[2]岂不诚廉士[3]哉？居於陵[4]，三日不食，耳无闻，目无见也。井上有李[5]，螬[6]食实者过半矣，匍匐[7]往，将[8]食之；三咽，然后耳有闻，目有见。"

孟子曰："于齐国之士，吾必以仲子为巨擘[9]焉。虽然[10]，仲子恶能廉？充[11]仲子之操[12]，则蚓[13]而后可者也。夫蚓，上食槁壤[14]，下饮黄泉[15]。仲子所居之室，伯夷[16]之所筑与？抑亦盗跖[17]之所筑与？所食之粟，伯夷之所树[18]与？抑亦盗跖之所树与？是未可知也。"

曰："是何伤[19]哉？彼身[20]织屦，妻辟纑[21]，以易之也。"

曰："仲子，齐之世家[22]也；兄戴[23]，盖[24]禄万钟；以兄之禄为不义之禄而不食也，以兄之室为不义之室而不居也，辟兄离母，处于於陵。他日归，则有馈其兄生鹅者，已频颇[25]曰：'恶用是鶃鶃[26]者为哉？'他日，其母杀是鹅也，与之，食之。其兄自外至，曰：'是鶃鶃之肉也。'出而哇[27]之。以母则不食，以妻则食之；以兄之室则弗居，以於陵则居之，是尚为能充其类也乎？若仲子者，蚓而后充其操者也。"

注释

①匡章：人名，齐国人。曾为齐威王将，颇有战功。

②陈仲子：人名，又称於wū陵仲子。《淮南子·氾论训》说他"不入洿（同污）君之朝，不食乱世之食，遂饿而死"。

③廉士：指有节操、不苟取的人。

④於陵：齐国地名，在今山东邹平县境。也有人认为在长山县南。

⑤李：李子。

⑥螬：金龟子的幼虫，此处指金龟子。

⑦匍匐：爬行。

⑧将：拿，取。

⑨巨擘：大拇指，比喻杰出的人物。

⑩虽然：即使这样。

⑪充：扩充。

⑫操：节操，操守。

⑬蚓：动词，变成蚯蚓。

⑭槁壤：干土。

⑮黄泉：地下的泉水。

⑯伯夷：人名，指像伯夷一样的贤人。

⑰盗跖 zhí：春秋时有名的大盗，姓展，名跖，因住在鲁国柳下，故又称柳下跖，传为柳下惠的兄弟。“盗”是人们对他的蔑称。此处代指像盗跖一样的恶人。

⑱树：种。

⑲伤：妨碍。

⑳身：躬亲，亲自。

㉑辟：绩麻。纑 lú：练麻，漂洗生麻使柔软白净。

㉒世家：世代享有官职俸禄的家族，后泛指世代显贵的家族。

㉓戴：即陈戴，陈仲子的哥哥。

㉔盖 gě：齐国地名，陈戴的食邑。

㉕频顣 cù：皱眉头。频，同“颦”，动词，皱眉。顣，同“蹙”，动词，皱缩。

㉖鶃鶃 yì：鹅叫的声音。

㉗哇：吐，呕吐。

译文

匡章说：“陈仲子难道不是一个真正廉洁的人吗？他住在於陵，三天没吃东西，饿得耳朵失去听觉，眼睛也看不见。井台上有个李子，已被金龟子吃掉大半，他匍匐着爬过去，拿起来吃了，吃了三口，耳朵才听得见声音，眼睛才看得见东西。”

孟子说：“在齐国的士人当中，我肯定认为陈仲子是首屈一指的。即使这样，陈仲子哪里又能叫作廉洁呢？要想将他所持的廉洁扩充到一切方面，那只有变成蚯蚓才能做得到。蚯蚓，在地上就吃干土，在地下就喝泉水。而陈仲子住的房子，是伯夷之徒造的呢，还是盗跖之徒造的？他吃的粮食，是伯夷之徒种的呢，还是盗跖之徒种的？这些都还不知道呢。”

匡章说：“这有什么关系呢？他自己亲自编草鞋，他妻子绩麻搓线，用这些换取所需要的东西。”

孟子说：“仲子家是齐国的世家。他的哥哥陈戴，在盖邑享受俸禄万钟；仲子认为哥哥的俸禄不是靠道义得到的，因而不吃，认为哥哥的房屋也是如此，因而不住，避开哥哥，离开母亲，住在於陵。有一天回家，见有人送给他哥哥一只鹅，他皱着眉头说：‘哪用得着这呃呃叫的东西？’后来，他母亲杀了这只鹅，给仲子吃。他哥哥从外面回来，告诉仲子：‘这就是你说的那呃呃叫的东西的肉。’仲子便跑出去把吃的肉吐出来。因为是母亲的食物就不吃，因为是妻子的食物就吃；因为是哥哥的房屋就不住，因为是在於陵就住了，这样就能扩充自己的廉洁到一切事物上吗？像陈仲子那样的人，只有变成了蚯蚓才能扩充他所持的那种廉洁。”

卷七　离娄上

题解

此篇凡二十八章，内容颇多，但通观全篇，主要记载了孟子的修身思想。孟子十分强调修身的重要性，这与孔子思想是一脉相承的。孟子认为，如能实现一身之仁，就可施行仁政，化成天下。

一

孟子曰："离娄[①]之明，公输子[②]之巧，不以规矩，不能成方圆；师旷[③]之聪，不以六律[④]，不能正五音[⑤]；尧舜之道，不以仁政，不能平治天下。今有仁心仁闻[⑥]而民不被其泽，不可法于后世者，不行先王之道也。故曰，徒善不足以为政，徒法不能以自行。《诗》云：'不愆不忘，率由旧章[⑦]。'遵先王之法而过者，未之有也。圣人既竭目力焉，继之以规矩准绳，以为方员[⑧]平直，不可胜用也；既竭耳力焉，继之以六律正五音，不可胜用也；既竭心思焉，继之以不忍人之政，而仁覆天下矣。故曰，为高必因丘陵，为下必因川泽；为政不因先王之道，可谓智乎？是以惟仁者宜在高位。不仁而在高位，是播其恶于众也。上无道揆[⑨]也，下无法守也，朝[⑩]不信道，工不信度[⑪]，君子犯义，小人犯刑，国之所存者幸也。故曰，城郭不完，兵甲不多，非国之灾也；田野不辟，货财不聚，非国之害也。上无礼，下无学，贼民兴，丧无日矣。《诗》曰：'天之方蹶，无然泄泄[12]。'泄泄犹沓沓也。事君无义，进退无礼，言则非先王之道者，犹沓沓也。故曰，责难于君谓之恭，陈善闭邪谓之敬，吾君不能谓之贼。"

注释

①离娄：又作离朱，黄帝时人，目力超常，能于百里之外看到秋毫之末。

②公输子：即公输班，又称鲁班，鲁国人，中国古代最有名的能工巧匠。

③师旷：中国古代乐师，晋国人。

④六律：指十二律中的六个阳律。十二律是古人用十二根律管所定的十二个标准音，分为阴阳两类，阴律又叫六吕，阳律又叫六律。

⑤五音：中国古代音乐所定的五个音阶，具体名称是：宫、商、角、徵、羽。

⑥闻 wèn：名声。

⑦不愆不忘，率由旧章：语出《诗经·大雅·假乐》。意思是毫无偏差，毫无遗忘，一切都合于古之典章。愆，过失。

⑧员：即"圆"。

⑨揆kuí：度。

⑩朝：朝廷。

⑪度：尺寸。

⑫天之方蹶guì，无然泄泄yì：语出《诗经·大雅·板》。蹶，动。泄泄，多言多语的样子，和“沓沓”同义。

译文

孟子说：“即使有离娄那样的眼力，公输子那样的巧技，不靠圆规和曲尺，也画不出准确的方形和圆形；即使有师旷那样的听力，不靠六律，也不能校正五音；即使有尧、舜之道，不行仁政，也不能使天下太平。如果有了仁爱之心和仁爱的名声，百姓却没有受到他的恩泽，不能被后世效法，是因为他没有实行先王之道。所以说，只有善心还不足以做好政教，光有好的法度，它也不会自动施行。《诗经》上说：‘毫无偏差，毫无遗忘，一切都合于古之典章。’遵循先王的法度而犯错误，这是从来没有的事。圣人竭尽了目力，接着用圆规、曲尺、水准器、墨线，来制作方的、圆的、平的、直的东西，这些东西就用不尽了；圣人竭尽了耳力，接着用六律来校正五音，五音就运用无穷了；圣人竭尽了心思，接着又施行仁政，仁德就覆盖天下了。所以说，要到高处去，一定要凭借山陵；要到低处去，一定要凭借川泽；为政而不凭借先王之道，能算是明智吗？因此，只有仁人才应该处在高位。不仁的人处在高位，这会使他把邪恶传播给众人。在上的不依照道德规范，在下的不用法度约束自己，朝廷不信奉道义，官吏不信守法度，君子触犯道义，小人触犯刑律，国家还能生存的，只是由于侥幸罢了。所以说，城墙不坚固，军队不够多，不是国家的灾难；土地没有扩大，财富没有积聚，也不是国家的祸害。在上的不讲礼义，在下的不学礼义，胡作非为的百姓日益增多，那么离国家的灭亡也就快了。《诗经》上说：'上天一直在动，不要吵吵闹闹。'吵吵闹闹，就是说话放肆随便。侍奉君主不讲求义，一举一动不合礼法，还张口就诋毁先王之道，这便是放肆随便。所以说，责求君王施行仁政，这叫恭敬；向君王陈述好的意见，堵塞那些邪念，这叫尊敬；认为君王不能为善，这叫残害君王。"

二

孟子曰："规矩，方员之至[①]也；圣人，人伦之至也。欲为君，尽君道；欲为臣，尽臣道。二者皆法尧舜而已矣。不以舜之所以事尧事君，不敬其君者也；不以尧之所以治民治民，贼其民者也。孔子曰：'道二，仁与不仁而已矣。'

"暴其民甚，则身弑国亡；不甚，则身危国削[②]，名之曰'幽''厉'[③]，虽孝子慈孙，百世不能改也。《诗》云：'殷鉴不远，在夏后之世[④]。'此之谓也。"

注释

①至：极致。

②削：削减，削弱。

③幽、厉：指周幽王和周厉王，都是周代的暴君。周厉王为国人所逐，周幽王为犬戎所杀。

④殷鉴不远，在夏后之世：语出《诗经·大雅·荡》。鉴，镜子。

译文

孟子说："圆规和曲尺是方圆的极致；圣人是人伦的极致。想要做个好君主，就应该尽为君之道；想要做个好臣子，就应该尽为臣之道。做好这两者只要效法尧舜就够了。不依照舜侍奉尧的方法来侍奉君主，这就是不尊敬他的君主；不依照尧治理百姓的方法治理百姓，这就是残害百姓。孔子说：'治理国家的道义只有两个，也就是施行仁政和不施行仁政罢了。'

"把百姓残害得厉害了，就会身死国灭；不厉害，也会危及己身，削弱国力，死了会被冠以'幽''厉'的谥号，即使有孝子贤孙，经历百代也不会变化。《诗经》上说：'殷商有一个离得不远的镜子，就是前代的夏朝。'说的就是这个道理。"

三

孟子曰："三代之得天下也以仁，其失天下也以不仁。国之所以废兴存亡者亦然。天子不仁，不保四海；诸侯不仁，不保社稷；卿大夫不仁，不保宗庙[①]；士庶人不仁，不保四体。今恶死亡而乐不仁，是犹恶醉而强[②]酒。"

注释

①宗庙：即家庙。

②强：勉强。

译文

孟子说："夏、商、周三代之王得到天下是依靠仁，失去天下是由于不仁。国家废兴存亡的原因也是如此。天子不仁，不能保有四海；诸侯不仁，不能保有社稷；卿大夫不仁，不能保有家庙；平民百姓不仁，不能保有自己的肢体。假如厌恶死亡却喜好不仁，这就像厌恶醉酒，却强迫自己喝酒一样。"

四

孟子曰："爱人不亲，反其[①]仁；治人不治，反其智；礼人不答，反其敬。行有不得者皆反求诸己，其身正而天下归之。《诗》云：'永言配命，自求多福。'"

注释

①其：自己。

译文

孟子说："我爱别人，可是别人却不亲近我，那我就反躬自省，看自己是否足够仁德；如果我来治理百姓，可是却治理不好，那我就反躬自省，是不是自己的智慧不够；我向别人施礼，可是别人却没有礼貌地应答，那么我要反躬自省，自己是不是不够恭敬；自己的行为得不到适当的效果，就要反省自己，自己身正了，然后天下就自然归附了。《诗经》上说：'永远要尊奉天命，自己求得多多的福禄。'"

五

孟子曰："人有恒言，皆曰：'天下国家。'天下之本在国，国之本在家，家之本在身。"

译文

孟子说："人们总是说这样一句话：'天下国家。'如此可见天下的根本在国家，国家的根本在家庭，家庭的根本在人自身。"

六

孟子曰："为政不难，不得罪于巨室。巨室之所慕，一国慕之；一国之所慕，天下慕之；故沛然德教溢乎四海。"

译文

孟子说："为政并不难，只要不得罪那些贤者大家。贤者大家所倾慕的，一国之人都会倾慕；一国之人倾慕的，天下之人都会倾慕；这样德教就会充分地传播于天下四方。"

七

孟子说："天下有道，小德役[①]大德，小贤役大贤；天下无道，小役大，弱役强。斯二者，天也。顺天者存，逆天者亡。齐景公曰：'既不能令，又不受命，是绝物也。'涕出而女于吴[②]。今也小国师[③]大国而耻受命焉，是犹弟子而耻受命于先师也。如耻之，莫若师文王。师文王，大国五年，小国七年，必为政于天下矣。《诗》云：'商之孙子，其丽不亿。上帝既命，侯于周服。侯服于周，天命靡常。殷士肤敏，祼将于京[④]。'孔子曰：'仁不可为众也[⑤]。夫国君好仁，天下无敌。'今也欲无敌于天下而不以仁，是犹执热而不以濯[⑥]也。《诗》云：'谁能执热，逝不以濯[⑦]？'"

注释

①役：应当是“役于”，被役使。

②涕出而女于吴：女，动词，以女与人，嫁女。齐景公畏吴国之强，故涕泣而嫁女于吴。

③师：以……为师。

④“商之孙子”诸句：语出《诗经·大雅·文王》。丽，数。亿，十万为亿。侯，语词，无义。肤，美。祼 guàn，也作“灌”，古代的一种仪式，将酒洒在地上来迎接鬼神的降临。将，助。

⑤仁不可为众也：意思是仁的力量不能用人数来计算。

⑥濯：洗。

⑦谁能执热，逝不以濯：语出《诗经·大雅·桑柔》。逝，语词，无义。

译文

孟子说：“如果天下有道，那么小德之人就会受到大德之人的役使，小贤之人就会受到大贤之人的役使；如果天下无道，那么小的反而会役使大的，弱的反而会役使强的。这两者，都是天命所在。顺从天命的就会生存下去，违逆天命的就会衰亡。齐景公说：‘既不能向别人发号施令，又不愿服从别人的命令，这真是绝人之路啊。’因此他哭泣着将女儿远嫁到吴国去。现在小国以大国为师却又耻于听从大国的命令，这就像弟子耻于听从接受老师的命令一样。若真的以此为耻，就不如以文王为师。如果以文王为师，大国需要五年，小国需要七年，必然能够使政令达于天下。《诗经》上说：‘商朝的子孙，不下十万人。既然上天发出命令，他们都服从于周。服从于周国，天命真的不是一成不变的啊。殷人的子孙个个美丽聪敏，执行灌酒的礼节，在周的京城助祭。’孔子说：‘仁德的力量是不能用人数的多少来衡量的。只要国君一人喜好仁德，那么就会无敌于天下。’如果想要无敌于天下却不以仁德，这就像是非常酷热的时候，却不去洗澡一样。《诗经》上说：‘谁能去除炎热，却不凭借洗澡？’”

八

孟子曰：“不仁者可与言哉？安其危而利其菑[①]，乐其所以亡者。不仁而可与言，则何亡国败家之有？有孺子歌曰：‘沧浪之水清兮，可以濯我缨；沧浪之水浊兮，可以濯我足。’孔子曰：‘小子听之！清斯濯缨，浊斯濯足矣。自取之也。’夫人必自侮，然后人侮之；家必自毁，而后人毁之；国必自伐，而后人伐之。《太甲》[②]曰：‘天作孽，犹可违；自作孽，不可活。’此之谓也。”

注释

①菑 zāi：即“灾”。

②《太甲》：《尚书》篇名。

译文

孟子说：“对于不仁的人难道还可以和他们讲什么吗？处于危险的境地仍然很安逸，大难临头却还以为得到了好处，以那些可以招致灭亡的东西为乐。如果不仁者还可以同他讲什么，那么还哪来的亡国败家之事呢？有小孩这么唱道：‘沧浪的水清澈啊，可以洗洗我的帽缨；沧浪的水浑浊啊，可以洗洗我的脚。’孔子说：‘学生们好好听听！清澈的水可以洗涤帽缨，浑浊的水只能洗脚。这都是取决于水自身的情况。’所以人只有自取其辱的行为，然后别人才会侮辱你；家必然有自己毁坏自己的因素，别人才会毁坏你；国家自身必然有招致讨伐的原因，然后别人才会讨伐你。《太甲》上说：‘上天降灾，还能躲得过；自己作孽，别想再活。’说的就是这个道理。”

九

孟子说：“桀、纣之失天下也，失其民也；失其民者，失其心也。得天下有道：得其民，斯得天下矣；得其民有道：得其心，斯得民矣；得其心有道：所欲与[①]

之聚之，所恶勿施尔也[2]。民之归仁也，犹水之就下、兽之走圹[3]也。故为渊驱鱼者，獭[4]也；为丛驱爵[5]者，鹯[6]也；为汤、武驱民者，桀与纣也。今天下之君有好仁者，则诸侯皆为之驱矣。虽欲无王，不可得已。今之欲王者，犹七年之病求三年之艾[7]也。苟为不畜，终身不得。苟不志于仁，终身忧辱，以陷于死亡。《诗》云：'其何能淑，载胥及溺[8]。'此之谓也。"

注释

①与：为。

②尔也：而已。

③圹：原野，旷野。

④獭 tǎ：水獭，爱吃鱼。

⑤爵：通"雀"。

⑥鹯 zhān：鸷鸟，似鹞，喜食鸟类。

⑦艾：艾草，可以用来针灸，越是干得久的艾草就越是珍贵。

⑧其何能淑，载胥及溺：语出《诗经·大雅·桑柔》。淑，善。胥，相。及，与。

译文

孟子说："桀、纣之所以失掉天下，就是因为失去了百姓；之所以失去了百姓，是因为失去了民心。取得天下有方法：得到百姓，就能得到天下；得到百姓有方法：得到民心，也就能得到百姓；得到民心也有方法：百姓想要的东西都帮他们得到，他们厌恶的东西都不要施加在他们身上。百姓归附于仁德，就好像水向下流，野兽在旷野中奔跑一样。所以，替深水赶来鱼的是水獭；替树丛赶来鸟雀的是鹞鹰；替汤王、武王赶来百姓的，是夏桀和商纣。如果现在天下的国君有爱好仁德的,那么诸侯们就会替他把百姓赶过来。即使他们不想使天下归附，也不可能了。现在想要使天下归附的君王，就像害了七年的病要找存放多年的艾草来医治一样。如果平时不积存,那就终身得不到。如果不立志于仁德，必将终身忧愁屈辱，以致陷于死亡。《诗经》上说：‘那怎能把事办好，只能一块儿淹死了。’说的就是这种情况。”

十

孟子曰：“自暴[1]者，不可与有言也；自弃者，不可与有为也。言非礼义，谓之自暴也；吾身不能居仁由义，谓之自弃也。仁，人之安宅也；义，人之正路也。旷[2]安宅而弗居，舍正路而不由，哀哉！”

注释

①暴：害，残害。

②旷：动词，空，空着。

译文

孟子说："自己要残害自己的人，是不能跟他说什么善言的；自己抛弃自己的人，是不能和他有所作为的。说话毁谤礼义，这就是自己残害自己；自以为不能处仁行义，这就是自己抛弃自己。仁，是人安稳的住宅；义，是人走的光明正道。空着安稳的住宅不去居住，舍弃光明的正道不去走，悲哀啊！"

十一

孟子曰："道在迩而求诸远，事在易而求诸难：人人亲其亲、长其长，而天下平。"

译文

孟子说："道路就在近处却向远处寻找，事情本来很容易却用很困难的方式去做：人人都亲爱自己的父母，尊敬自己的长辈，那么天下就太平了。"

十二

孟子曰："居下位而不获于上①，民不可得而治也。获于上有道：不信于友，弗获于上矣。信于友有道：事亲弗悦，弗信于友矣。悦亲有道：反身不诚，不悦于亲矣。诚身有道：不明乎善，不诚其身矣。是故诚者，天之道也；思诚者，人之道也。至诚而不动者，未之有也；不诚，未有能动者也。”

注释

①获于上：获得长上的信任。

译文

孟子说：“居下位者不能取得长上的信任，老百姓就不能得到治理。获得长上的信任是有方法的：如果不被朋友信任，也就不会得到上司信任了。要被朋友信任有办法：如果侍奉父母得不到父母欢心，也就不会被朋友信任了。要得父母欢心有办法：如果反省自己不诚心诚意，也就得不到父母欢心了。要使自己诚心诚意有办法：如果不明白什么是善，也就不会使自己诚心诚意了。因此说，诚实无伪，这是上天的道理；努力做到诚实无伪，这是做人的道理。将诚实无伪做到极致还不能使人动心，这是不可能的；不能做到诚心无伪，是不可能使人心动的。”

十三

孟子曰：“伯夷辟[①]纣，居北海之滨[②]，闻文王作[③]，兴[④]曰：‘盍归乎来[⑤]！吾闻西伯[⑥]善养老者。’太公[⑦]辟纣，居东海之滨，闻文王作，兴曰：‘盍归乎来！吾闻西伯善养老者。’二老者，天下之大老也，而归之，是天下之父归之也。天下之父归之，其子焉往？

诸侯有行文王之政者，七年之内，必为政于天下矣。”

注释

①辟：通“避”，躲避，避开。

②北海之滨：在今濒临渤海的河北昌黎一带。

③作：兴，兴起。

④兴：起来。

⑤来：语助词。

⑥西伯：指文王，尝为西伯侯。

⑦太公：指太公望，即姜尚。

译文

孟子说：“伯夷为了躲避商纣王，居住在北海之滨，听说文王兴起了，说道：‘我何不到西伯那里去呢！听说他善于奉养老者。’太公望为了躲避商纣王，居住在东海之滨，听说文王兴起了，也说道：‘我何不到西伯那里去呢！听说他善于奉养老者。’这两位老者，是天下最有声望的老人，而他们归附了文王，这相当于天下人的父亲都归附了文王。天下人的父亲都归附了文王，那么他们的儿子还会到哪里去呢？诸侯如果能够施行文王的政治教化，七年之内，一定能使政令达于天下四方。”

十四

孟子曰："求[1]也为季氏宰，无能改于其[2]德，而赋粟倍他日。孔子曰：'求非我徒也，小子鸣鼓而攻之可也。'由此观之，君不行仁政而富之，皆弃于孔子者也，况于为之强战[3]？争地以战，杀人盈野，争城以战，杀人盈城，此所谓率土地而食人肉，罪不容于死。故善战者服上刑[4]，连诸侯者[5]次之，辟草莱、任土地[6]者次之。"

注释

①求：即冉求，字子有，孔子弟子，曾为季康子家臣。

②其：指季氏。

③为之强战：指恃己之强而征战四方。

④服上刑：施以重罚。服，用。上刑，重刑。

⑤连诸侯者：即战国时连横诸侯之人，如苏秦等。

⑥辟草莱、任土地：开辟荒地、分土授民。

译文

孟子说："冉求当了季氏的家臣，不能改变季氏的德行，征收的田赋反而比过去增加一倍。孔子说：'冉求不是我的学生，弟子们，你们可以擂起鼓来声讨他！'由此看来，不帮助君主施行仁政，反而去帮他聚敛财富的人，都是孔子所唾弃的，更何况为君主卖命征战的人呢？为争夺一块土地打仗而杀人遍野，为争夺一座城池打仗而杀人满城，这就叫作率领土地来吃人肉，其罪恶之大，将他处死都不够。所以善于征战的人应施以最重的刑罚，连横诸侯的人，应施以次一等的刑罚，强令百姓垦荒耕种的人应施以再次一等的刑罚。”

十五

孟子曰：“存①乎人者，莫良于眸子②。眸子不能掩其恶。胸中正，则眸子瞭③焉；胸中不正，则眸子眊④焉。听其言也，观其眸子，人焉廋⑤哉？”

注释

①存：察，观察。

②眸子：眼睛。

③瞭：明，明亮。

④眊 mào：不明，浑浊。

⑤廋 sōu：匿，隐匿。

译文

孟子说：“观察一个人，没有比观察他的眼睛更好的了。眼睛不可能掩藏一个人的丑恶。胸中有正气，那么眼睛就会明亮；心术不正，眼睛就变得浑浊。听一个人说话，观察他的眼睛，那么人的善恶又怎么会隐藏得了呢？”

十六

孟子曰：“恭者不侮人，俭者不夺人。侮夺人之君，惟恐不顺焉，恶得为恭俭？恭俭岂可以声音笑貌为哉？”

译文

孟子说：“恭敬的人不欺侮别人，节俭的人不掠夺别人。欺侮人、掠夺人的君主，唯恐别人不顺从，这样怎么能做到恭敬和节俭呢？恭敬和节俭难道是可以凭借声音笑貌伪装出来的吗？”

十七

淳于髡[①]曰：“男女授受不亲[②]，礼与？”

孟子曰：“礼也。”

曰：“嫂溺，则援之以手乎？”

曰：“嫂溺不援，是豺狼也。男女授受不亲，礼也；嫂溺，援之以手者，权[③]也。”

曰：“今天下溺矣，夫子之不援，何也？”

曰：“天下溺，援之以道；嫂溺，援之以手。子欲手援天下乎？”

注释

①淳于髡 kūn：姓淳于，名髡，齐国人，主要活动在齐威王和齐宣王之际。淳于髡以博学多才、善于辩论著称，是稷下学官中最具有影响的学者之一。

②男女授受不亲：古代礼制，男女有别，不能互相传递东西。授，给。受，拿，取，接受。

③权：权变，变通。

译文

淳于髡说："男女之间不能亲手递接东西，是合乎礼仪的吗？"

孟子说："是的。"

淳于髡又问："如果嫂子落水了，那么能用手拉她吗？"

孟子说："嫂子落水了而不去拉，这就如同豺狼了。男女之间不亲手递接东西，这是礼法的规定；嫂子落水而用手去拉，这是对礼法的变通。"

淳于髡说："现在，天下的人都掉落水中了，您不去救，为什么呢？"

孟子说："天下的人都落水了，要用王道去救；嫂子落水了，要用手去救。你难道想让我用手去救天下的人吗？"

十八

公孙丑曰："君子之不教子，何也？"

孟子曰："势不行也。教者必以正；以正不行，继之以怒。继之以怒，则反夷[1]矣。'夫子教我以正，夫子未出于正也。'则是父子相夷也。父子相夷，则恶矣。古者易子而教之，父子之间不责善。责善则离[2]，离则不祥莫大焉。"

注释

①夷：伤，害。

②离：乖离，不和。

译文

公孙丑说："君子不亲自教育自己的儿子，为什么呢？"

孟子说："囿于情势是行不通的。教育儿子必须用正道；如果用正道不行，接着就会愤怒。如果愤怒，就反而会伤感情了。'您用正道来教我，但是您的所作所为并算不上什么正道。'这样父子之间就伤感情了。父子伤了彼此的感情，就不好了。古时互相交换儿子来教育，父子之间就不会因为求善而互相责备。为求善而互相责备就会使父子不和，父子不和就非常不好了。"

十九

孟子曰："事，孰为大？事亲为大；守，孰为大？守身为大。不失其身而能事其亲者，吾闻之矣；失其身而能事其亲者，吾未之闻也。孰不为事？事亲，事之本也；孰不为守？守身，守之本也。曾子养曾皙[①]，必有酒肉。将彻[②]，必请所与；问有余，必曰'有'。曾皙死，曾元[③]养曾子，必有酒肉。将彻，不请所与；问有余，曰'亡矣'，将以复进也。此所谓养口体者也。若曾子，则可谓养志也。事亲若曾子者，可也。"

注释

①曾皙：曾子之父，名点，也是孔子的学生。

②彻：通"撤"，撤下酒食。

③曾元：曾参的儿子。

译文

孟子说："侍奉谁是最重要的呢？侍奉父母是最重要的了；守护什么是最重要的呢？守护自己是最重要的了。不使自己的品行节操受到损害而又能侍奉自己的父母的，我听说过；损害自己的品行节操而又能侍奉自己的父母的，我没听说过。谁不曾侍奉他人呢？但是侍奉父母是侍奉的根本；谁不曾用心守护呢？但是守护自己是守护的根本。曾子奉养其父曾皙的时候，每顿都有酒有肉。将要撤下酒食的时候，一定要问一下撤下的酒食留着做什么；每次其父问还有剩余的酒食吗，他一定说‘有’。曾皙死后，曾元奉养曾子，每顿也必定是有酒有肉，要将酒食撤下的时候，也不问曾子剩下的酒食将要怎么处理；曾子问还有剩余的酒食吗，都说‘没有’，想要把剩下的酒食留着下顿再给曾子吃。这叫作对父母口体的奉养。像曾子那样，就可以称为对父母心志的奉养了。侍奉父母能像曾子那样就可以了。”

二十

孟子曰：“人不足与[①]适[②]也，政不足间[③]也。唯大人[④]为能格[⑤]君心之非。君仁，莫不仁；君义，莫不义；君正，莫不正。一正君而国定矣。”

注释

①与：以。

②适：同“谪”，责。

③间 jiàn：动词，非。

④大人：大德之人。

⑤格：正。

译文

孟子说：“那些当政的小人是不值得去苛责的，

他们的为政之道也是不值得去非议的。只有大德之人才有能力去纠正君王心中的错误想法。如果君王仁，那么没有人不仁；如果君王义，那么没有人不义；如果君王自身端正，那么没有人不端正。一旦君王端正了自己，那么国家就安定了。”

二十一

孟子曰：“有不虞①之誉，有求全之毁。”

注释

①不虞：意料不到的。虞，度，测度。

译文

孟子说：“有意料不到的赞誉，也有求全责备的诋毁。”

二十二

孟子曰：“人之易其言也，无责耳矣。”

译文

孟子说：“如果一个人什么话都能轻易地说出口，那就不要再去责备他了。”

二十三

孟子曰："人之患[1]在好为人师。"

注释

①患：弊病，毛病。

译文

孟子说："人的毛病就在于喜欢以别人的老师自居。"

二十四

乐正子从于子敖[1]之齐。

乐正子见孟子。孟子曰："子亦来见我乎？"

曰："先生何为出此言也？"

曰："子来几日矣？"

曰："昔者[2]。"

曰："昔者，则我出此言也，不亦宜乎？"

曰："舍馆未定。"

曰："子闻之也，舍馆定，然后求见长者乎？"

曰："克有罪。"

注释

①子敖：即王驩，字子敖。

②昔者：昨天。

译文

乐正子跟从王驩来到齐国。

乐正子来拜见孟子。孟子说："你还来见我吗？"

乐正子说："先生您怎么这么说呢？"

孟子说："你来几天了？"

乐正子说："昨天刚到的。"

孟子说："昨天到，那么我说这样的话，不也是应该的吗？"

乐正子说："住的地方还没有找好。"

孟子说："难道你听说过找好了住的地方才来拜见自己老师的吗？"

乐正子说："我错了。"

二十五

孟子谓乐正子曰："子之从于子敖来，徒餔啜[①]也。我不意子学古之道而以餔啜也。"

注释

①餔啜 bū chuò：吃喝。餔，吃。啜，喝。

译文

孟子对乐正子说："你跟从王驩来到齐国，只是为了吃喝而已。我没有想到学习古代先王之道却仅仅是为了吃喝。”

二十六

孟子曰：“不孝有三[①]，无后为大。舜不告而娶[②]，为无后也，君子以为犹告也。”

注释

①不孝有三：阿意曲从，陷亲不义，一不孝也；家贫亲老，不为仕禄，二不孝也；不娶无子，绝先祖祀，三不孝也。

②舜不告而娶：舜父瞽叟不贤，若舜将娶妻之事告于其父，则很难得到同意，因此舜不告而娶，以尽孝道。

译文

孟子说：“世间不孝顺自己父母的事有三种，而没有子嗣是最严重的。舜不告诉自己的父亲而娶妻，为的是避免没有子嗣，因此君子认为他虽然没有禀告，但是却和禀告了是一样的。”

二十七

孟子曰：“仁之实，事亲是也；义之实，从兄是也；智之实，知斯二者弗去是也；礼之实，节文[①]斯二者是也；乐之实，乐斯二者，乐则生矣；生则恶可已也，恶可已，则不知足之蹈之手之舞之。”

注释

①节：节度。文：文饰，修饰。

译文

孟子说：“仁的主要内容就是侍奉自己的父母；义的主要内容就是遵从自己的兄长；智的主要内容就是明白仁义之道而且坚持下去；礼的主要内容就是节度、文饰仁义；乐的主要内容，就是以仁义为乐，快乐就产生了；快乐一旦产生就不能停下来，停不下来就会不知不觉地手舞足蹈起来。”

二十八

孟子曰：“天下大悦而将归己，视天下悦而归己，犹草芥也，惟舜为然。不得乎亲，不可以为人；不顺乎亲，不可以为子。舜尽事亲之道而瞽瞍厎豫[①]，瞽瞍厎豫而天下化，瞽瞍厎豫而天下之为父子者定。此之谓大孝。”

注释

①厎dǐ：致。豫：乐，快乐。

译文

孟子说："天下之人都满怀欣喜地归附自己，把天下之人乐于归附自己看得如同草芥的，只有舜能够做到。不能得到父母的欢心，不可以做人；不能顺从父母的心意，不能做儿子。舜竭力按照侍奉双亲的办法来侍奉瞽叟，瞽叟终于开始高兴了，瞽叟开始高兴，天下之人就都被感化了，瞽叟开始高兴了，天下父子之间的伦常关系就此确定了。这就是所谓的大孝。"

卷八　离娄下

题解

此篇凡三十三章，内涵丰富，主要阐述了孟子关于士、君子的行为的看法。孟子认为舜、文王等人是君子的典型，人要想成为君子必须以这些人为榜样。那么，士、君子为人处世的标准究竟是什么？孟子认为，“惟义所在”。孟子发展了孔子思想，强调“义”，义者，宜也，只有明白何事当为、何事不当为才有可能成为君子。

一

孟子曰：“舜生于诸冯[①]，迁于负夏[②]，卒于鸣条[③]，东夷之人也。文王生于岐周[④]，卒于毕郢[⑤]，西夷之人也。地之相去也，千有余里，世之相后也，千有余岁，得志行乎中国，若合符节[⑥]，先圣后圣，其揆[⑦]一也。”

注释

①诸冯：地名，具体不详，传说在山东菏泽附近。

②负夏：地名，不详。

③鸣条：《尚书·汤誓》序：“伊尹相汤伐桀，遂与桀战于鸣条之野。”不知是不是指此处而言。

④岐周：即今陕西岐山县东北的岐山。

⑤毕郢：地名，在今陕西咸阳市东部。

⑥符节：古代朝廷用作凭证的信物，用金、玉、竹、铜、木等制作，形状不一，一般分为两部分，双方各执一半，使用时将两半相合以验真假。

⑦揆：准则，道理。

译文

孟子说："舜出生在诸冯，迁居到负夏，后来死在鸣条，是东方边远之人。文王出生在岐山，死在毕郢，是西方边远之人。两地相去千余里，时间也相差千余年，但是他们得志之后在中国所推行的政令，却是那么相像。先出的圣人和后出的圣人，他们所遵循的标准都是一样的。"

二

子产[①]听郑国之政，以其乘舆济[②]人于溱、洧[③]。孟子曰："惠而不知为政。岁十一月，徒杠[④]成；十二月，舆梁[⑤]成，民未病[⑥]涉也。君子平其政，行辟人[⑦]可也，焉得人人而济之？故为政者，每人而悦之，日亦不足矣。"

注释

①子产：春秋时郑国贤相，姓公孙，名侨，字子产。

②济：渡，渡过。

③溱 zhēn、洧 wěi：郑国境内的两条河流。

④徒杠：用来步行的独木桥。徒，步行。杠，独木桥。独木曰杠，骈木曰桥。

⑤舆梁：可以通过车辆的桥。

⑥病：担忧，担心。

⑦辟人：使人退避。

译文

子产在郑国主政的时候，用自己乘坐的车子帮助别人渡过溱水和洧水。孟子说："子产能够给百姓以恩惠却不懂为政之道。如果能在十一月份把用来步行的独木桥修好，十二月份把可以行车的桥修好，百姓就不会再为渡河发愁了。君子把政治搞好了，出行时让行人回避自己都可以，哪能一个一个地帮别人渡河呢？所以治理政事的人，如果去讨每个人的欢喜，那时间也太不够用了。"

三

孟子告齐宣王曰："君之视臣如手足，则臣视君如腹心；君之视臣如犬马，则臣视君如国人；君之视臣如土芥，则臣视君如寇仇。"

王曰："礼，为旧君有服[①]，何如斯可为服矣？"

曰："谏行言听，膏泽[②]下于民；有故而去，则君使人导之出疆，又先于其所往；去三年不反，然后收其田里。此之谓三有礼焉。如此，则为之服矣。今也为臣，谏则不行，言则不听，膏泽不下于民；有故而去，则君搏执之，又极[3]之于其所往；去之日，遂收其田里。此之谓寇仇。寇仇，何服之有？”

注释

①服：服丧。

②膏泽：恩泽。

③极：困，穷，这里是使动词。

译文

孟子告诉齐宣王说：“君主看待臣下如同自己的手足，臣下看待君主就会如同自己的腹心；君主看待臣下如同犬马，臣下看待君主就会如同普通人一般；君主看待臣下如同泥土草芥，臣下看待君主就会如同仇人。”

宣王说：“礼制规定，已经离职的臣下要为先前效力过的君主服丧，君主要怎样做，臣下才愿意为他服丧呢？”

孟子说：“臣下有劝谏，君主就听从，有建议，君主就采纳，使君主的恩泽遍及百姓；臣下因故离职而去，君主就派人引导他出境，并且派人先到他要去的地方做好安排；离开三年还不回来，才收回他的封地房屋：这叫三有礼。这样，臣下就愿意为他服丧了。

如今做臣下的，有劝谏，君主不接受，有建议，君主不肯听，使恩泽不能遍及百姓；因故离去，君主还要捉拿他，还想法使他在所去的地方陷入困境；离开的当天，就没收了他的封地房屋：这样就叫作仇人。君臣成了仇人，臣下又怎么会为君服丧呢？”

四

孟子说：“无罪而杀士，则大夫可以去；无罪而戮民，则士可以徙。”

译文

孟子说：“君主无罪而将士杀害，那么大夫就可以离开了；君主无罪而将百姓杀害，那么士也可以离开了。”

五

孟子曰：“君仁，莫不仁；君义，莫不义。”

译文

孟子说：“君主仁，那就没有谁不仁了；君主义，那就没有谁不义了。”

六

孟子曰：“非礼之礼，非义之义，大人弗为。”

译文

孟子说："不符合礼的礼，不符合义的义，有德之人是不会去做的。"

七

孟子曰："中[1]也养不中，才也养不才，故人乐有贤父兄也。如中也弃不中，才也弃不才，则贤不肖之相去，其间不能以寸。"

注释

①中：中道。此处指做事合于中道之人。

译文

孟子说："符合中道的人要教养那些不合乎中道的人，有才能的人要教养那些没有才能的人，因此人们都希望有贤能的父兄。如果符合中道的人抛弃那些不合中道的人，有才能的人抛弃那些没有才能的人，那么贤者和不贤者的差距就很小很小了。"

八

孟子曰："人有不为也，而后可以有为。"

译文

孟子说："人要有所不为，然后才能有所作为。"

九

孟子曰："言人之不善，当如后患何？"

译文

孟子说："总是宣扬别人的不好，那么等自己的后患到来了该怎么办呢？"

十

孟子曰："仲尼不为已甚者。"

译文

孟子说："孔子是个做什么事都不过分的人。"

十一

孟子曰："大人者，言不必信，行不必果，惟义所在。"

译文

孟子说："有德之人，说出的话不一定守信，要做的事不一定都做到，但是却一定能合乎义的要求。"

十二

孟子曰："大人者，不失其赤子[1]之心者也。"

注释

①赤子：孩童。孩童之心天真无邪、专一贞正。

译文

孟子说："有德之人，就是那些能够不失掉孩童般的无邪贞正之心的人。"

十三

孟子曰："养生者不足以当大事，惟送死可以当大事。"

译文

孟子说："奉养自己的父母不算是什么大事，只有能为他们送终才算是件大事。"

十四

孟子曰："君子深造之以道，欲其自得之也。自得之，则居之安；居之安，则资[1]之深；资之深，则取之左右逢其原，故君子欲其自得之也。"

注释

①资：积累，积蓄。

译文

孟子说："君子修养道义来达到更深的造诣，就是想能够使自己有所领悟。自己有所领悟，那就能安稳地掌握它；能够安稳地掌握，那么自己所积累的就很深厚；自己有深厚的积累，就能够左右逢源，因此君子想要自己有所领悟。"

十五

孟子曰："博学而详说之，将以反说约[①]也。"

注释

①约：简要，至简之要义。

译文

孟子说："广泛地学习而且还要详细地解说，为的就是能够深入浅出，让人回到解说后的简约要义中。"

十六

孟子曰："以善服人者，未有能服人者也；以善养人，然后能服天下。天下不心服而王者，未之有也。"

译文

孟子说："用真善来使人心服，并不能使人心服；用真善来养活人，才能使天下之人真正心服。天下之人不心服而要使天下人归附，这是不可能的。"

十七

孟子曰："言无实不祥。不祥之实，蔽[1]贤者当之。"

注释

①蔽：遮蔽，阻挡，阻碍。

译文

孟子说："说话言而无信是不好的。而这种不好的结果，要由那些阻碍贤者进用之途的人来承担。"

十八

徐子[1]曰："仲尼亟[2]称于水，曰：'水哉，水哉！'何取于水也？"

孟子说："源泉混混[3]，不舍昼夜，盈科[4]而后进，放乎四海。有本者如是，是之取尔。苟为无本，七八月之间雨集，沟浍[5]皆盈，其涸也，可立而待也。故声闻过情[6]，君子耻之。"

注释

①徐子：姓徐，名辟，孟子弟子。

②亟：数，屡次。

③混混：水势很大的样子。

④科：坎。

⑤浍：田间的水渠。

⑥情：实，实际。

译文

徐子说："孔子屡次称赞水，说：'水啊，水啊！'他看中水的什么呢？"

孟子说："泉水浩浩荡荡，昼夜不停，把沟洼填满，然后又继续前进，直达四海。有本原的东西都是这样，孔子看中的就是这个。如果没有本原，七八月的时候雨水积聚在一起，沟壑到处都满满的，但是也会很快地干涸。因此对于那些声闻超过实际的，君子认为是耻辱的。"

十九

孟子曰："人之所以异于禽兽者几希[1]，庶民去之，君子存之。舜明于庶物[2]，察于人伦，由仁义行，非行仁义也。"

注释

①希：少，稀少。

②庶物：众多的事物。庶，众。

译文

孟子说："人区别于禽兽的地方只有很少一点点，一般的人丢弃了它，君子保存了它。舜明白万事万物的道理，洞察人伦关系，因此他能遵照仁义行事，而不是勉强地施行仁义。"

二十

孟子曰："禹恶旨酒①而好善言。汤执中②，立贤无方③。文王视民如伤，望道而未之见。武王不泄迩④，不忘远。周公思兼三王，以施四事⑤；其有不合者，仰而思之，夜以继日；幸而得之，坐以待旦。"

注释

①旨酒：美酒。

②执中：执守中道。

③方：常。

④泄迩：亲近近处之人。泄，狎，亲近。迩，近处之人。

⑤四事：指尧、舜、文王、武王之事。

译文

孟子说："禹厌恶美酒却喜好美言。商汤执守中道，选立贤人不拘于常规。文王看待百姓好像自己受到了伤害一样，追求道义就好像还没看见一样，毫不满足。武王不亲狎离自己近的人，也不忘记远离自己的人。周公认真学习夏、商、周三代之君王，以此来施行尧、舜、文王、武王的事业；如果所作所为有不合于先王之道的，就会仰天而思，白天黑夜地思考；如果幸运地想明白了，便会一直坐到白天，以便及早施行。

二十一

孟子曰："王者之迹熄而《诗》[①]亡，《诗》亡然后《春秋》[②]作。晋之《乘》，楚之《梼杌》，鲁之《春秋》[③]，一也：其事则齐桓、晋文，其文则史。孔子曰：'其义则丘窃取之矣。'"

注释

①《诗》：即《诗经》。

②《春秋》：指列国之史书，也特指鲁国《春秋》。

③晋之《乘》，楚之《梼杌 táo wù》，鲁之《春秋》：《乘》《梼杌》《春秋》分别是晋、楚、鲁三国史书的名字。

译文

孟子说："圣王采集歌谣的做法停止后，《诗经》就没有了；《诗经》没有之后，就出现了《春秋》一类的史书。晋国的《乘》，楚国的《梼杌》，鲁国的《春秋》，都是一样的：上面记载的是齐桓公、晋文公之类的事，上面的文字，都是由史官按一定的笔法记录而成。孔子说：'各国史书褒贬善恶的道义原则，被我私下里借用到《春秋》中去了。'"

二十二

孟子曰："君子之泽五世而斩[①]，小人之泽五世而斩。予未得为孔子徒也，予私淑[②]诸人也。"

注释

①斩：绝，断绝。

②淑：通"叔"，拾取。引申为"学习"意。

译文

孟子说："君子的德泽经过五世就断绝了，普通百姓的德泽经过五世也断绝了。我没有机会去做孔子的弟子，我都是私自从他那里学来的。"

二十三

孟子曰："可以取，可以无取，取伤廉；可以与，可以无与，与伤惠；可以死，可以无死，死伤勇。"

译文

孟子说："可以拿也可以不拿的东西，拿了就伤害了廉洁；可以给也可以不给的东西，给了就伤害了恩惠；可以死也可以不死的事，死了就伤害了勇敢。"

二十四

逢蒙[①]学射于羿[②]，尽羿之道，思天下惟羿为愈[③]己，于是杀羿。孟子曰："是亦羿有罪焉。"

公明仪[④]曰："宜若无罪焉。"

曰："薄[⑤]乎云尔，恶得无罪？郑人使子濯孺子[⑥]侵卫，卫使庾公之斯[⑦]追之。子濯孺子曰：'今日我疾作，不可以执弓，吾死矣夫！'问其仆曰：'追我者谁也？'其仆曰：'庾公之斯也。'曰：'吾生矣。'其仆曰：'庾公之斯，卫之善射者也；夫子曰吾生，何谓也？'曰：'庾公之斯学射于尹公之他[⑧]，尹公之他学射于我。夫尹公之他，端人[⑨]也，其取友必端矣。'庾公之斯至，曰：'夫子何为不执弓？'曰：'今日我疾作，不可以执弓。'曰：'小人学射于尹公之他，尹公之他学射于夫子，我不忍以夫子之道反害夫子。

虽然，今日之事，君事也，我不敢废。’抽矢，扣轮[10]，去其金[11]，发乘矢[12]而后反。”

注释

①逢蒙：曾学射于羿，后背叛羿，帮助寒浞杀死了羿。

②羿：传说是古代有穷国的国君，以善射闻名。

③愈：胜，强。

④公明仪：孟子弟子。

⑤薄：微薄，微小。

⑥子濯孺子：人名，郑国大夫。

⑦庾公之斯：人名，卫国大夫。之是助词，古人于人名之中常加一之字。

⑧尹公之他：人名。

⑨端人：品行端庄之人。

⑩扣轮：把箭矢往轮子上敲打，以去掉上面的箭头。

⑪金：箭头。

⑫乘矢：四箭，古代四马为一乘，故以乘指四。

译文

逢蒙向羿学习射箭，完全掌握了羿的技术，他想到天下只有羿比自己强，于是杀害了羿。孟子说：“这件事羿也有过错。”

公明仪说：“羿应该没有过错吧。”

孟子说：“过错比较微小罢了，怎么能没有过错呢？郑国派子濯孺子侵犯卫国，卫国派庾公之斯追击他。子濯孺子说：‘今天我的病发作了，不能拿弓，我是必死无疑了。’问他的驾车人：‘追我的人是谁？’驾车的说：‘是庾公之斯。’子濯孺子说：‘我有救了！’驾车的说：‘追击我们的庾公之斯是卫国善于射箭的人，您反而说‘我有救了’，为什么这样说呢？’子濯孺子说：‘庾公之斯是跟尹公之他学的射箭，尹公之他是跟我学的射箭。尹公之他是个品行端庄之人，他看中的朋友一定也是如此。’庾公之斯追到跟前，说：‘先生为什么不拿弓？’子濯孺子说：‘今天我的病发作了，无法拿弓。’庾公之斯说：‘我向尹公之他学射箭，尹公之他是向您学的射箭，我不忍心用您传授的技术反过来伤害您。虽然这么说，可是今天这事是国君交代的，我不敢不办。’说完便抽出箭来，在车轮上敲，敲掉箭头，射了四箭之后返身回去了。”

二十五

孟子曰：“西子[1]蒙不洁，则人皆掩鼻而过之；虽有恶人，齐戒沐浴，则可以祀上帝。”

注释

①西子：指西施。

译文

孟子说："如果西施身上沾染了脏东西，那么人们经过她的时候都会捂着鼻子；即使是相貌丑陋的人，如果斋戒沐浴，也可以祭祀上天。"

二十六

孟子曰："天下之言性也，则故[①]而已矣。故者以利[②]为本。所恶于智者，为其凿[③]也。如智者若禹之行水也，则无恶于智矣。禹之行水也，行其所无事也。如智者亦行其所无事，则智亦大矣。天之高也，星辰之远也，苟求其故，千岁之日至[④]，可坐而致[⑤]也。"

注释

①故：本，已然的状态。

②利：顺。

③凿：造作，穿凿附会。

④日至：冬至。

⑤致：推算，推知。

译文

孟子说："天下人所说的性，无非是事物的已然状态而已。事物的已然状态是以顺应自然作为根本的。我们之所以厌恶聪明智慧，就在于它会引起穿凿附会。如果能聪明得像禹使水顺势流泻那样，那就不会讨厌聪明智慧了。禹使水顺势流泻，就是做到了无为而顺其自然。如果聪明人也能做到无为而顺其自然，那他的聪明智慧也就大得了不起了。天是如此之高，星辰是如此之远，如果能推求它们已然的规律，那么一千年后的冬至，也是可以轻易推算出来的。

二十七

公行子[①]有子之丧，右师[②]往吊。入门，有进而与右师言者，有就右师之位而与右师言者。孟子不与右师言，右师不悦曰："诸君子皆与驩言，孟子独不与驩言，是简[③]驩也。"

孟子闻之，曰："礼，朝廷不历[④]位而相与言，不逾阶而相揖也。我欲行礼，子敖以我为简，不亦异乎？"

注释

①公行子：齐国大夫。

②右师：即王驩，字子敖。

③简：简慢，怠慢。

④历：越过，跨越。

译文

公行子为自己的儿子办丧事，右师王驩也去吊丧。他一进门，就有人上前跟他说话，也有到他的席位旁边说话的。孟子不跟王驩说话，王驩不高兴地说：“各位大人都来跟我说话，独独孟子不来跟我说话，这是对我的简慢。”

孟子听到之后，说道：“遵照礼制，在朝堂上不能跨越座位去说话，不能越过台阶去作揖。我都是遵礼而行，王驩却说我怠慢了他，这不很奇怪吗？”

二十八

孟子曰：“君子所以异于人者，以其存心也。君子以仁存心，以礼存心。仁者爱人，有礼者敬人。爱人者，人恒爱之；敬人者，人恒敬之。有人于此，其待我以横逆[①]，则君子必自反也：我必不仁也，必无礼也，此物[②]奚宜至哉？其自反而仁矣，自反而有礼矣，其横逆由[③]是也。君子必自反也：我必不忠。自反而忠矣，其横逆由是也，君子曰：‘此亦妄人[④]也已矣。如此，则与禽兽奚择[⑤]哉？于禽兽又何难[⑥]焉？’是故君子有终身之忧，无一朝之患也。乃若所忧则有之：舜，人也；我，亦人也。舜为法于天下，可传于后世，我由未免为乡人也，是则可忧也。忧之如何？如舜而已矣。若夫君子所患则亡矣。非仁无为也，非礼无行也。如有一朝之患，则君子不患矣。”

注释

①横 hèng 逆：强横而不讲道理。

②物：事。

③由：通“犹”。

④妄人：狂妄之人。

⑤择：区别，区分。

⑥难：责难，责备。

译文

孟子说：“君子和一般人的区别就在于他们存心之不同。君子使自己的心居于仁，居于礼。仁者爱人，有礼之人尊敬人。爱别人的人，别人永远都会敬爱他；尊敬别人的人，别人永远都会尊敬他。假如现在有个人在这里，恃己之强，横暴而不讲道理，那么君子必定会反躬自省：我肯定是不够仁德，肯定是不够有礼，他怎么会这种态度呢？通过反躬自省，君子更加仁德，更加有礼，但是那个人还是那样横暴而不讲理。那么君子又反躬自省：我必定是不够忠信。通过自省使自己更加忠信，但是那个人还是那样横暴不讲理，那君子肯定说：‘这只是个狂妄之徒罢了。这样的人，他与禽兽又有什么区别呢？我又怎会去责难禽兽呢？’因此君子有终身的忧愁，而没有突然的痛楚。这样的忧愁是有的：舜，是人；我，也是人。舜为天下之人立法，名声传于后世，可是我还和乡里之人没有什么区别，这确实是值得忧愁的。忧愁了又怎么样呢？只能努力向舜学习罢了。至于那突然的痛楚，君子是没有的。不符合仁的就不去做，不符合礼的也不去做。像那些突然的痛楚，君子是不会以之为痛楚的。”

二十九

禹、稷①当平世，三过其门而不入，孔子贤之。颜子②当乱世，居于陋巷，一箪食，一瓢饮，人不堪其忧，颜子不改其乐，孔子贤之。孟子曰：“禹、稷、颜回同道。禹思天下有溺者，由己溺之也；稷思天下有饥者，由己饥之也，是以如是其急也。禹、稷、颜子易地③则皆然。今有同室之人斗者，救之，虽被发缨冠④而救之，可也。乡邻有斗者，被发缨冠而往救之，则惑也；虽闭户可也。”

注释

①稷：后稷，周人的始祖。

②颜子：颜回。

③易地：交换位置。

④被发缨冠：古人戴帽子要先束发，然后用簪子把帽子固定在头发上，再系好帽带。披散着头发戴帽，

这里是形容情况紧急，来不及像平时那样戴帽子。

译文

大禹和后稷处在天下太平的时代，却三次路过自己的家门而不进去，孔子以他们为贤人。颜回生当乱世，居住在陋巷之中，一篮子食物，一瓢清水，别人都承受不了这样的痛苦，但是颜回仍然不改变自己的快乐，孔子以颜回为贤人。孟子说："大禹、后稷、颜回拥有相同的道义。大禹想到天下那些遭洪水淹没的人，就好像自己被淹没了一样；后稷想到天下那些饥饿的人，就像自己在挨饿一样，因此他是那样的着急。大禹、后稷、颜回换位也会做出同样的事情。假如跟自己住在同一间屋子里的人打了起来，肯定要赶快阻止他们，即使披散着头发胡乱戴着帽子去阻止他们，也是可以的。如果乡邻之人有相互斗架的，那么披散着头发胡乱戴着帽子去阻止他们，这就是糊涂了；对这样的事，即使关起门来也是可以的。"

三十

公都子曰："匡章[①]，通国皆称不孝焉，夫子与之游，又从而礼貌之，敢问何也？"

孟子曰："世俗所谓不孝者五：惰其四支[②]，不顾父母之养，一不孝也；博弈[③]好饮酒，不顾父母之养，二不孝也；好货财，私[④]妻子，不顾父母之养，三不孝也；从耳目之欲，以为父母戮[⑤]，四不孝也；好勇斗很[⑥]，以危父母，五不孝也。章子有一于是乎？夫章子，子父责善而不相遇也。责善，朋友之道也；父子责善，贼恩之大者。夫章子，岂不欲有夫妻子母之属哉？为得罪于父，不得近，出[⑦]妻屏[⑧]子，终身不养焉。其设心[⑨]以为不若是，是则罪之大者。是则章子已矣。"

注释

①匡章：人名，齐国人。

②四支：即四肢。

③博弈：下棋。

④私：偏私，偏爱。

⑤戮：羞辱。

⑥很：通"狠"。

⑦出：古代休妻曰"出"。

⑧屏：屏退，斥退。

⑨设心：用心。

译文

公都子说："全国的人都说匡章是个不孝子，先生您跟他交往，还对他很礼貌的样子，请问先生这是为什么呢？"

孟子说："世间所谓不孝的事情有五种：四体不勤，

不能奉养自己的父母，这是第一种不孝的事；喜好下棋饮酒，不去奉养自己的父母，这是第二种不孝的事；爱好钱财，而偏爱自己的妻子儿女，不去奉养自己的父母，这是第三种不孝的事；放纵耳目私欲，使父母因此受到羞辱，这是第四种不孝的事；恃勇好斗，使自己的父母陷入危险的境地，这是第五种不孝的事。匡章做过这其中的一种事吗？章子是因为父子之间互相责求善行而不能相处在一块的。责求善行，这是朋友之间相处的原则；父子之间责求善行，却是伤感情的事。章子难道不想夫妻母子在一起吗？只是因为得罪了父亲，不能亲近他，他迫不得已把妻子儿女赶出了门，终身不要他们侍奉。他心里设想，不这么做，就是更大的罪过。这就是章子啊。"

三十一

曾子居武城[①]，有越寇[②]。或曰："寇至，盍去诸？"曰："无寓[③]人于我室，毁伤其薪木[④]。"寇退，则曰："修我墙屋，我将反。"寇退，曾子反。左右曰："待先生如此其忠且敬也，寇至，则先去以为民望[⑤]；寇退，则反，殆于[⑥]不可。"沈犹行[⑦]曰："是非汝所知也。昔沈犹有负刍之祸[⑧]，从先生者七十人，未有与焉。"

子思居于卫，有齐寇。或曰："寇至，盍去诸？"子思曰："如伋去，君谁与守？"

孟子曰："曾子、子思同道。曾子，师也，父兄也；

子思，臣也，微也。曾子、子思易地则皆然。”

注释

①武城：鲁国地名，在今山东费县附近。

②越寇：越国的军队攻打鲁国，当时武城离越国北部疆界较近。

③寓：使动词，使居住。

④薪木：树木。

⑤望：榜样，效法的对象。

⑥殆于：殆，恐怕。于，为。

⑦沈犹行：曾子弟子，姓沈犹，名行。

⑧负刍之祸：有叫负刍的人作乱，来攻沈犹氏。

译文

曾子在武城居住，有越国军队前来侵犯。有人对曾子说：“越国军队来了，您何不躲避一下呢？”曾子说：“不要让人住到我的房间里来，不要毁坏这些草木。”越军退去之后，曾子又说：“帮我修理一下房屋，我要回去了。”越军退去之后，曾子就回来了。左右的人都对曾子说：“国君对待先生如此的忠信和尊敬，越军来了，您却离开了，这成了百姓效法的对象；越军退去了，您立刻回来了，这恐怕是不可以的吧。”沈犹行说：“这不是你们所知道的那样。从前沈犹氏遭遇负刍的祸乱，跟随先生的七十余人，都离开了，没有一个人出事。”

子思居住在卫国的时候，有齐国的军队来侵犯。有人说：“齐国军队来了，何不出去躲避一下呢？”子思说：“如果我离开了，谁同国君一起守卫呢？”

孟子说：“曾子、子思拥有同样的道义。曾子是老师，是长辈；子思，是臣下，地位低。曾子和子思交换位置也会做出相同的事情。”

三十二

储子[1]曰：“王使人瞷[2]夫子，果有以异于人乎？”孟子曰：“何以异于人哉？尧、舜与人同耳。”

注释

①储子：齐国人，曾为齐相。

②瞷jiàn：窥探，观察。

译文

储子对孟子说：“齐王曾经派人观察你，你果真有与众不同的地方吗？”孟子说：“怎么会与众不同呢？即使是尧、舜也是和普通人一样的。”

三十三

齐人有一妻一妾而处室者，其良人[1]出，则必餍[2]酒肉而后反。其妻问所与饮食者，则尽富贵也。

其妻告其妾曰：“良人出，则必餍酒肉而后反；问其与饮食者，尽富贵也，而未尝有显者来，吾将瞯良人之所之也。”

蚤[③]起，施[④]从良人之所之，遍国中[⑤]无与立谈者。卒[⑥]之东郭[⑦]墦[⑧]间，之祭者，乞其余；不足，又顾而之他，此其为餍足之道也。

其妻归，告其妾，曰：“良人者，所仰望而终身也，今若此！”与其妾讪其良人，而相泣于中庭。而良人未之知也，施施[⑨]从外来，骄其妻妾。

由君子观之，则人之所以求富贵利达者，其妻妾不羞也，而不相泣者，几希矣。

注释

①良人：妻子对丈夫的称呼。

②餍 yàn：饱，足。

③蚤：通“早”。

④施 yì：同“斜”，斜行，这里是说暗暗尾随着别人。

⑤国中：城中。

⑥卒：最后，最终。

⑦东郭：东城外。郭，外城。

⑧墦 fán：坟墓。

⑨施施 yì yì：得意的样子。

译文

齐国有个人，家里有一妻一妾，每次她们的丈夫出去，必定会吃饱喝足了才回来。他的妻子问跟他一起吃饭的都是些什么人，他说都是富有之人。他的妻子对他的妾说："丈夫每次出去，必定会吃饱喝足了才回来；问跟他一起吃饭的都是什么人，他说都是富有的人，但是却从不曾有显贵之人到家里来过，我要暗中观察观察他都是到哪里去的。"

第二天妻子早早地起来，暗中跟着丈夫出去，在城中走了一圈，没有一个人站起来跟他说话。丈夫最后到了东城外面的坟墓中间，走到祭扫坟墓的人那里，乞讨些剩余的祭品；不够，又左右看看到别人那里去乞讨，这就是他吃饱喝足的办法。

妻子回来之后，把自己所看到的告诉了妾，说："我们的丈夫啊，这个要托付终身的人，不想竟是这个样子！"妻子与妾暗暗咒骂她们的丈夫，在庭院中相拥哭泣。但是丈夫并不知道这事，很得意地从外面回来，骄傲地对他的妻妾吹嘘着。

由君子看来，人们那些追求富贵通达的方法，能使自己的妻妾不感到羞耻，能使她们不哭泣的，真是少见。

卷九　万章上

题解

万章，孟子弟子。开篇万章问舜孝，因以题其篇。除第四章外，都是孟子回答万章的提问。本篇以长文为主，内容主要是有关尧、舜、禹、汤、孔子、百里奚等三代明王和春秋贤人的事迹，具有重要的史料价值。孟子在本篇中反复强调仁、仁政，对于我们全面、深刻地理解孟子思想十分重要。

一

万章问曰："舜往于田①，号泣于旻天②，何为其号泣也？"

孟子曰："怨慕③也。"

万章曰："'父母爱之，喜而不忘；父母恶之，劳而不怨。'④然则舜怨乎？"

曰："长息⑤问于公明高⑥曰：'舜往于田，则吾既得闻命矣。号泣于旻天，于父母，则吾不知也。'公明高曰：'是非尔所知也。'夫公明高以孝子之心，为不若是恝⑦，我竭力耕田，共⑧为子职而已矣，父母之不我爱，于我何哉？帝使其子九男二女⑨，百官⑩牛羊仓廪备，以事舜于畎亩⑪之中，天下之士多就之者，帝将胥⑫天下而迁⑬之焉。为不顺⑭于父母，如穷人[15]无所归。天下之士悦之，人之所欲也，而不足以解忧；好色，人之所欲，妻帝之二女，而不足以解忧；富，人之所欲，富有天下，而不足以解忧；贵，人之所欲，贵为天子，而不足以解忧。人悦之、好色、富贵，无足以解忧者，惟顺于父母可以解忧。人少，则慕父母；知好色，则慕少艾[16]；有妻子，则慕妻子；仕则慕君，不得于君则热中[17]。大孝终身慕父母。五十而慕者，予于大舜见之矣。”

注释

①舜往于田：舜到田里去干活，相传舜曾躬耕于历山。

②旻天：上天，苍天。

③慕：对父母的思慕、依恋，古人专称之为“慕”。

④“父母爱之”诸句：《礼记·祭义》《大戴礼记·曾子大孝篇》都有与此类似的记载。忘，懈怠，玩忽。劳，忧惧，愁苦。

⑤长息：人名，下文公明高弟子。

⑥公明高：人名，曾参弟子。

⑦恝 jiá：无忧无虑的样子。

⑧共：通“恭”。

⑨帝使其子九男二女：帝，指尧。九男，尧派他的九个儿子侍奉舜，不见于其他史料记载。二女，尧使二女做舜的妻子，事见《尚书·尧典》，《列女

传·母仪篇》记载二女的名字是：娥皇、女英。

⑩百官：指各级官吏。

⑪畎亩：田地，田野。

⑫胥：皆，尽。

⑬迁：移，让。

⑭顺：悦，喜欢。

⑮穷人：其意不同于现在，特指鳏寡孤独等无依无靠的人。

⑯少艾：指年轻貌美之人。艾，美好。

⑰热中：指内心浮躁。

译文

万章问道："舜到田里去耕作，仰头朝天哭诉，他为什么要哭诉呢？"

孟子说："因为他对自己的父母既抱怨又眷念。"

万章说："'父母喜欢自己，高兴而不敢懈怠；父母讨厌自己，忧愁而不抱怨父母。'而舜居然会抱怨父母？"

孟子说："长息曾问公明高：'舜到田里去耕作，我听您讲解过了；对天哭诉，这样对自己的父母，我还不理解。'公明高说：'这不是你所能明白的了。'公明高认为，孝子的心是不可能无忧无虑的：我竭力耕田，恭敬地尽到做儿子的职责就行了，父母不喜欢我，我将怎样呢？帝尧让自己的九个儿子两个女儿，带着各级官员、牛羊、粮食，到田野中侍奉舜，天下的士人投奔他的也很多，尧还将把整个天下让给他。舜却因为不能使父母顺心，而像孤寡之人无所归宿似的。天下的士人喜欢他，这是人人想得到的，却不足消除他的忧愁；漂亮的女子，这是人人想得到的，舜娶了帝尧的两个女儿，却不足以消除他的忧愁；财富，是人人想得到的，舜富有天下，却不足以消除他的忧愁；地位尊贵，是人人想得到的，舜尊贵到当了天子，却不足以消除他的忧愁。士人的喜欢、漂亮的女子、财富和尊贵，没有一样足以消除忧愁，只有顺了父母心意才能消除忧愁。人小的时候，就依恋父母；懂得喜欢女子了，就倾慕年轻美貌的女子；有了妻子，就眷念妻子；做了官就思念君主，得不到君主信任，心里就浮躁难受。具有最大孝心的人，才能终身眷念父母。到了五十岁上还眷念父母的，我在舜的身上看到了。”

二

万章问曰：“《诗》云：‘娶妻如之何？必告父母[①]’。信[②]斯言也，宜莫如舜。舜之不告而娶[③]，何也？”

孟子曰：“告则不得娶。男女居室，人之大伦也。如告，则废人之大伦，以怼[④]父母，是以不告也。”

万章曰：“舜之不告而娶，则吾既得闻命矣；帝之妻[⑤]舜而不告，何也？”

曰："帝亦知告焉则不得妻也。"

万章曰："父母使舜完廪[6]，捐阶[7]，瞽瞍[8]焚廪。使浚[9]井，出，从而掩之。象[10]曰：'谟盖都君咸我绩[11]，牛羊，父母；仓廪，父母；干戈，朕[12]；琴，朕；弤[13]，朕；二嫂，使治朕栖[14]。'象往入舜宫[15]，舜在床琴[16]。象曰：'郁陶[17]思君尔。'忸怩[18]。舜曰：'惟兹臣庶[19]，汝其于[20]予治。'不识舜不知象之将杀己与？"

曰："奚而[21]不知也？象忧亦忧，象喜亦喜。"

曰："然则舜伪[22]喜者与？"

曰："否。昔者有馈生鱼于郑子产[23]，子产使校人畜池[24]。校人烹之，反命曰：'始舍之，圉圉[25]焉；少则洋洋[26]焉；攸然而逝[27]。'子产曰：'得其所哉！得其所哉！'校人出，曰：'孰谓子产智？予既烹而食之，曰："得其所哉，得其所哉。"'故君子可欺以其方[28]，难罔[29]以非其道。彼以爱兄之道来，故诚信[30]而喜之，奚伪焉？"

注释

①"娶妻"两句：语出《诗经·齐风·南山》。

②信：相信。

③舜之不告而娶：指舜不禀告父母就娶妻。按照古代礼制规定，娶亲需五礼，必须禀告父母。

④怼 duì：怨恨埋怨。

⑤妻：动词，给……娶妻。

⑥完廪：修复、修缮谷仓。完，修理，修缮。

⑦捐阶：撤去梯子。

⑧瞽瞍：人名，舜的父亲。

⑨浚：疏浚，疏通。

⑩象：人名，舜的同父异母的弟弟。

⑪谟盖都君咸我绩：谟，谋，谋划。盖，“害”的假借字，也作“盖”。都君，指舜。都，也有人理解为“于”。君，指舜。咸，都，全。绩，功劳，功绩。

⑫朕：我。

⑬弤dǐ：舜所用弓箭。

⑭治朕棲：整理我的床铺。治，整理。棲，床。

⑮宫：房屋。

⑯琴：动词，弹琴。

⑰郁陶：思念的样子。

⑱忸怩：惭愧的样子。

⑲惟兹臣庶：惟，思念，想念。臣庶，臣下和百姓。

⑳于：帮助。

㉑奚而：怎么，为什么。

㉒伪：假装。

㉓子产：姓公孙，名侨，字子产。春秋时期郑国人。

㉔校人畜池：校人，管理池塘的官吏。畜池，即“畜于池”，养于池塘中。

㉕圉圉yǔ：疲惫的样子。

㉖洋洋：自由自在的样子。

㉗攸然而逝：迅速消失。攸然，迅速，快。逝，消失。

㉘方：方式，即君子守道的方法。

㉙罔：欺骗。

㉚诚信：真的相信。

译文

万章问孟子："《诗经》说：'娶妻该怎么做？必要事先禀告父母。'信守这句话的，应该没有人能比得上舜。但舜不禀告父母就娶妻，这是为什么呢？"

孟子说："禀告了，就不能娶妻。男女成婚，是人类重要的伦理关系；如果舜禀告了，就废弃了这种伦理关系，反而引起对父母怨恨，所以没禀告。"

万章说："舜不禀告就娶妻，我已受到了您的教诲，但帝尧把女儿嫁给舜，却也不告诉舜的父母，为什么呢？"

孟子说："帝尧也知道告诉了就不能嫁女给舜了。"

万章说："舜的父母让他修理粮仓，等舜爬上仓后，他们拿掉了梯子，他父亲瞽瞍放火烧粮仓，想把舜烧死。又曾叫舜去淘井，舜已经从井里逃出来，瞽瞍不知道，随即就填井，想把舜埋在井里。象说：'谋害舜都是我的功劳。他的牛羊归父母，粮食归父母，干戈归我，琴归我，弓归我，让两个嫂嫂替我整理床铺。'象走进舜的住房，舜正在床上弹琴。象连忙说：'我可想念你啦！'神情很不自然。舜说：'我惦念着这些臣仆，希望你来帮我管理。’我不知道，舜真的不知道象要杀害他吗？”

孟子说：“怎么会不知道呢？象忧愁，他也忧愁；象高兴，他也高兴。”

万章说：“这么说，舜是假装高兴的吗？”

孟子说：“不。从前有人送条活鱼给郑国的子产，子产叫管理池塘的小吏把它放养到池塘里。小吏把鱼煮吃了，回来报告说：‘刚放它时，半死不活的；不一会儿就摇摆着尾巴游开了；一转眼就游不见了。’子产说：‘得着它的好去处了！得着它的好去处了！’小吏出来后说：‘谁说子产聪明？我都把鱼煮吃掉了，他还说：“得着它的好去处了，得着它的好去处了。”’所以君子可以用合乎道理的事欺骗他，却难以用没有道理的事蒙骗他。象装着敬爱兄长的样子来了，所以舜真诚地相信他，而且感到高兴，怎么是假装的呢？”

三

万章问曰：“象日以杀舜为事，立为天子则放[①]之，何也？”

孟子曰：“封[②]之也；或曰放焉。”

万章曰：“舜流共工于幽州[③]，放驩兜于崇山[④]，杀三苗于三危[⑤]，殛鲧于羽山[⑥]，四罪而天下咸服，诛[⑦]不仁也。象至不仁，封之有庳[⑧]。有庳之人奚罪焉？仁人固如是乎：在他人则诛之，在弟则封之？”

曰："仁人之于弟也，不藏怒焉，不宿怨[9]焉，亲爱之而已矣。亲之，欲其贵也；爱之，欲其富也。封之有庳，富贵之也。身为天子，弟为匹夫，可谓亲爱之乎？"

"敢问或曰放者，何谓也？"

曰："象不得有为于其国，天子使吏治其国而纳其贡税焉，故谓之放。岂得暴[10]彼民哉？虽然，欲常常而见之，故源源而来，'不及贡，以政接于有庳'。此之谓也。"

注释

①放：流放，放逐。指舜封象于有庳。

②封：册封。

③舜流共工于幽州：此句以下至"四罪而天下咸服"，都见于今《尚书·尧典》。流，流放。共工，人名，尧、舜时期为水官。幽州，北部边远地区，在今密云县东北。

④放驩huān兜于崇山：驩兜，尧、舜时的大臣。崇山，南部边远地区，具体地址不可考。

⑤杀三苗于三危：《史记·五帝本纪》作"迁三苗于三危"，《庄子·在宥》作"投三苗于三危"，都是流放三苗的意思，因此"杀"也是流放的意思。三苗，古国名。三危，西部山名，具体所在众说纷纭，据《后汉书·西羌传注》考证，应在今甘肃敦煌西

南，因有三峰耸立对峙，故名。

⑥殛鲧 gǔn 于羽山：殛，与流、放、杀同义，也是流放的意思。鲧，禹的父亲，尧曾派他治水，但他没有成功。羽山，地名，或在今山东东南部与江苏东北部一带。

⑦诛：惩罚，不是杀的意思。

⑧有庳 bì：古国名，象的封地，或在今湖南省内。

⑨宿怨：心怀怨恨。

⑩暴：欺凌，残害。

译文

万章问孟子："象每天都想杀害舜，等到舜做了天子的时候却将其流放了，这是什么原因呢？"

孟子说："是把象封在那里；也有人说那是流放了。"

万章说："舜把共工流放到北部的幽州，把驩兜流放到南部的崇山，把三苗流放到西部的三危山，把鲧流放到东部的羽山，惩罚了这四大罪犯之后，天下人都服从了舜，这就是因为舜惩罚了那些不仁之人。象不仁义到了极点，舜把他封到有庳。有庳那里的人又有何过错呢？仁人难道就像舜这样吗，对于别人就要惩罚，而对于自己的弟弟却要册封他？"

孟子说："仁人对于自己的亲弟弟，是藏匿怨怒，而不怀恨在心，只是把他当作亲人来爱护罢了。把他当作亲人，就想让他地位尊贵；要爱护他，就要让他富有。舜把象封在有庳就是想让他富贵。自己做了天子，自己的弟弟却是一般的老百姓，这是把他当作亲人来爱护吗？”

万章说：“请问有人说舜把象流放了，这怎么解释呢？”

孟子说：“象不能在他的封国内有所作为，天子派官吏到象的封国内处理政事，还要缴纳贡赋，因此有些人说是流放。象又怎能再残害那里的百姓呢？即使如此，舜还是想能够经常见到象，象也不断前来与舜见面。因此古书上说‘不必等到朝贡的日子，平常就以政事为名接见有庳的国君’，就是说的这种情况。”

四

咸丘蒙[①]问曰：“语[②]云：‘盛德之士，君不得而臣，父不得而子。’舜南面而立[③]，尧帅诸侯北面而朝之，瞽瞍亦北面而朝之。舜见瞽瞍，其容有蹙[④]。孔子曰：‘于斯时也，天下殆哉，岌岌乎[⑤]！’不识此语诚然乎哉？”

孟子曰：“否。此非君子之言，齐东野人[⑥]之语也。尧老而舜摄[⑦]也。《尧典》曰：‘二十有八载，放勋[⑧]乃徂落[⑨]，百姓如丧考妣[⑩]。三年，四海遏密八音[⑪]。’孔子曰：‘天无二日，民无二王。’舜既为天子矣，又帅天下诸侯以为尧三年丧，是二天子矣。”

咸丘蒙曰：“舜之不臣尧，则吾既得闻命矣。《诗》云：‘普天之下，莫非王土；率土之滨，莫非王臣[12]。’而舜既为天子矣，敢问瞽瞍之非臣，如何？”

曰：“是诗也，非是之谓也。劳[13]于王事而不得养父母也。曰：‘此莫非王事，我独贤[14]劳也。’故说《诗》者，不以文[15]害辞[16]，不以辞害志[17]。以意逆志[18]，是为得之。如以辞而已矣，《云汉》之诗曰：‘周余黎民，靡有孑遗[19]。’信斯言也，是周无遗民也。孝子之至，莫大乎尊亲；尊亲之至，莫大乎以天下养。为天子父，尊之至也；以天下养，养之至也。《诗》曰：‘永言孝思，孝思维则[20]。’此之谓也。《书》曰：‘祗载见瞽瞍，夔夔齐栗，瞽瞍亦允若[21]。’是为父不得而子也？”

注释

①咸丘蒙：姓咸丘，名蒙，孟子弟子。

②语：当时流行的谚语。

③舜南面而立：指舜即天子之位。南面，即“面南”，古人以南为尊，故以面南为君王之位。

④有蹙：有，形容词词头，无实义。蹙，皱眉头，形容不安的样子。

⑤天下殆哉，岌岌乎：即“天下岌岌乎殆哉”的倒装，这是古人的惯常用法。殆，危险，危急。岌岌，不安稳的样子。

⑥齐东野人：齐东，齐国以东的偏远地区。野人，农人。

⑦尧老而舜摄：意指尧老年之后，舜摄政事。

⑧放勋：即尧。

⑨徂落：死。

⑩百姓如丧考妣：百姓，此处指“百官”。考妣，指已经去世的父母。

⑪四海遏密八音：停止一切娱乐活动。遏，止。密，通“谧”，静。八音，中国古代对乐器的统称，指金、石、土、革、丝、木、匏、竹等八种材料制成的乐器。这里指代音乐。

⑫《诗》云句：语出《诗经·小雅·北山》。普，全，遍。率土，整个境内。

⑬劳：辛劳，劳苦。

⑭贤：劳，也可以理解为多。

⑮文：字。

⑯辞：语，言语。

⑰志：诗文的意旨。

⑱以意逆志：意，指读者对文意的理解和体会。逆，揣测，体会。

⑲《云汉》句：《云汉》，《诗经·大雅》中的一篇。靡有，没有。孑遗，二字同义，残余，遗留。

⑳“永言”两句：语出《诗经·大雅·下武》。永，永久，永远。言，助词。孝思，指尊亲之心。维，是。则，法则，准则。

㉑“祇载”三句：语出《尚书·大禹谟》。祇，敬，恭敬。载，行，施行。

译文

咸丘蒙问道：“俗话说：‘极有道德的人，君主不能把他当作臣下，父亲不能把他当作儿子。’舜做了天子，尧率领诸侯朝见他，他父亲瞽瞍也去朝见他。舜见了瞽瞍，神色极其不安。孔子说：‘在这个时候，天下真是危险到极点啦！’不知这句话是真的吗？”

孟子说：“不，这不是君子说的话，是齐国东边农人说的话。尧老了,舜代行天子职权。《尧典》上说：‘二十八年之后，尧才去世，群臣如同死了父母一般，服丧三年，天下不闻音乐之声。’孔子说：‘天上没有两个太阳，人间没有两个帝王。’如果舜当时已经做了天子，却又率领天下诸侯为尧服丧三年，这就同时有两个天子了。”

咸丘蒙说：“舜没有把尧当作臣，我已领教了您的教诲了。《诗经》上说：‘普天之下，没有哪里不是天子的土地；四海之内，没有哪个不是天子的臣民。’舜已经做了天子了，瞽瞍却不是他的臣民，请问这又是怎么回事？”

孟子说：“这首诗，不是说的这个意思，是说作者公事烦劳以至不能奉养父母。意思是说，‘这些没有一件不是公事，却只有我最劳碌’。所以解说诗的人，不能依字面的解释而损害词句的意思，不能依词句的解释而损害全诗的意旨；要用自己的体会去揣测作者的意旨，这样才能把握诗意。如果只拘泥于词句的解释，那么《云汉》这首诗说：'周朝剩下的百姓，没有一个留存。'相信了这句话，这就成了周朝没有一个人留存了。孝子最大的孝，莫过于使父母尊贵；使父母尊贵的最高标准，莫过于用天下来奉养父母。做了天子的父亲，这是最尊贵的地位了；用天下奉养父亲，这是最高的奉养了。《诗经》上说：'永远奉行孝道，孝道就是法则。'说的就是这个意思。《尚书》上说：'舜恭恭敬敬地去见瞽瞍，谨慎而又畏惧，瞽瞍也就真的顺心了。'这是'父亲不能把他当作儿子'吗？"

五

万章曰："尧以天下与[①]舜，有诸？"

孟子曰："否。天子不能以天下与人。"

"然则舜有天下也，孰与之？"

曰："天与之。"

"天与之者，谆谆然[②]命之乎？"

曰："否。天不言，以行与事示之而已矣。"

曰："以行与事示之者，如之何？"

曰："天子能荐人于天，不能使天与之天下；诸侯能荐人于天子，不能使天子与之诸侯；大夫能荐人于诸侯，不能使诸侯与之大夫。昔者，尧荐舜于天，而天受之；暴[3]之于民，而民受之；故曰：天不言，以行与事示之而已矣。”

曰：“敢问荐之于天，而天受之；暴之于民，而民受之，如何？”

曰：“使之主祭，而百神享之，是天受之；使之主事，而事治，百姓安之，是民受之也。天与之，人与之，故曰，天子不能以天下与人。舜相[4]尧二十有八载，非人之所能为也，天也。尧崩，三年之丧毕，舜避尧之子于南河[5]之南，天下诸侯朝觐者，不之尧之子而之舜；讼狱[6]者，不之尧之子而之舜；讴歌者，不讴歌尧之子而讴歌舜，故曰，天也。夫然后之中国[7]，践天子位焉。而[8]居尧之宫，逼尧之子，是篡也，非天与也。《泰誓》[9]曰：‘天视自我民视，天听自我民听。’此之谓也。”

注释

①与：给，给予。

②谆谆然：反复告诫、叮咛。

③暴 pù：显，显露。

④相：动词，帮助，协助。

⑤南河：河名，或在河南濮阳附近。

⑥讼狱：打官司。

⑦中国：此处指帝王的都城。

⑧而：如。

⑨《泰誓》：《尚书》篇名。

译文

万章问孟子："尧把天下交给舜，有这事吗？"

孟子回答说："没有。天子不能把天下交给别人。"

"那么舜有天下，是谁给他的呢？"

孟子说："是上天给的。"

"上天把天下交给他的时候，也反复叮咛、劝诫吗？"

孟子说："不是。上天不会说话，人要用自己的行动、行事来向上天表达。"

"用自己的行动、行事来向上天表达，该怎样做呢？"

孟子说："天子能够向上天推荐人，不能让上天把天下交给他；诸侯能够向天子推荐人，不能让天子把诸侯的职位给他；大夫能够向诸侯推荐人，不能让诸侯把大夫的职位给他。从前，尧向上天推荐舜，上天接受了这一请求；还把舜公开给百姓，百姓也接受了。所以说，上天不说话，要用行动和行事向其表达。"

"请问向上天推荐他，上天接受了；公之于百姓，百姓也接受了，这是怎么回事呢？"

孟子说："让他来主持祭祀，而所有的神明都来享受，这就说明上天接受了；让他来主持事务，能把事情做得很好，百姓都很安心，这就说明百姓接受他了。这是上天把天下交给他的，是百姓把天下交给他的，因此说，天子不能把天下交给别人。舜协助尧治理天下二十八年，这不是人力所能为的，这是天意。尧死之后，三年之丧结束，舜到南河的南岸去躲避尧的儿子，但是那些朝觐天子的诸侯不去朝觐尧的儿子而去朝觐舜；打官司的人，不去尧的儿子那里而去舜那里；歌颂的人不歌颂尧的儿子而歌颂舜，所以说，这是天命。在这之后，舜才来到国都，登上天子之位。如果他开始就住在尧的宫室里，逼迫尧的儿子，这是篡逆，不是上天给他的。《泰誓》上说：'上天看到的来自百姓看到的，上天听到的来自百姓听到的。'说的就是这个意思。"

六

万章问曰："人有言：'至于禹而德衰，不传于贤，而传于子。'[①]有诸[②]？"

孟子曰："否，不然也。天与贤，则与贤；天与子，则与子。昔者，舜荐禹于天，十有七年，舜崩，三年之丧毕，禹避舜之子于阳城[③]，天下之民从之，若尧崩之后不从尧之子而从舜也。禹荐益于天，七年，禹崩，三年之丧毕，益避禹之子于箕山之阴[④]。朝觐讼狱者不之益而之启，曰：'吾君之子也。'讴歌者不讴歌益而讴歌启，曰：'吾君之子也。'丹朱[⑤]之不肖，舜之子亦不肖。舜之相尧，禹之相舜也，历年多，施泽于民久。启贤，能敬承继禹之道。益之相禹也，历年少，施泽于民未久。舜、禹、益相去久远，其子之贤不肖，皆天也，非人之所能为也。莫之为而为者，天也；莫之致⑥而至者，命也。匹夫而有天下者，德必若舜禹，而又有天子荐之者，故仲尼不有天下。继世以有天下，天之所废，必若桀纣者也，故益、伊尹、周公不有天下。伊尹相汤以王于天下，汤崩，太丁⑦未立，外丙⑧二年，仲壬⑨四年。太甲⑩颠覆汤之典刑⑪，伊尹放之于桐⑫，三年，太甲悔过，自怨自艾⑬，于桐处仁迁义⑭，三年，以听伊尹之训己也，复归于亳⑮。周公之不有天下，犹益之于夏、伊尹之于殷也。孔子曰：'唐虞禅，夏后、殷、周继，其义一也。'"

注释

①至于禹而德衰，不传于贤，而传于子：尧、舜都未将帝位传给己子，而禹却将帝位传给自己的儿子启，开始了家天下。关于此记载翟灏《四书考异》有较为详细的考辨，不具引。

②诸："之乎"的合音。

③阳城：地名，在今河南登封附近。

④箕山之阴：《史记》作"箕山之阳"，山的南面为阳，北面为阴。箕山大都认为在今河南登封之东南。

⑤丹朱：人名，尧的儿子。

⑥致：招致，招来。

⑦太丁：人名，汤之长子。太丁先于商汤去世，故未得继位。

⑧外丙：人名，汤之子，太丁的弟弟。商汤去世之后，外丙继位。

⑨仲壬：汤之子，外丙的弟弟，外丙继位两年即去世，仲壬继位。四年后，仲壬去世，太丁之子太甲继位。

⑩太甲：人名，太丁之子，商汤的嫡孙。

⑪典刑：典章制度。

⑫桐：地名，即桐宫。其地或在河南境内，也有说在山西境内。

⑬自怨自艾：怨恨自己，并改正错误。艾，割草，引申为改正错误。

⑭处仁迁义：即居仁处义。处，居。迁，徙居。

⑮亳bó：地名，商汤的国都，故址在今河南商丘县北。

译文

万章问孟子："有人说：'到了禹的时候德行就衰退了，舜不把帝位传给贤者，而传给自己的儿子。'有这样的事吗？"

孟子说："不对，不是这样的。天要传给贤者，就传给贤者；天要传给天子的儿子，就传给天子的儿子。从前，舜向上天推荐禹，十七年之后，舜死了，禹服完三年之丧，就到阳城来躲避舜的儿子。天下百姓都追随着禹，就像当年尧死之后百姓不追随尧之子而追随舜一样。禹向上天推荐益，七年之后，禹死了，益服完三年之丧后，到箕山北面来躲避禹的儿子。朝觐和打官司的人不去益那里而去启那里，说：'这是我们君王的儿子啊。'讴歌者不讴歌益而讴歌启，说：'这是我们君王的儿子啊。'尧的儿子丹朱不贤，舜的儿子也不贤。舜协助尧，禹协助舜，都历经了很多年，施恩泽于百姓的时间也很长。启比较贤明，能够恭敬地继承禹之道。益辅助禹的时间比较短，施恩泽于百姓的时间也比较短。舜、禹、益三人时间上相距比较远，他们的儿子是贤明还是不肖，这都是天命，不是人力所能及的。没有人让他们这么做，结果却这么做了，这是天意；没有人让他们来，结果他们却来了，这是天命。从一个普通百姓到最后拥有天下，他们的德行必然像舜和禹一样，而且还要得到天子的推荐，因此孔子不能拥有天下。世代相承而有天下的，上天要废弃的，一定是像桀纣那样的暴君，因此，益、伊尹、周公不能得到天下。伊尹协助商汤称王于天下，商汤死后，长子太丁没有继位，外丙在位二年，仲壬在位四年。商汤的孙子太甲破坏商汤的典章制度，伊尹把他流放到桐宫，三年之后，太甲悔过，怨恨自己的过错，改过自新，在桐宫那个地方居仁处义，三年之后，完全听从伊尹对自己的教训，然后回到亳继续做天子。周公不能得到天下，和益在夏、伊尹在殷的情况一样。孔子说：‘唐尧虞舜施行禅让制，夏商周三代施行世袭制，道理都是一样的。’”

七

万章问曰：“人有言‘伊尹以割烹要汤[①]’，有诸？”

孟子曰：“否，不然。伊尹耕于有莘[②]之野，而乐尧舜之道焉。非其义也，非其道也，禄[③]之以天下，弗顾也；系马千驷[④]，弗视也。非其义也，非其道也，一介[⑤]不以与人，一介不以取诸人。汤使人以币[⑥]聘之，嚣嚣然[⑦]曰：‘我何以汤之聘币为哉？我岂若处畎亩之中，由是以乐尧舜之道哉？’汤三使往聘之，既而幡然[⑧]改曰：‘与[⑨]我处畎亩之中，由是以乐尧舜之道，吾岂若使是君为尧舜之君哉？吾岂若使是民为尧舜之民哉？吾岂若于吾身亲见之哉？天之生此民也，使先知觉[⑩]后知，使先觉觉后觉也。予，天民之先觉者也，予将以斯道觉斯民也。非予觉之，而谁也？’思天下之民匹夫匹妇有不被尧舜之泽者，若己推而内[⑪]之沟中。其自任以天下之重如此，故就汤而说之以伐夏救民。吾未闻枉己而正人者也，况辱己以正天下者乎？圣人之行不同也，或远，或近；或去，或不去；归洁其身而已矣。吾闻其以尧舜之道要汤，未闻以割烹也。《伊训》曰：‘天诛造攻，自牧宫，朕载自亳。[12]’”

注释

①伊尹以割烹要汤：要，要求，要取。《史记·殷本纪》和《吕氏春秋》都有相关的记载，伊尹想要行王道，想去见商汤却没有理由，“乃为有莘氏媵（商汤后妃的陪嫁奴仆），负鼎俎，以滋味说汤，至于王道”。

②有莘：“有”是词头。莘，古国名，地在今河南陈留县附近。

③禄：动词，作为俸禄。

④系马千驷：系，系住，拴住。驷，四匹马。

⑤一介：一点，一点东西。

⑥币：原指布帛，古代用此作为赠送宾客或聘享的礼物，后通称车马玉帛等用作聘享的礼物为“币”。

⑦嚣嚣然：闲暇的样子。

⑧幡然：指突然醒悟的样子。

⑨与：与其。

⑩觉：动词，使觉悟。

⑪内：同“纳”。

⑫“天诛造攻”三句：语出《尚书·商书·伊训》。诛，惩罚，讨伐。造，与下文“载”同义，“始、开始”的意思。

译文

万章问道："有人说'伊尹以美味来求得汤的任用，'有这回事吗？"

孟子说："没有，不是这样的。伊尹原在莘国的田野耕作，向往尧舜之道。假使不符合义，不符合道，即使把天下当作俸禄给他，他也不理睬；即使有四千匹马拴在那里，他也不看一眼。如果不符合义，不符合道，一根草也不拿去送人，一根草也不拿别人的。汤派人带了礼物去聘请他，他无动于衷地说：'我要汤的聘礼干什么？哪如我生活在田野中，像这样把尧舜之道当作快乐呢？'汤又多次派人去聘请，不久他完全改变了态度，说：'与其隐居在田野中，把尧舜之道当作快乐，还不如使这个君主成为尧舜那样的君主呢，还不如使百姓成为尧舜时代那样的百姓呢，还不如亲眼见到尧舜那样的盛世呢。上天生育这些人民，就要使先知者帮助后知者觉悟，先觉者帮助后觉者觉悟。我，是上天所生人民中的先觉者，我将用这尧舜之道去使人民觉悟。如果我不使他们觉悟，又有谁呢？'他想到天下的百姓要是有一个男人或一个女人没有享受到尧舜之道的恩泽，就像是自己把他们推入了山沟似的。他就像这样把天下的重任担在自己肩上，所以到汤那里劝说他讨伐夏桀，拯救百姓。我未听说自己不正却能匡正别人的，更何况侮辱自己来匡正天下呢？圣人的行为是有所不同的，有的躲避君主，有的接近君主，有的离开朝廷，有的不离开朝廷，但都归结到使自身洁净罢了。我只听说伊尹是凭尧舜之道去求汤任用的，没听说是靠美味去求官做的。《伊训》上说：‘上天诛灭夏桀，原因来自夏桀本人，我只是从亳都开始谋划罢了。’”

八

万章问曰：“或谓‘孔子于卫主痈疽[①]，于齐主侍人瘠环[②]’，有诸乎？”

孟子曰：“否，不然也。好事者为之也。于卫主颜雠由[③]。弥子[④]之妻与子路之妻，兄弟也。弥子谓子路曰：‘孔子主我，卫卿可得也。’子路以告。孔子曰：‘有命。’孔子进以礼，退以义，得之不得曰‘有命’。而主痈疽与侍人瘠环，是无义无命也。孔子不悦于鲁卫，遭宋恒司马将要而杀之[⑤]，微服[⑥]而过宋。是时孔子当阨[⑦]，主司城贞子[⑧]，为陈侯周[⑨]臣。吾闻观近臣[⑩]，以其所为主；观远臣[⑪]，以其所主。若孔子主痈疽与侍人瘠环，何以为孔子？”

注释

①主痈疽：主，动词，以……为主人。痈疽：人名，也作雍渠、雍钼、雍睢，卫灵公宠幸的宦官。

②侍人瘠环：侍人，阉人，宦官。瘠环，人名，齐景

公宠幸的宦官。

③颜雠由：人名，卫国贤大夫。

④弥子：即弥子瑕，卫灵公的宠臣。

⑤遭宋恒司马将要而杀之：遭，遇到，碰上。恒司马，即宋国的司马桓魋 tuí。司马，官职名，掌管军政和军赋。要，阻拦，拦截。《史记·孔子世家》记载："孔子去曹适宋，与弟子习礼大树下。宋司马桓魋欲杀孔子，拔其树。孔子去。"

⑥微服：穿上便服以掩人耳目。

⑦阨：困顿，灾祸。

⑧司城贞子：陈国大夫。有贤名，谥号为"贞子"。

⑨陈侯周：陈国国君，陈怀公之子，名周。

⑩近臣：指在朝做官的臣子。

⑪远臣：远道而来投奔的臣子。

译文

万章问道："有人说，孔子在卫国时寄住在痈疽家里，在齐国时寄住在瘠环家里，有这回事吗？"

孟子说："不，不是这样的，这是好事者编造出来的。孔子在卫国住在颜雠由家。弥子瑕的妻子与子路的妻子是姐妹。弥子瑕曾对子路说：'孔子来住在我家，卫国卿的职位就可以得到。'子路把这话告诉给孔子。孔子说：'这由命决定。'孔子做官与不做官，根据礼义行事，能不能得到官职，说要'由命决定'，如果住在痈疽和宦官瘠环那里，这便是无视礼义、命运了。孔子在鲁国、卫国感到不快，又遇到宋国的恒司马企图在半路上拦截杀害他，就换上便服悄悄通过宋国。这时孔子正遭危难，便寄住到司城贞子家里，做了陈侯周的臣子。我听说过，观察在朝的臣子，看他所接待的客人；观察外来的臣子，看他所寄居的主人。如果孔子寄住在痈疽和宦官瘠环家里，把他们当作主人，怎么还能算是孔子？"

九

万章问曰："或曰：'百里奚[①]自鬻[②]于秦养牲者五羊之皮，食[③]牛，以要秦穆公[④]。'信乎？"

孟子曰："否，不然。好事者为之也。百里奚，虞[⑤]人也。晋人以垂棘之璧[⑥]与屈产之乘[⑦]，假道于虞以伐虢[⑧]。宫之奇[⑨]谏，百里奚不谏。知虞公之不可谏而去，之秦，年已七十矣。曾[⑩]不知以食牛干[⑪]秦穆公之为污也，可谓智乎？不可谏而不谏，可谓不智乎？知虞公之将亡而先去之，不可谓不智也。时举[⑫]于秦，知穆公之可与有行也而相之，可谓不智乎？相秦而显其君于天下，可传于后世，不贤而能之乎？自鬻以成其君，乡党自好者不为，而谓贤者为之乎？"

注释

①百里奚：人名，原为虞国大夫，后虞国被晋所灭，百里奚沦为奴隶。后在秦国任相，辅助秦穆公建立霸业。

②鬻：卖。

③食sì：养，饲养。

④秦穆公：又作秦缪公，秦国国君，公元前659年至前621年在位。

⑤虞：虞国，古国名。在今山西平陆县东北六十里。

⑥垂棘之璧：垂棘所出产的玉璧。垂棘，晋国地名，具体所在不详。

⑦屈产之乘：屈地所产好马。屈，晋国地名，具体不详。

⑧假道于虞以伐虢：假道，借道。虢，虢国，古国名，在今山西平陆县。晋国都城在绛，在今山西翼城县东南十五里，由绛伐虢，南行一定经过虞国，所以需借道。

⑨宫之奇：虞国大夫。晋国曾两次向虞国借路以攻打虢国，宫之奇用“唇亡齿寒”的道理劝告虞公拒绝晋的要求，虞公不听，结果晋灭虢后，接着灭掉了虞国。

⑩曾：乃，竟然。

⑪干：求。

⑫举：被举荐。

译文

万章问孟子："有人说：'百里奚以五张羊皮的价格把自己卖给了秦国饲养牲畜的人，替人喂牛来求得秦穆公的任用。'这是真的吗？"

孟子说："不是，不是这样的，这是好事者有意捏造的。百里奚是虞国人。晋国人用垂棘所产的美玉和屈地所产的良马向虞国借道去攻打虢国。宫之奇劝告虞公不要答应，百里奚没有劝谏。他知道虞公不会听从劝告，就离开虞国到了秦国，当时已经七十岁了。如果竟不知道靠替人喂牛求得秦穆公任用是污浊的，能说他聪明吗？知道虞君不会听从劝告就不去劝告，能说不聪明吗？知道虞公就要亡国而先离开，不能说不聪明啊。一旦在秦国受提拔，就知道穆公是个可以同他干一番事业的君主而辅佐他，能说不聪明吗？做了秦国的相而使秦君的威望显赫于天下，并且可以流传到后世，不是贤者能做到这一步吗？卖掉自己去成全君主，乡里自爱的人都不愿干，怎么能说贤者肯这样干呢？"

卷十　万章下

题解

本篇九章，各个版本章数略有不同。本篇有一些非常重要的记载，比如孟子关于“周室班爵禄”的论述，对于我们了解周代爵制十分关键。另外关于“招虞人何以”“齐宣王问卿”的解答也都具有十分重要的意义。

一

孟子曰：“伯夷，目不视恶色，耳不听恶声。非其君不事，非其民不使。治则进[①]，乱则退。横[②]政之所出，横民之所止，不忍居也。思与乡人处，如以朝衣朝冠坐于涂炭也。当纣之时，居北海之滨，以待天下之清也。故闻伯夷之风者，顽夫廉，懦夫有立志。

“伊尹曰：‘何事非君，何使非民。’治亦进，乱亦进，曰：‘天之生斯民也，使先知觉后知，使先觉觉后觉。予，天民之先觉者也，予将以此道觉此民也。’思天下之民匹夫匹妇有不与被尧舜之泽者，若己推而内之沟中。其自任以天下之重也。

“柳下惠不羞污君，不辞小官。进不隐贤，必以其道。遗佚[③]而不怨，阨穷[④]而不悯。与乡人处，由由然[5]不忍去也。‘尔为尔，我为我，虽袒裼裸裎于我侧，尔焉能浼[6]我哉？’故闻柳下惠之风者，鄙夫宽，薄夫敦[7]。

“孔子之去齐，接淅[8]而行；去鲁，曰：‘迟迟吾行也，去父母国之道也。’可以速而速，可以久而久，可以处而处，可以仕而仕，孔子也。”

孟子曰：“伯夷，圣之清者也；伊尹，圣之任[9]者也；柳下惠，圣之和[10]者也；孔子，圣之时[11]者也。孔子之谓集大成。集大成也者，金声而玉振之也[12]。金声也者，始条理[13]也；玉振之也者，终条理也。始条理者，智之事也；终条理者，圣之事也。智，譬则巧也；圣，譬则力也。由[14]射于百步之外也，其至，尔力也；其中[15]，非尔力也。”

注释

①进：指在朝为官。

②横 hèng：强横。

③遗佚：指不被任用，不在朝为官。

④阨穷：穷困，困顿。

⑤由由然：高兴的样子。

⑥浼 měi：污染。

⑦敦：敦厚，厚道。

⑧接淅：接，又作“滰 jiàng”，漉干的意思。淅，淘米。

⑨任：负责任，有责任感。

⑩和：中和，随和。

⑪时：与时而动，与时俱进。

⑫金声而玉振之也："金声""玉振"表示奏乐的全过程，以击钟（金声）开始，以击磬（玉振）告终。以此象征孔子思想集古圣先贤之大成。

⑬始条理：指整个乐章节奏的开始。

⑭由：同"犹"，像。

⑮中：指射中。

译文

孟子说："伯夷，眼睛不看不好的东西，耳朵不听不好的声音。不是他理想的君王，就不去为其做事；不是他理想的百姓，就不去使唤。天下大治，就在朝为官；天下混乱，就退而修身。有暴政和暴民的地方他都不会去。如果让他与乡下人相处就像是穿着礼服坐在泥炭上一样。在商纣王时代，他住在北海边，来等待天下的清平。因此，听闻过伯夷节操的人，贪婪的人会变得廉洁，懦弱的人也会有坚强的意志。

"伊尹说：'什么样的君王，不能为他做事；什么样的百姓，不能使唤呢？'他天下大治的时候出来为官，天下大乱的时候也出来为官，说：'上天生养这些百姓，就是让先知先觉的人来使那些后知后觉的人有所觉悟。我，是这些人当中的先觉者。我将用我的到来使其他的百姓有所觉悟。'他想到天下的百姓要是有一个男人或一个女人没有享受到尧舜之道的恩泽，就像是自己把他们推入了山沟似的。他就是这样以天下为己任的。

“柳下惠不以为昏君做事为耻辱，不因为官职低而推辞。在朝为官的时候不隐藏自己的才能，但一定会按照自己的道义办事。不在朝为官也没什么怨恨，贫穷困顿的时候也不忧愁悲悯。与乡下人相处，高兴得不忍心离去。‘你是你，我是我，即使你在我身边袒身露体，你又怎么能污染到我呢？’因此那些听闻过柳下惠节操的人，狭隘的会变得心胸宽广，尖酸刻薄的也会变得敦厚起来。

“孔子离开齐国的时候，米还没淘完，水还没沥干就走；当他离开鲁国的时候，说：‘我要慢慢走啊，这才是离开自己祖国的态度啊。’该快点儿离开就快点儿离开，该久留就久留，该闲居就闲居，该做官就做官，这就是孔子。”

孟子说：“伯益是清高的圣人，伊尹是敢于负责任的圣人，柳下惠是随和的圣人，孔子则是与时而动的圣人。孔子可以说是圣人之中的集大成者。之所以说集大成者，就好像奏乐时以击钟开始，以击磬告终一样。先敲钟，是乐章节奏的开始；最后击磬，标志乐章节奏的结束。开始奏出乐曲的节奏，靠的是智慧；最后奏出乐章节奏，靠的是圣德。智慧好比技巧，圣德好比力气。就像在百步之外射箭，射到那个地方，是靠你的力气；射中那个目标，就不是单靠你的力气了。”

二

北宫锜[1]问曰：“周室班[2]爵禄也，如之何？”

孟子曰：“其详不可得闻也，诸侯恶其害己也，而皆去其籍[3]；然而轲也尝闻其略也。天子一位，公一位，侯一位，伯一位，子、男同一位，凡五等也。君一位，卿一位，大夫一位，上士一位，中士一位，下士一位，凡六等。天子之制，地方千里；公侯皆方百里，伯七十里，子、男五十里，凡四等。不能[4]五十里，不达于天子，附于诸侯，曰附庸。天子之卿受地视[5]侯，大夫受地视伯，元士受地视子、男。大国地方百里，君十[6]卿禄，卿禄四大夫，大夫倍上士，上士倍中士，中士倍下士，下士与庶人在官者同禄，禄足以代其耕也。次国地方七十里，君十卿禄，卿禄三大夫，大夫倍上士，上士倍中士，中士倍下士，下士与庶人在官者同禄，禄足以代其耕也。小国地方五十里，君十卿禄，卿禄二大夫，大夫倍上士，上士倍中士，中士倍下士，下士与庶人在官者同禄，禄足以代其耕也。耕者之所获，一夫百亩，百亩之粪[7]，上农夫食九人，上次食八人，中食七人，中次食六人，下食五人。庶人在官者，其禄以是为差。”

注释

①北宫锜：人名，卫人。

②班：列，排列等级。

③籍：书籍，典籍。

④不能：后省略“有”字。也可理解为不足、不及。

⑤视：比。

⑥十：十倍于。

⑦粪：施肥，引申为耕田、耕种的意思。

译文

北宫锜问道：“周朝排列官爵、俸禄的等级，其具体情况是怎样的？”

孟子说：“具体情况已经不能知道了，诸侯讨厌它妨害自己，把那些典籍都毁掉了；不过，我曾经听说过它的大致情况。天子一级，公爵一级，侯爵一级，伯爵一级，子爵、男爵同一级，共五个等级。诸侯国里，国君一级，卿一级，大夫一级，上士一级，中士一级，下士一级，共六个等级。天子的土地规模，一千里见方；公爵、侯爵都是一百里见方，伯爵是七十里见方，子爵、男爵是五十里见方，共四等。不足五十里见方的国家，不同天子直接联系，而是附属于诸侯，叫作‘附庸’。天子的卿，受封土地同侯爵相等，大夫受封的土地同伯爵相等，元士受封的土地同子爵、男爵相等。大国的土地有百里见方，国君的俸禄是卿的十倍，卿的俸禄是大夫的四倍，大夫是上士的一倍，上士是中士的一倍，中士是下士的一倍，下士的俸禄同在官府当差的百姓相同，数量足以代替他种田的收入。中等国家的土地有七十里见方，国君的俸禄是卿的十倍，卿的俸禄是大夫的三倍，大夫是上士的一倍，上士是中士的一倍，中士是下士的一倍，下士同在官府当差的百姓同等俸禄，俸禄足以代替他种田的收入。小国的土地有五十里见方，国君的俸禄是卿的十倍，卿的俸禄是大夫的两倍，大夫是上士的一倍，上士是中士的一倍，中士是下士的一倍，下士同在官府当差的百姓俸禄相等，俸禄足以代替他种田的收入。种田人的收入：一个农夫受田一百亩，一百亩地施肥耕种，上等的农夫可以养活九人，次于上等的可以养活八人，中等的农夫可以养活七人，比这差一点的可以养活六人，下等的农夫可以养活五人。在官府当差的百姓，他们的俸禄按这种区别来分等级。”

三

万章问曰：“敢问友。”

孟子曰：“不挟[①]长，不挟贵，不挟兄弟而友。友也者，友其德也，不可以有挟也。孟献子[②]，百乘之家[③]也，有友五人焉，乐正裘、牧仲，其三人则予忘之矣。献子之与此五人者友也，无献子之家者也；

此五人者，亦有献子之家，则不与之友矣。非惟百乘之家为然也，虽小国之君亦有之。费惠公[④]曰：'吾于子思[⑤]，则师之矣；吾于颜般[⑥]，则友之矣；王顺、长息[⑦]则事我者也。'非惟小国之君为然也，虽大国之君亦有之。晋平公[⑧]之于亥唐[⑨]也，入云[⑩]则入，坐云则坐，食云则食；虽蔬食菜羹，未尝不饱，盖不敢不饱也。然终于此而已矣。弗与共天位也，弗与治天职也，弗与食天禄也，士之尊贤者也，非王公之尊贤者也。舜尚[⑪]见帝，帝馆[⑫]甥[⑬]于二室[⑭]，亦飨[⑮]舜，迭为宾主，是天子而友匹夫也。用下敬上，谓之贵贵；用上敬下，谓之尊贤。贵贵尊贤，其义一也。"

注释

①挟：倚仗。

②孟献子：即公孙篾，鲁国大夫。

③家：古者大夫有家，故以家代指大夫。

④费bì惠公：战国时费国的国君。费国在今山东费县。

⑤子思：即孔伋，字子思，孔子嫡孙。

⑥颜般：人名，《汉书》作颜敢。

⑦王顺、长息：人名，王顺《汉书》作王慎。

⑧晋平公：春秋时晋国国君，姓姬名彪。

⑨亥唐：晋国人，相传为隐士。

⑩入云：即"云入"的倒装。后文的"坐云""食云"都是倒装。

⑪尚：即“上”，以匹夫而去谒见天子，故曰上。

⑫馆：动词，留宿，为……安排住宿。

⑬甥：古代称岳父为外舅，尧嫁二女于舜，故称舜为甥。

⑭二室：副官。

⑮飨：以酒食招待客人。

译文

万章问道：“请问交友的原则。”

孟子说：“不倚仗自己的年龄，不倚仗自己的地位，不倚仗自己兄弟的势力。交朋友，是为了朋友的品格而交，是不能有所倚仗的。孟献子，是一位有百辆马车的大夫，他有五位朋友，乐正裘、牧仲，其他三人我忘了。献子同这五个人交友，没有自己是大夫的想法；这五个人，要是心里有献子是大夫的想法，也就不同他交友了。不仅是拥有百辆车马的大夫是这样，就是小国的君主也有这样的。费惠公说：‘我对于子思，把他当作老师；对于颜般，就把他当作朋友了；王顺、长息不过是侍奉我的人罢了。’不仅小国的君主是这样，就是大国的君主也有这样的。晋平公与亥唐相交，亥唐叫他进去就进去，叫他坐就坐，叫他吃就吃，即使粗茶淡饭，也没有吃不饱的，因为不敢不吃饱。然而最终也只到这地步罢了。没有给他官位，没有给他职务，没有给他俸禄，这就如同士人尊敬贤者的态度，而不是王公尊贤的态度。舜去见尧帝，尧帝把这位女婿安排在别墅住，并且款待他，舜有时也请尧来，两人轮流充当宾主，这是天子同平民百姓交朋友。地位低的尊敬地位高的，叫作尊敬有地位的人；地位高的尊敬地位低的，叫作尊敬贤人。尊敬有地位的人和尊敬贤人，其中的道理是一样的。”

四

万章问曰：“敢问交际何心也？”

孟子曰：“恭也。”

曰：“‘却[1]之却之为不恭’，何哉？”

曰：“尊者赐之。曰：‘其所取之者义乎，不义乎？’而后受之。以是为不恭，故弗却也。”

曰：“请无以辞[2]却之，以心却之，曰：‘其取诸民之不义也。’而以他辞无受，不可乎？”

曰：“其交也以道，其接也以礼，斯孔子受之矣。”

万章曰：“今有御[3]人于国门之外者，其交也以道，其馈也以礼，斯可受御与？”

曰：“不可。《康诰》曰：‘杀越人于货，闵不畏死，凡民罔不譈[4]。’是不待教而诛者也。殷受夏，周受殷，所不辞也；于今为烈，如之何其受之？”

曰：“今之诸侯取之于民也，犹御也。苟善其礼际矣，斯君子受之，敢问何说也？”

曰：“子以为有王者作，将比[5]今之诸侯而诛之乎？其教之不改而后诛之乎？夫谓非其有而取之者盗也，充类至义[6]之尽也。孔子之仕于鲁也，鲁人猎较[7]，孔子亦猎较。猎较犹可，而况受其赐乎？”

曰：“然则孔子之仕也，非事道与？”

曰：“事道也。”

“事道奚猎较也？”

曰：“孔子先簿正祭器[8]，不以四方之食供簿正。”

曰：“奚不去也？”

曰：“为之兆[9]也。兆足以行矣，而不行，而后去，是以未尝有所终三年淹也。孔子有见行可之仕[10]，有际可之仕[11]，有公养之仕[12]。于季桓子[13]，见行可之仕也；于卫灵公，际可之仕也；于卫孝公[14]，公养之仕也。”

注释

①却：推却，推辞。

②辞：言辞。

③御：止，拦抢。

④《康诰》句：《康诰》是《尚书》中的一篇。越，于。闵，同“暋”，强横。譈，同“憝”，怨恨。

⑤比：同，等同。

⑥充类至义：即充其类、极其义。

⑦猎较：古代风俗，打猎时争夺猎物，以所得用作祭祀。

⑧簿正祭器：朱熹《孟子集解》引徐氏说云：“先以簿书正其祭器，使有定数，不以四方难继之物实之。夫器有常数、实有常品，则其本正矣，彼猎较

者，将久而自废矣。”

⑨兆：开始，兆始。

⑩行可之仕：可以行道而为官。

⑪际可之仕：因为国君的礼遇而为官。

⑫公养之仕：因为国君养贤而为官。

⑬季桓子：即季孙斯，春秋时鲁国大夫。

⑭卫孝公：不见于史书记载，可能即卫出公辄；辄是卫灵公之孙，继灵公即位。

译文

万章问道：“请问，同别人交往要有什么样的心情？”

孟子说：“恭敬的心情。”

万章问：“‘对别人的馈赠拒绝了又拒绝是不恭敬的’，为什么呢？”

孟子说：“有地位的人赐给的礼物，自己暗地里想：‘他得来这些东西是符合义的呢，还是不符合义？’然后再接受。人们认为这是不恭敬的，所以不拒绝。”

万章说：“如果不用言语拒绝，而在心里拒绝，暗地里说：‘他从百姓那里取来这些东西是不义的。’然后用别的理由拒绝接受，不行吗？”

孟子说：“他用适当的规矩与我交往，按礼节与我交流，这样的话，即便孔子也会接受的。”

万章说：“如果有个在城外拦路抢劫的人，他以正当理由送礼，按礼节赠送，这样的话可以接受他抢来的东西吗？”

孟子说：“不行。《康诰》上说：‘杀人抢劫，强横不怕死的人，人们没有不痛恨的。’这种人是不必等候教育就可以处死的。这规定是殷朝从夏朝继承来，周朝从殷朝继承来，没有改变过；到现在更是要继承它，又怎么能接受这种人的东西呢？”

万章说：“现在诸侯从百姓那里抢掠财物，如同拦路抢劫一样。如果他们按照礼节交往，这样君子就可以接受他们的礼物，请问这又是为什么呢？”

孟子说：“你认为如果有圣王出现，他是将会把现在的诸侯统统杀掉呢，还是把经过教育仍不悔改的诸侯杀掉？认为不是他该有的东西却拿了，这就是抢劫，这是把‘抢劫’的概念提高到了很高的原则性高度。孔子在鲁国做官时，鲁国人有打猎时争夺猎物的习俗，孔子也去争夺了。争夺猎物尚且可以，何况接受别人赠给的礼物呢？”

万章说：“那么孔子做官，不是为了行道吗？”

孟子说：“是为了行道。”

“行道又为什么去争夺猎物呢？”

孟子说：“孔子先用文书规定祭祀所用的祭器，不用别的食物充作祭品。”

万章说：“孔子为什么不辞官而去呢？”

孟子说：“孔子先要试行自己的主张。试行如果可以行得通，君主却不推行，这才离开那里。所以孔子不曾在一个国君那里待满过三年。孔子因为有可以行道的国君而去做官，或者因为君主对他的礼遇而去做官，或者因为君主能养贤去做官。对于季桓子，是有行道的可能而去做官；对于卫灵公，是因为他的礼遇而去做官；对于卫孝公，是因他能养贤而去做官。”

五

孟子曰：“仕非为贫也，而有时乎为贫；娶妻非为养也，而有时乎为养。为贫者，辞尊居卑，辞富居贫。辞尊居卑，辞富居贫，恶乎宜乎？抱关击柝[①]。孔子尝为委吏[②]矣，曰：‘会计[③]当而已矣。’尝为乘田[④]矣，曰：‘牛羊茁壮长而已矣。’位卑而言高，罪也；立乎人之本朝[⑤]，而道不行，耻也。”

注释

①抱关击柝 tuò：抱关，看守城门的小吏。柝，打更用的梆子。

②委吏：管理仓库的小吏。

③会计：每月零星盘算为“计”，一年总盘算为“会”，两者合在一起即成“会计”。

④乘田：管理园林牲畜的小吏。

⑤本朝：即朝廷的意思。

译文

孟子说："出仕做官不是因为贫穷，但是有时候也因为贫穷而做官；娶妻不是为了要奉养父母，但是有时候也是为了奉养父母。因为贫穷而做官，便应该拒绝高位，安居低位；拒绝富贵，安居贫穷。要拒绝高位，安居低位；拒绝富贵，安居贫穷，怎样做才是恰当的呢？就像守门的小吏按时打更就行。孔子曾经做过管理仓库的小吏，说：'只要是出入的账目都对就可以了。'孔子也曾经做过管理牲畜的小吏，说：'只要牛羊能够茁壮成长就行了。'处在较低的位置，却议论朝廷大事，这是罪过；在君主的朝堂上为官，却不能使自己的道义实现，这是耻辱。"

六

万章曰："士之不托[①]诸侯，何也？"

孟子曰："不敢也。诸侯失国，而后托于诸侯，礼也；士之托于诸侯，非礼也。"

万章曰："君馈之粟，则受之乎？"

曰："受之。"

"受之何义也？"

曰："君之于氓[②]也，固周[③]之。"

曰："周之则受，赐之则不受，何也？"

曰："不敢也。"

曰："敢问其不敢何也？"

曰："抱关击柝者皆有常职以食[4]于上，无常职而赐于上者，以为不恭也。"

曰："君馈之，则受之，不识可常继乎？"

曰："缪公之于子思也，亟问[5]，亟馈鼎肉[6]。子思不悦。于卒也，摽[7]使者出诸大门之外，北面稽首再拜而不受，曰：'今而后知君之犬马畜伋。'盖自是台[8]无馈也。悦贤不能举，又不能养也，可谓悦贤乎？"

曰："敢问国君欲养君子，如何斯可谓养矣？"

曰："以君命将[9]之，再拜稽首而受。其后廪人继粟[10]，庖人[11]继肉，不以君命将之。子思以为鼎肉使己仆仆尔[12]亟拜也，非养君子之道也。尧之于舜也，使其子九男事之，二女女焉，百官牛羊仓廪备，以养舜于畎亩之中，后举而加诸上位，故曰王公之尊贤者也。"

注释

①托：依托，依靠。

②氓：民，此处指自别国而来之人。

③周：周济。

④食：就食，从国君处得到俸禄的意思。

⑤问：问候，馈赠礼物。

⑥鼎肉：熟肉，也有说是生肉。

⑦摽 biāo：挥去，赶走。

⑧台：始，开始。

⑨将：送。

⑩廪人继粟：管理仓禀的人送来谷米。禀人，管理仓禀、粮食的人。

⑪庖人：掌管膳食的人。

⑫仆仆尔：繁琐的样子。

译文

万章说："士不能依靠诸侯来生活，这是什么道理呢？"

孟子说："不敢这样做。诸侯失去了自己的国家，然后依托别的国家，这是合于礼的；士依靠于诸侯，这是不合于礼的。"

万章说："如果君主馈赠给他粟米，那该接受吗？"

孟子说："可以接受。"

"为什么可以接受呢？"

孟子说："国君对于从别国来的人，是可以去周济他的。"

"周济的可以接受，赐予的却不能接受，为什么呢？"

孟子说："不敢接受。"

"敢问为什么不敢接受呢？"

孟子说："守门打更之类的人都有一定的职务，因此可以接受国君的给养。没有一定的职务，却接受国君的赐予，这是不恭敬的。”

“国君馈赠他东西，就可以接受，不知道可以经常这样吗？”

孟子说：“鲁缪公对于子思，就是经常问候，经常赠送肉食，子思很不情愿。最后，就把国君派来的人赶出门外然后拱手拜了两拜，拒绝接受馈赠，说：‘如今才知道君王是把我当犬马一样畜养的。’从此以后鲁缪公就不给子思送东西了。喜爱贤人，却既不任用他，又不能按恰当的方式供养他，能说是喜爱贤人吗？”

万章说：“请问，国君想要供养君子，怎样做才算恰当呢？”

孟子说：“先以国君名义送去，他便拱手拜两拜，跪下磕头接受。以后就让管理粮食的小吏不断送粮去，厨师不断送肉去，不再以国君名义去送。子思认为，那点儿肉使得自己一次接一次地跪拜行礼，这不是供养君子的恰当作法。尧对于舜，派自己的九个儿子去侍奉他，把两个女儿嫁给他，百官、牛羊、粮食都齐备，在田野中供养他，然后提拔他，让他居于很高的职位。所以说，这是天子诸侯尊敬贤人的正确方法。”

七

万章曰：“敢问不见诸侯，何义也？”

孟子曰：“在国曰市井之臣，在野曰草莽之臣，皆谓庶人。庶人不传质[1]为臣，不敢见于诸侯，礼也。”

万章曰：“庶人，召之役，则往役；君欲见之，召之，则不往见之，何也？”

曰：“往役，义也；往见，不义也。且君之欲见之也，何为也哉？”

曰：“为其多闻也，为其贤也。”

曰：“为其多闻也，则天子不召师，而况诸侯乎？为其贤也，则吾未闻欲见贤而召之也。缪公亟见于子思，曰：‘古千乘之国以友士，何如？’子思不悦，曰：‘古之人有言，曰事之云乎，岂曰友之云乎？’子思之不悦也，岂不曰：‘以位，则子，君也，我，臣也，何敢与君友也？以德，则子事我者也，奚可以与我友？’千乘之君求与之友而不可得也，而况可召与？齐景公田[2]，招虞人[3]以旌[4]，不至，将杀之。志士不忘在沟壑，勇士不忘丧其元[5]。孔子奚取焉？取非其招不往也。”

曰：“敢问招虞人何以[6]？”

曰：“以皮冠[7]。庶人以旃[8]，士以旂[9]，大夫以旌。以大夫之招招虞人，虞人死不敢往；以士之招招庶人，庶人岂敢往哉？况乎以不贤人之招招贤人乎？欲见贤人而不以其道，犹欲其入而闭之门也。夫义，路也；礼，门也。惟君子能由是路，出入是门也。《诗》云：‘周道如底，其直如矢；君子所履，小人所视。[10]’”

万章曰：“孔子，君命召，不俟驾而行。然则孔子非与？”

曰：“孔子当仕，有官职，而以其官召之也。”

注释

①传质：馈赠礼物。质，通“贽”，见面礼。

②田：田猎，打猎。

③虞人：掌管山泽、苑囿、田猎的官吏。

④旌：用羽毛装饰的旗子。

⑤元：首，头。

⑥以：用，拿。

⑦皮冠：古代打猎时戴的帽子。加于礼冠之上，用以御尘，亦以御雨雪。

⑧旃 zhān：红色曲柄的旗。

⑨旂 qí：装饰有铃铛的旗子。

⑩《诗》云句：出自《诗经·小雅·大东》篇。周道，大道，大路。底，当作“厎”，即“砥”字，磨刀石的意思。视，效法。

译文

万章问道：“请问不去主动谒见诸侯，这是什么意思呢？”

孟子说：“不出仕的人，如果居住在都市，叫作市井之臣；居住在郊野的，叫作草莽之臣，这些都叫作庶人百姓。庶人百姓若不拿见面礼做了臣子，是不敢谒见诸侯的，因为这是不合于礼的。”

万章说：“庶人百姓，召他去服役，就去服役；国君想见他，召唤他，却不去见，这是为什么呢？”

孟子说：“去服役，这理所应当的；去谒见，是不应该的。况且国君想与他见面，这是为什么呢？”

万章说：“因为他见识广博，因为他的贤德。”

孟子说：“因为他见识广博而想见他，可天子不能召唤自己的老师呀，更何况是诸侯呢？因为他的贤德，那我没见过想要与贤人见面却还要召唤他的。鲁缪公屡次去拜访子思，说：‘古代千辆兵车的国君若想与士人交友，该怎样做呢？’子思很不高兴，说：‘古人的话是说国君要侍奉士人，怎么说是与士人交朋友呢？’子思之所以不高兴，是因为：论地位的话，那么你是君，我是臣，这样的话我怎么敢与国君交友呢？论德行的话，那么你是要侍奉我的人，怎么能与我交朋友呢？千辆兵车的国君想要与之交友都不可得，更别说召唤他了。齐景公打猎的时候，用装饰有羽毛的旗子去召唤管理山林苑囿的小吏，小吏没有过去，齐景公想要杀了他。志士不怕弃尸山沟，勇士不怕丧失头颅。孔子赞扬他哪一点呢？赞扬他不是该接受的召唤之礼他就不去。”

万章问：“那么召唤管理山林的小吏应该用什么东西呢？”

孟子说：“要用皮帽子，召唤庶人百姓要用红绸做的曲柄旗，召唤士人用装饰有铃铛的旗子，召唤大夫用装饰有羽毛的旗子。用召唤大夫的礼节来召唤管理山泽的小吏，小吏即使死也不敢过去；用召唤士人的礼节召唤庶人百姓，庶人百姓怎么敢过去呢？更何况用召唤不贤之人的礼节来召唤贤人呢？想要与贤人见面却不依据一定的礼节，这就好像想让人家来却关闭大门一样。义好比是一条大路，礼好比是一道大门。只有君子能从这条路上走过，能从这道门进去。《诗经》上说：'大路像磨刀石一样平坦，像箭一样笔直。这是君子所行走的，是小人所效法的。'"

万章问："孔子听到国君召唤的时候，不等车马准备好就先行前去，那么孔子这样做也错了吗？"

孟子回答："那是因为孔子有职务在身，国君因为他的职务才这样召唤他。"

八

孟子谓万章曰："一乡之善士斯友一乡之善士，一国之善士斯友一国之善士，天下之善士斯友天下之善士。以友天下之善士为未足，又尚[①]论古之人。颂[②]其诗，读其书，不知其人，可乎？是以论其世也。是尚友也。"

注释

①尚：同"上"。

②颂：同“诵”，诵读，吟咏。

译文

孟子对万章说：“一乡中的优秀人物，和一乡的优秀人物交朋友；一国中的优秀人物，和这一国的优秀人物交朋友；天下的优秀人物，和天下的优秀人物交朋友。认为同天下的优秀人物交朋友还不够，就又追溯评论古代的人物。吟诵他们的诗，品读他们的著作，但不了解他们的为人，行吗？所以还要研究他们在那个时代的所作所为。这就是同古人交朋友。”

九

齐宣王问卿。孟子曰：“王何卿之问也？”

王曰：“卿不同乎？”

曰：“不同。有贵戚之卿，有异姓之卿。”

王曰：“请问贵戚之卿。”

曰：“君有大过则谏，反复之而不听，则易位。”

王勃然变乎色。

曰：“王勿异[①]也。王问臣，臣不敢不以正[②]对。”

王色定，然后问异姓之卿。

曰：“君有过则谏，反复之而不听，则去。”

注释

①异：惊异，惊奇。

②正：诚。

译文

齐宣王向孟子询问卿的问题。孟子说："您想问的是哪一类型的卿呢？"

齐宣王说："卿难道还有什么不一样吗？"

孟子说："不一样。有与国君同族的卿，也有非同族的卿。"

齐宣王问："那我问问与国君同族的卿。"

孟子说："国君如果有大的过错，就要劝谏。如果反复劝谏之后国君不听，就把国君废弃，另立一君。"

齐宣王猛然变了脸色。

孟子说："请您不要惊奇。您问我，我不敢不据实回答。"

齐宣王的脸色慢慢变得正常，之后问非同族的卿。

孟子说："君主有过就要劝谏，反复劝谏而不听，就离去。"

卷十一　告子上

题解

本篇多处记载孟子和告子的论辩，故以告子名篇。孟子提倡性善论，而告子则不然，他认为人性“无善无不善”，通过二人的论辩，我们可以更加深刻地理解孟子的性善论思想。

一

告子曰：“性犹杞柳①也，义犹桮棬②也；以人性为仁义，犹以杞柳为桮棬。”

孟子曰：“子能顺杞柳之性而以为桮棬乎？将戕贼③杞柳而后以为桮棬也？如将戕贼杞柳而以为桮棬，则亦将戕贼人以为仁义与？率天下之人而祸仁义者，必子之言夫！”

注释

①杞柳：树名，枝条柔韧，可以编制箱、筐等器物。

②桮棬 bēi quān：器名。先用枝条编成杯盘之形，再以漆加工制成杯盘。

③戕贼：戕害。

译文

告子说："人的本性好比杞柳，义好比杯盘；使人性变得仁义，就像把杞柳做成杯盘。"

孟子说："你是顺着杞柳的特性把它做成杯盘呢，还是要戕害了它的特性把它做成杯盘？如果是戕害了它的特性而把它做成杯盘，那么也要戕害了人的本性使人变得仁义吗？率领天下之人来戕害仁义的，必定都是像你说的这种话！"

二

告子曰："性犹湍水[①]也，决诸东方则东流，决诸西方则西流。人性之无分于善不善也，犹水之无分于东西也。"

孟子曰："水信无分于东西，无分于上下乎？人性之善也，犹水之就下也。人无有不善，水无有不下。今夫水，搏而跃之，可使过颡[②]；激而行之，可使在山。是岂水之性哉？其势则然也。人之可使为不善，其性亦犹是也。"

注释

①湍水：湍急的流水。

②颡：额头。

译文

告子说："人性就像是湍急的水，在东边决个口就往东流，在西边决个口就往西流。人性本来就不分善与不善，就像水流本来不分向东向西一样。"

孟子说："水流确实是不分向东向西的，难道也不分向上向下吗？人性本善，就好比水的本性是向下一样。人性没有不善的，水没有不向下流的。水，拍打一下叫它飞溅起来，也能使它高过人的额头；阻挡住它叫它倒流，可以使它流到山上。这难道是水的本性吗？是形势导致这种情况的。人之所以可以变得不善，是因为他的本性也像这样受到了逼迫。"

三

告子曰："生之谓性。"

孟子曰："生之谓性也，犹白之谓白与？"

曰："然。"

"白羽之白也，犹白雪之白；白雪之白犹白玉之白与？"

曰："然。"

"然则犬之性犹牛之性，牛之性犹人之性与？"

译文

告子说："天生的特质就是性。"

孟子说："天生的特质就是性，那么白色的东西都是白吗？"

告子说："对的。"

孟子说："白色的羽毛的白就像白雪的白一样；白雪的白和白玉的白是一样的吗？"

告子说："是的。"

孟子说："既然这样，那么狗的本性就像牛的本性，牛的本性就像人的本性一样吗？"

四

告子曰："食色[①]，性也。仁，内也，非外也；义，外也，非内也。"

孟子曰："何以谓仁内义外也？"

曰："彼长而我长之，非有长于我也；犹彼白而我白之，从其白于外也，故谓之外也。"

曰："异于白马之白也，无以异于白人之白也；不识长马之长也，无以异于长人之长与？且谓长者义乎？长之者义乎？"

曰："吾弟则爱之，秦人之弟则不爱也，是以我为悦者也，故谓之内。长楚人之长，亦长吾之长，是以长为悦者也，故谓之外也。"

曰："耆[②]人秦之炙[③]，无以异于耆吾炙，夫物则亦有然者也，然则耆炙亦有外欤？"

注释

①食色：指人向往好吃的食物与男女关系。

②耆：同“嗜”，爱好，喜欢。

③炙：烤肉。

译文

告子说：“向往好吃的食物与男女关系，是人的本性。仁是内在的，不是外在的；义是外在的，不是内在的。”

孟子说：“为什么说仁是内在的，而义是外在的呢？”

告子说：“因为他年长所以我尊敬他，恭敬之心不是我的本性；这就像白色的事物我认为它是白的，是因为它的外表是白色的，因此说这是外在的东西。”

孟子说：“白马的白与白人的白或许没有什么不同；那么不知道是不是对老马的尊敬与对长者的尊敬也没有什么不同？再说，义是存在于长者那里，还是存在于尊敬他的人那里呢？”

告子说：“是我弟弟，我就爱他；是秦国人的弟弟，就不爱他，这是由我的内心决定的，所以说仁是内在的。尊敬楚国人中的长者，也尊敬我自己的长者，这是由对方年长决定的，所以说义是外在的。”

孟子说：“爱吃秦国的烤肉，同爱吃自己做的烤肉是没有什么区别的，其他事物也有这种情况，那么爱吃烤肉也是由外因引起的吗？”

五

孟季子[①]问公都子[②]曰：“何以谓义内也？”

曰：“行吾敬，故谓之内也。”

“乡人长于伯兄一岁，则谁敬？”

曰：“敬兄。”

“酌[③]则谁先？”

曰：“先酌乡人。”

“所敬在此，所长在彼，果在外，非由内也。”

公都子不能答，以告孟子。

孟子曰：“敬叔父乎？敬弟乎？彼将曰：‘敬叔父。’曰：‘弟为尸[④]，则谁敬？’彼将曰：‘敬弟。’子曰：‘恶在其敬叔父也？’彼将曰：‘在位故也。’子亦曰：‘在位故也。庸[⑤]敬在兄，斯须[⑥]之敬在乡人。’”

季子闻之，曰：“敬叔父则敬，敬弟则敬，果在外，非由内也。”

公都子曰：“冬日则饮汤，夏日则饮水，然则饮食亦在外也？”

注释

①孟季子：朱熹云：“疑是孟仲子之弟也。”或说为任国国君之弟季任。

②公都子：人名。

③酌：斟酒。

④尸：代祭之人。

⑤庸：平时，平常。

⑥斯须：暂时。

译文

孟季子问公都子说："为什么说义是内在的呢？"

公都子说："外在的行为只是表达恭敬，因此说是内在的。"

孟季子说："如果乡人比自己的兄长大一岁，那么尊敬谁呢？"

公都子说："尊敬兄长。"

孟季子说："饮酒的时候先给谁斟酒呢？"

公都子说："先给乡人斟酒。"

孟季子说："尊敬的是这个人，年长的却是那个人，那么义果真是外在的，不是内在的。"

公都子没法应答，便来把这事告诉孟子。

孟子说："你问他：'应该尊敬叔父呢，还是尊敬弟弟？'他会说：'尊敬叔父。'你再问：'弟弟充当了代祭之人，那该尊敬谁？'他会说：'尊敬弟弟。'你就再问：'那你尊敬叔父又体现在哪里呢？'他会说：'因为弟弟处在代祭之人地位。'你就说：'因为同乡人处在该受尊敬的地位上。平时尊敬的是大哥，现在暂时该尊敬的是同乡人。'"

孟季子听说了这番话，说："该尊敬叔父时就尊敬叔父，该尊敬弟弟时就尊敬弟弟，可见义果然是外在的，不是内在的。"

公都子说："冬天要喝热水，夏天要喝凉水，那饮食也是外在原因吗？"

六

公都子曰："告子曰：'性无善无不善也。'或曰：'性可以为善，可以为不善；是故文武兴，则民好善；幽厉兴，则民好暴。'或曰：'有性善，有性不善；是故以尧为君而有象；以瞽瞍为父而有舜；以纣为兄之子，且以为君，而有微子启[①]、王子比干[②]。'今曰'性善'，然则彼皆非欤？"

孟子曰："乃若[③]其情[④]，则可以为善矣，乃所谓善也。若夫为不善，非才[⑤]之罪也。恻隐之心，人皆有之；羞恶之心，人皆有之；恭敬之心，人皆有之；是非之心，人皆有之。恻隐之心，仁也；羞恶之心，义也；恭敬之心，礼也；是非之心，智也。仁义礼智，非由外铄[⑥]我也，我固有之也，弗思耳矣。故曰：'求则得之，舍则失之。'或相倍蓰[⑦]而无算者，不能尽其才者也。《诗》曰：'天生蒸民，有物有则。民之秉彝，好是懿德。'[⑧]孔子曰：'为此诗者，其知道乎！故有物必有则；民之秉彝也，故好是懿德。'"

注释

①微子启：子姓，名启，世称微子、微子启。微子是商王帝乙的长子，纣王的庶兄。周初被封于宋，承商祀。

②比干：商王帝丁的次子，帝乙的弟弟，商纣王的叔父，官少师。因屡次劝谏纣王，被剖心而死。

③乃若：至于，说到。

④情：指人本来的资质、天资。

⑤才：原指初生之木，后用指人之本性。

⑥铄：授，传授。

⑦倍蓰：倍，一倍；蓰，五倍。倍蓰指很多倍。

⑧《诗》曰句：语出《诗经·大雅·烝民》。烝，众。彝，常，常理。懿，美。

译文

公都子说："告子说过：'人之本性没有善与不善的区别。'有人说：'人之本性可以使它变善，也可以使它变不善。所以文王武王在位的时候，百姓大都趋向善；幽王厉王在位的时候，百姓大都趋向横暴。'有人说：'有的人本性是善的，有的人本性是不善的；因此尧舜为君的时候，却会出现像这样的不善之人；瞽叟这样的人做父亲，却会有舜这样的儿子；有商纣王这样不善的侄儿，而且以他为君，但是还是会出现微子启、王子比干这样的人。'现在老师却说人之本性都是善的，难道这些说法都是错的吗？"

孟子说："说到人天生的资质，是可以变得善良的，这便是我所说的人性本善。至于有些人不善，这并不是他们资质的原因。同情心，所有人都有；羞耻心，所有人都有；恭敬心，所有人都有；是非心，所有人都有。同情心就是仁；羞耻心就是义；恭敬心就是礼；是非心就是智。仁、义、礼、智不是由外界授给我的，是我本来就具有的，只是不去思考这些罢了。所以说：'探求就能得到它们，放弃就会失掉它们。'人与人之间相差一倍、五倍甚至无数倍，这是不能充分表现天性的缘故。《诗经》上说：'上天生养众民，有事物便有法则。众民保持了常性，所以爱好美德。'孔子说：'做这篇诗的，是懂得道的啊！有事物便有法则；众民保持了常性，所以爱好美德。'"

七

孟子曰："富岁，子弟多赖[①]；凶岁，子弟多暴。非天之降才尔殊也，其所以陷溺其心者然也。今夫麰麦[②]，播种而耰[③]之，其地同，树之时又同，浡然而生，至于日至[④]之时，皆熟矣。虽有不同，则地有肥硗[⑤]，雨露之养、人事之不齐也。

"故凡同类者，举相似也，何独至于人而疑之？圣人，与我同类者。故龙子[⑥]曰：'不知足而为屦，我知其不为蒉[7]也。’屦之相似，天下之足同也。口之于味，有同耆也；易牙[8]先得我口之所耆者也。如使口之于味也，其性与人殊，若犬马之与我不同类也，则天下何耆皆从易牙之于味也？至于味，天下期于易牙，是天下之口相似也。惟耳亦然。至于声，天下期于师旷，是天下之耳相似也。惟目亦然。至于子都[9]，天下莫不知其姣[10]也。不知子都之姣者，无目者也。故曰，口之于味也，有同耆焉；耳之于声也，有同听焉；目之于色也，有同美焉。至于心，独无所同然乎？心之所同然者何也？谓理也，义也。圣人先得我心之所同然耳。故理义之悦多心，犹刍豢[11]之悦多口。”

注释

①赖：即懒，懒惰。

②麰 móu 麦：大麦。

③耰 yōu：一种农具。这里指用耰松土并使土块细碎。亦指覆种。

④日至：夏至。

⑤硗 qiāo：土地贫瘠。

⑥龙子：人名。

⑦蒉 kuì：用草编的筐子。

⑧易牙：人名，即雍巫，春秋时著名厨师。

⑨子都：人名，即公孙阏，字子都，郑国宗族，春秋

时期第一美男，得宠于郑庄公。《诗经》有云："山有扶苏，隰有荷华。不见子都，乃见狂且。"

⑩姣：娇美，美丽。

⑪刍豢：泛指各种牲畜。刍，草食动物，如牛、羊。豢，谷食动物，如猪。

译文

孟子说："丰收的年岁，子弟大多懒惰；荒灾的年岁，子弟大多凶暴。不是因为天生的资质有这种不同，是外在环境使他们变得这样的。比如种大麦，播了种，耙了地，种的地方相同，种的时间又相同，麦子蓬勃地生长，到夏至的时候，都成熟了。即使有所不同，也是因为土地的肥瘦、雨露的滋养、人工的管理不一样。所以凡是同类的，全都是相似的，为什么一说到人，偏偏要怀疑这一点呢？圣人和我们是同类的，所以龙子说：'不知道脚样而编鞋，我知道他不会编成草筐的。'草鞋相似，是因为天下人的脚形是相同的。口对于味道，有同样的嗜好；易牙是最先掌握了我们口味上有共同嗜好的人。假使口对于味道，生来就跟别人不一样，就像狗、马和我们不同类一样，那么天下的人为什么都追随易牙的口味呢？说到口味，天下的人都期望尝到易牙烹调的菜肴，这说明天下人的口味是相似的。耳朵也是这样。说到声音，天下的人都期望听到师旷演奏的乐曲，这说明天下之人的听觉是相似的。眼睛也是这样。说到子都，天下没有不知道他娇美的；不知道子都娇美的，是没有眼睛的人。所以说，口对于味道，有相同的嗜好；耳朵对于声音，有相同的听觉；眼睛对于容貌，有相同的美感。说到心，偏偏会没有相同的爱好吗？心的共同爱好是什么？就是理，就是义。圣人最先觉悟到我们人心的相同爱好罢了。所以理义能使我们心里愉悦，正像牛羊猪狗的肉能使我们享到口福一样。”

八

孟子曰："牛山[①]之木尝美矣，以其郊[②]于大国[③]也，斧斤伐之，可以为美乎？是其日夜之所息，雨露之所润，非无萌蘖[④]之生焉，牛羊又从而牧之，是以若彼濯濯[⑤]也。人见其濯濯也，以为未尝有材焉，此岂山之性也哉？虽存乎人者，岂无仁义之心哉？其所以放其良心者，亦犹斧斤之于木也，旦旦[⑥]而伐之，可以为美乎？其日夜之所息，平旦之气[⑦]，其好恶与人相近也者几希[⑧]，则其旦昼[⑨]之所为，有梏[⑩]亡之矣。梏之反覆，则其夜气不足以存；夜气不足以存，则其违禽兽不远矣。人见其禽兽也，而以为未尝有才焉者，是岂人之情也哉？故苟得其养，无物不长；苟失其养，无物不消。孔子曰：'操则存，舍则亡；出入无时，莫知其乡。'惟心之谓与？"

注释

①牛山：山名，在当时的齐国国都临淄南面。

②郊：此处做动词，居其郊。

③大国：指临淄。

④萌蘖：萌，生芽、发芽。蘖，树木砍去后又长出来的新芽。

⑤濯濯：指山上没有草木的样子。

⑥旦旦：每天。

⑦平旦之气：平旦是指天刚刚亮的时候。平旦之气就是指人在天刚刚亮的时候接触到的清明之气。

⑧几希：少，一点儿。

⑨旦昼：明天，第二天。

⑩梏：圈禁，束缚。

译文

孟子说："牛山上的树木曾经是很茂盛的，但因为它地处大都市的郊外，总是用斧头去砍伐，可能再那么茂盛吗？山上的树木日夜都在生长，更有雨露的润泽，并非没有新的枝芽长出来，但是随后又在山上放牧牛羊，因此就变成这样光秃秃的了。人们看到山上光秃秃的，以为那里从未生长过树木，这难道是山的本性吗？这话放到人的身上，难道人就没有仁义吗？有些人之所以丧失了他的善心，也就像刀斧砍伐树木一样，天天砍伐，还能保住善心的繁茂吗？他在白天黑夜所散发出来的善心，在天刚刚亮的时候所接触到的清明之气，使他的好恶之心同一般人也有了少许的相近，但是他白天的所作所为，又使得这些都丧失了。反反复复地丧失，那么他在夜里积累的那点善心也就没法存在了。夜里存养的善心不再存在，那也就离禽兽不远了。人们见他像禽兽，就以为他不曾有过善良的天性，这难道是人的本性吗？所以如果得到好好的存养，没有东西不能生长；如果失去存养，没有东西不会消亡。孔子说：'把握住就存在，放弃了就丧失；出去进来没有定时，没人知道它的去向。'这大概说的是人心吧？”

九

孟子曰：“无或[①]乎王之不智也。虽有天下易生之物也，一日暴[②]之，十日寒之，未有能生者也。吾见亦罕矣，吾退而寒之者至矣，吾如有萌焉何哉？今夫弈[③]之为数[④]，小数也；不专心致志，则不得也。弈秋[⑤]，通国之善弈者也。使弈秋诲二人弈，其一人专心致志，惟弈秋之为听。一人虽听之，一心以为有鸿鹄[⑥]将至，思援弓缴[⑦]而射之，虽与之俱学，弗若之矣。为是其智弗若与？曰：非然也。”

注释

①或：同“惑”，怪，奇怪。

②暴pù：同“曝”，晒，曝晒。

③弈：围棋。

④数：技，技艺。

⑤弈秋：人名，当时齐国的围棋高手。

⑥鸿鹄：天鹅。

⑦缴zhuó：本意是生丝，箭上常系有生丝，故称箭为缴。

译文

孟子说：“难怪君王不够明智。即使是天下最容易生长的事物，晒它一天，又冻它十天，就没有能够生长起来的。我和君王相见的次数太少了，等我走了那些使他善心冷淡的人又来了，他即使有善心的萌芽又能怎样呢？比如下棋，作为一种技艺只是小技艺；但如果不专心致志地学习，也不能学好。弈秋是全国闻名的下棋能手。让弈秋教两个人下棋，其中一个人专心致志，弈秋说什么就听什么。另一个人虽然也听，而心里一心想着有天鹅要飞过来，想拿起弓箭去射。那么他即使和那个人一起学棋，也不如别人。是因为他不如别人聪明吗？当然不是的。”

十

孟子曰："鱼，我所欲也，熊掌，亦我所欲也；二者不可得兼，舍鱼而取熊掌者也。生亦我所欲也，义亦我所欲也；二者不可得兼，舍生而取义者也。生亦我所欲，所欲有甚于生者，故不为苟得也；死亦我所恶，所恶有甚于死者，故患有所不辟也。如使人之所欲莫甚于生，则凡可以得生者，何不用也？使人之所恶莫甚于死者，则凡可以辟患者，何不为也？由是则生而有不用也，由是则可以辟患而有不为也，是故所欲有甚于生者，所恶有甚于死者。非独贤者有是心也，人皆有之，贤者能勿丧耳。一箪食，一豆[①]羹，得之则生，弗得则死，嘑[②]尔而与之，行道之人弗受；蹴[③]尔而与之，乞人不屑也；万钟[④]则不辨礼义而受之。万钟于我何加焉？为宫室之美、妻妾之奉、所识穷乏者得我与？乡为身死而不受，今为宫室之美为之；乡为身死而不受，今为妻妾之奉为之；乡为身死而不受，今为所识穷乏者得我而为之，是亦不可以已乎？此之谓失其本心。"

注释

①豆：古代盛汤的一种容器。

②嘑：同"呼"，咄啐之貌。

③蹴：踩，踏。

④万钟：指万钟粮食。

译文

孟子说：“鱼是我想要得到的，熊掌也是我想要得到的；如果二者不能同时得到，那就舍弃鱼而选择熊掌。生是我想得到的，义也是我想得到的；如果两者不能同时得到，那就舍弃生而选择义。生是我想得到的，但是还有比生更想得到的，所以不能做苟且之事；死是我所厌恶的，但是还有比死更让我厌恶的，所以也不必躲避祸患。如果人们想要得到的没有超过生的，那么凡是可以得到生的方法，哪有不去做的呢？如果人们所厌恶的没有超过死的，那么凡是可以躲避死的方法，哪有不去用的呢？这么做就能生存，然而有人却不去做；这么做就能躲避祸患，然而有人却不做，由此可见，所想得到的东西有超过生的，所厌恶的东西有超过死的。不只是贤人有这样的想法，所有人都有，只是贤人不丧失它罢了。一筐饭，一碗汤，得到就能活，得不到就饿死，但是如果呼喝着施舍给人，路上的乞丐也不屑于接受；如果用脚踩踏了再施舍给人，那就连乞丐也会不屑于要的。一万钟的俸禄，有些人不问是否合乎礼义就接受了。万钟的俸禄对我有什么好处呢？是为了住宅的华美、妻妾的侍奉和所认识的穷人感激我吗？本当宁死也不接受的，现在却为了住宅的华美而接受了；本当宁死也不接受的，现在却为了妻妾的侍奉而接受了；本当宁死也不接受的，现在却为了让所认识的穷人感激我而接受了，这样的行径不也应该停止了吗？这就叫丧失了人的本性。”

十一

孟子曰：“仁，人心也；义，人路也。舍其路而弗由，放其心而不知求，哀哉！人有鸡犬放，则知求之；有放心而不知求。学问之道无他，求其放心而已矣。”

译文

孟子说：“仁，就是人心；义，就是人要走的路。舍弃了应该走的路不走，丧失了善心而不去寻找，真是可悲啊！人们的鸡和狗丢失了，还知道去找寻；善心丢失了却不知道去找寻。学问之道没有别的，就是要去把丧失的善心找寻回来而已。”

十二

孟子曰：“今有无名之指屈而不信[①]，非疾痛害事也，如有能信之者，则不远秦楚之路，为指之不若人也。指不若人，则知恶之；心不若人，则不知恶，此之谓不知类[②]也。”

注释

①信：通“伸”，伸展。

②类：指轻重、主次。

译文

孟子说：“假如有个人的无名指只能弯曲而不能伸直，这虽然不疼也不碍事，但是如果有人能够使他的手指伸直，即使到秦国楚国去他也不嫌路远，因为自己的指头不如别人的。手指不如别人的，还知道厌恶；心不如别人，却不知道厌恶，这就叫作不懂得轻重。”

十三

孟子曰：“拱把[1]之桐梓[2]，人苟欲生之，皆知所以养之者。至于身[3]，而不知所以养之者，岂爱身不若桐梓哉？弗思甚也。”

注释

①拱把：形容树小。拱，合两手。把，用一只手握住。

②桐梓：桐树和梓树。

③身：自己，自身。

译文

孟子说："一两把粗的桐树和梓树，人假如想让其生长起来，都知道怎么样去培养。至于自己，却不知道怎样去培养，难道爱自己还不如爱桐树梓树吗？这是因为太不懂得思考了。"

十四

孟子曰："人之于身也，兼所爱。兼所爱，则兼所养也。无尺寸之肤不爱焉，则无尺寸之肤不养也。所以考其善不善者，岂有他哉？于己取之而已矣。体有贵贱，有小大[①]。无以小害大，无以贱害贵。养其小者为小人，养其大者为大人。今有场师[②]，舍其梧槚[③]，养其樲棘[④]，则为贱场师焉。养其一指而失其肩背，而不知也，则为狼疾[⑤]人也。饮食之人，则人贱之矣，为其养小以失大也。饮食之人无有失也，则口腹岂适为尺寸之肤哉？"

注释

①小大：对应上文的"贱""贵"，朱熹认为，贱和小，是指人的口腹；贵和大，是指人的心志。

②场师：相当于今天的园艺师。

③梧槚 jiǎ：梧桐与山楸。两者皆良木，故以并称，比喻良材。

④樲èr棘：果木名，即酸枣。

⑤狼疾：即“狼藉”。

译文

孟子说：“人对于自己的身体，哪儿都爱护。哪儿都爱护，便哪儿都保养。没有一尺一寸的肌肤不爱护，那么就没有一尺一寸的肌肤不保养。想要考察他保养得好还是不好，难道还有别的方法吗？只要看他所保养的是身体的哪一部分就行了。身体有重要的部分，也有次要的部分；有小的部分，也有大的部分。不因为小的部分而伤害到大的部分，不因为贱的部分而伤害到贵的部分。保养小的部分的是小人，保养大的部分的为君子。假如有一个园艺师，舍弃桐树、梓树不去培养，而去培养酸枣树，那么他就是一个卑贱的园艺师。保养他的一个手指头而伤害到了自己的肩背，自己却还不知道，这就是十分糊涂的人。只知道吃喝的人，那么别人就会轻视他，因为他保养自己小的部分而丧失了自己大的部分。如果讲究吃喝的人没有丧失自己的善心，那么他吃喝的目的难道是为了保养自己一尺一寸的肌肤吗？”

十五

公都子问曰：“钧[①]是人也，或为大人，或为小人，何也？”

孟子曰："从其大体为大人，从其小体为小人。"

曰："钧是人也，或从其大体，或从其小体，何也？"

曰："耳目之官不思，而蔽于物。物交物，则引之而已矣。心之官则思，思则得之，不思则不得也。此天之所与我者。先立乎其大者，则其小者不能夺也。此为大人而已矣。"

注释

①钧：同"均"，同样。

译文

公都子问孟子说："同样都是人，有些人是君子，有些人是小人，为什么呢？"

孟子回答说："依从自己身体重要部分的是君子，依从身体次要部分的是小人。"

公都子又问："同样是人，有些人依从身体的重要部分，有些人依从身体的次要部分，为什么呢？"

孟子说："耳朵眼睛这样的器官是不会思考的，因此会被外物蒙蔽。当它们与外物接触的时候，就会被引向邪道。而心这个器官却是会思考的，思考就能够得到，不思考就不能得到。这是上天赋予人们的特性。能够先把心这样的重要器官树立起来，那么次要的器官就不会被外物引诱。这样便可以称为君子了。"

十六

孟子曰："有天爵者，有人爵者。仁义忠信，乐善不倦，此天爵也；公卿大夫，此人爵也。古之人修其天爵，而人爵从之。今之人修其天爵，以要人爵；既得人爵，而弃其天爵，则惑之甚者也，终亦必亡而已矣。"

译文

孟子说："孟子说："有天爵，有人爵。仁义忠信，好善不倦，这就是天爵；公卿大夫，这些是人爵。古代的人修养他的天爵，而人爵就随之而来了。现在的人修养天爵，是用它来获取人爵；一旦得到人爵，就丢弃了他的天爵，那实在是太糊涂了，最终他们的人爵也一定会丧失的。"

十七

孟子曰："欲贵者，人之同心也。人人有贵于己者，弗思耳矣。人之所贵者，非良贵也。赵孟[①]之所贵，赵孟能贱之。《诗》云：'既醉以酒，既饱以德。'[②]言饱乎仁义也，所以不愿[③]人之膏粱[④]之味也；令[⑤]闻广誉施于身，所以不愿人之文绣[⑥]也。"

注释

①赵孟：晋国正卿赵盾字孟，因此后人称其赵孟。

②《诗》云句：语出《诗经·大雅·既醉》。

③愿：慕，羡慕。

④膏粱：膏指肥肉。粱指细而白的小米。膏粱都是古代有钱有势者才能吃得到的。

⑤令：好，美好。

⑥文绣：有锦绣的衣服，古代有爵位之人所穿。

译文

孟子说："想要富贵，这是人们的共同心理。每个人都有自己可尊贵的东西，只是没去思考罢了。别人给予自己的富贵，不是真正的富贵。赵孟所尊贵的东西，赵孟也可以使其低贱。《诗经》上说：'酒已经喝醉了，德行也已经饱了。'这是说仁义满足了，所以就不羡慕别人的美味佳肴了；好的名声、广泛的赞誉落在自己身上了，所以就不羡慕别人的锦绣衣裳了。"

十八

孟子曰："仁之胜不仁也，犹水胜火。今之为仁者，犹以一杯水救一车薪之火也；不熄，则谓之水不胜火，此又与于不仁之甚者也，亦终必亡而已矣。"

译文

孟子说："仁胜过不仁就像水可以灭火一样。现在行仁之人，就像用一杯水去救一车燃烧的柴火；不能扑灭柴火，就说水不能战胜火，这些人就跟不仁之人非常相似了，结果连他们本来的那点仁也都会消失。"

十九

孟子曰："五谷者，种之美者也；苟为不熟，不如荑稗[①]。夫仁，亦在乎熟之而已矣。"

注释

①荑稗 tí bài：荑、稗为二草名，似禾，果实比谷小，亦可食。荑，通"稊"。

译文

孟子说："五谷是庄稼中的好品种；但如果不成熟的话，还不如荑稗。仁，也在于使它成熟罢了。"

二十

孟子曰："羿之教人射，必志于彀[①]；学者亦必志于彀。大匠诲人必以规矩，学者亦必以规矩。"

注释

①彀 gòu：使劲拉弓。

译文

孟子说："后羿教人射箭，一定让他们拉满弓；学习之人也一定要要求自己使劲拉弓。技艺高超的工匠教导人，一定要遵循规矩，学习之人也要遵循规矩。"

卷十二　告子下

题解

本篇记载了孟子的许多重要言论。首先孟子强调了礼的重要性、不可替代性；其次又阐述了自己“人皆可以为尧舜”的观点，这与其性善论是一脉相承的；对于“义利之辨”，孟子同样非常强调仁义之重要。第十五章“生于忧患、死于安乐”更是为人们所熟知的名篇，对于我们理解孟子思想意义重大。

一

任人[①]有问屋庐子[②]曰：“礼与食孰重？”

曰：“礼重。”

“色与礼孰重？”

曰：“礼重。”

曰：“以礼食，则饥而死；不以礼食，则得食，必以礼乎？亲迎，则不得妻；不亲迎，则得妻，必亲迎乎？”

屋庐子不能对，明日之邹以告孟子。

孟子曰：“於！答是也，何有？不揣[③]其本，而齐其末，方寸之木可使高于岑楼[④]。金重于羽者，岂谓一钩金[⑤]与一舆羽之谓哉？取食之重者与礼之轻者而比之，奚翅[⑥]食重？取色之重者与礼之轻者而比之，奚翅色重？往应之曰：'纱[7]兄之臂而夺之食，则得食；不纱，则不得食，则将纱之乎？窬东家墙而搂[8]其处子[9]，则得妻；不搂，则不得妻，则将搂之乎？'"

注释

①任人：任国之人。任，国名，风姓，太昊之后，其地大致在今山东。

②屋庐子：姓屋庐，名连，孟子弟子。

③揣：测量高度。

④岑楼：高而尖的楼。岑，高而锐。

⑤钩金：和腰带的带钩差不多重的金子。

⑥翅：即"啻"，只，但。

⑦纱 zhěn：扭，扭转。

⑧搂：持，抱持。

⑨处子：女子，处女。

译文

有个任国的人问屋庐子说："礼仪和食物哪个更重要？"

屋庐子说："礼仪更重要。"

"娶妻与礼仪哪个更重要？"

屋庐子说："礼仪更重要。"

任国的人又说："如果按照礼仪去寻找食物，就会饥饿而死；不按照礼仪寻找食物，就能够找到吃的，那么还一定要按照礼仪去寻找吗？如果按照亲迎的礼仪就娶不到妻子；不按照亲迎之礼，就能够娶妻，那么还一定要遵循亲迎之礼吗？”

屋庐子没法回答，第二天就到邹国将这些话告诉孟子。

孟子说：“哎呀！回答这样的话有什么难的呢？如果不测量基础的高低，而只去比较事物的末端，那么方寸之木也可以比高而尖的楼阁还要高。金子比羽毛要重，这难道是说带钩大小的金子比一大车羽毛重吗？拿食物的重要方面同礼节的细小方面相比，何止是吃饭重要？拿娶妻的重要方面同礼节的细小方面相比，何止是娶妻重要？你这样去回答他：‘扭住哥哥的胳膊夺他的食物，就能得到饭吃；不扭夺就得不到饭吃，那么就该扭夺吗？翻过东边人家的墙头，搂抱那家的闺女，就能娶到妻子；不去搂抱，就娶不到妻子，那么就该去搂抱吗？’”

二

曹交[①]问曰：“人皆可以为尧舜，有诸？”

孟子曰：“然。”

“交闻文王十尺，汤九尺，今交九尺四寸以长，食粟而已，如何则可？”

曰：“奚有于是？亦为之而已矣。有人于此，力不能胜一匹雏[②]，则为无力人矣；今曰举百钧，则为有力人矣。然则举乌获[3]之任，是亦为乌获而已矣。夫人岂以不胜为患哉？弗为耳。徐行[4]后长者谓之弟，疾行[5]先长者谓之不弟。夫徐行者，岂人所不能哉？所不为也。尧舜之道，孝弟而已矣。子服尧之服，诵尧之言，行尧之行，是尧而已矣。子服桀之服，诵桀之言，行桀之行，是桀而已矣。”

曰：“交得见于邹君，可以假馆，愿留而受业于门。”

曰：“夫道若大路然，岂难知哉？人病[6]不求耳。子归而求之，有余师。”

注释

①曹交：人名，事迹不详。

②一匹雏：指一双小鸡。

③乌获：人名，古之大力士。

④徐行：慢慢走。

⑤疾行：快走。

⑥病：怕，担忧。

译文

曹交问孟子：“人人都可以做尧舜，有这话吗？”

孟子说：“有的。”

曹交说：“我听说文王身高一丈，商汤身高九尺，现在我有九尺四寸高，却只能吃饭罢了，怎样做才能成为尧舜呢？”

孟子说："这有什么难的呢？只要去做就可以了。假如有个人，他的力气连两只鸡都提不起来，那他就是没有力气的人；假如能够举起百钧的重量，那就是极有力气的人了。如果能够举起乌获举起的重量，那也就是乌获了。人难道以自己不能胜任而担忧吗？只是不去做罢了。慢慢走路跟在长者的后面，这就是悌；走得很快，抢在长者的前面，这就是不悌。慢慢走路，难道不是每个人都能做到的吗？只是不去做罢了。尧舜之道，就是孝悌罢了。你穿尧的衣服，说尧说的话，做尧做的事，你就是尧了。你穿桀的衣服，说桀说的话，做桀做的事，你就是桀了。"

曹交说："我可以去谒见邹君，找一个借住的地方，希望留在您门下受业学习。"

孟子说："道就像是大路一样，难道难以知晓吗？怕的是人们不去寻找罢了。你回去自己寻找吧，老师多的是呢。"

三

公孙丑问曰："高子[①]曰：'《小弁》[②]，小人诗也。'"

孟子曰："何以言之？"

曰："怨。"

曰："固哉，高叟之为诗也！有人于此，越人关弓[③]而射之，则己谈笑而道之；无他，疏之也。其兄关弓而射之，则己垂涕泣而道之；无他，戚之也。《小弁》之怨，亲亲也。亲亲，仁也。固矣夫，高叟之为诗也！”

曰：“《凯风》[4]何以不怨？”

曰：“《凯风》，亲之过小者也；《小弁》，亲之过大者也。亲之过大而不怨，是愈疏也；亲之过小而怨，是不可矶[5]也。愈疏，不孝也；不可矶，亦不孝也。孔子曰：‘舜其至孝矣，五十而慕[6]。’”

注释

①高子：人名，事迹不详。

②《小弁》：《诗经·小雅》中的一篇。旧说是指责周幽王的诗，传说是宜臼的老师所作。

③关弓：使劲拉满弓。关，通“弯”。

④《凯风》：《诗经·邶风》中的一篇。旧说以为赞美孝子之诗，诗中充满自责而少怨。

⑤矶：同“激”，激怒，触犯。

⑥慕：依恋，思念。

译文

公孙丑问孟子：“高子说：‘《小弁》这首诗是小人所作的。’”

孟子说：“为什么这么说呢？”

“因为诗里满含怨恨之情。”

孟子说：“高老先生对诗的理解真是太呆板了。

假如有个人在这里，越国人拉开弓去射他，他还可以有说有笑地讲述这件事。没有别的原因，就是因为他跟越国人的关系疏远。如果是他的哥哥拉开弓去射他，那他就会哭泣着讲述这件事。没有别的原因，因为哥哥是他的亲人。《小弁》这首诗里的怨恨，实际是亲爱自己的亲人。亲爱自己的亲人，这就是仁。高老先生对诗的理解真是太呆板了！”

公孙丑又问：“《凯风》这首诗为什么没有怨恨呢？”

孟子说：“因为《凯风》这首诗里面母亲的过错很小；而《小弁》诗里面父亲的过错却比较大。亲人有了大的过错而不怨恨，这是更加疏远父母的表现；亲人的过错很小而怨恨，这是不能被刺激的表现。对亲人日益疏远，这是不孝；自己不能受到刺激，这也是不孝。孔子说：‘舜真是个大孝子啊，五十岁了还思恋自己的父母。’”

四

宋牼[①]将之楚，孟子遇于石丘[②]，曰：“先生将何之？”

曰：“吾闻秦楚构兵[③]，我将见楚王说而罢之。楚王不悦，我将见秦王说而罢之。二王我将有所遇焉。”

曰：“轲也请无问其详，愿闻其指，说之将何如？”

曰：“我将言其不利也。”

曰："先生之志则大矣，先生之号④则不可。先生以利说秦楚之王，秦楚之王悦于利，以罢三军之师，是三军之士乐罢而悦于利也。为人臣者怀利以事其君，为人子者怀利以事其父，为人弟者怀利以事其兄，是君臣、父子、兄弟终⑤去仁义，怀利以相接，然而不亡者，未之有也。先生以仁义说秦楚之王，秦楚之王悦于仁义，而罢三军之师，是三军之士乐罢而悦于仁义也。为人臣者怀仁义以事其君，为人子者怀仁义以事其父，为人弟者怀仁义以事其兄，是君臣、父子、兄弟去利，怀仁义以相接也，然而不王者，未之有也。何必曰利？"

注释

①宋轻 kēng：人名，宋国人，也叫宋钘、宋荣，战国时著名学者。

②石丘：地名，在当时宋国境内，今在河南。

③构兵：交兵，交战。

④号：说法，想法。

⑤终：尽，全。

译文

宋轻要到楚国去，孟子在石丘这个地方碰到了他，说："先生这是到哪里去？"

宋轻说："我听说秦楚两国交战，我将要去谒见楚王，说服他罢兵。如果楚王不听的话，我将去谒见秦王，说服他罢兵。两位君王中，我总会遇到能说得通的吧。”

孟子说：“我不想问得太过详细，只想知道你的大意。你将要怎样去说服呢？

宋牼说：“我将向他们陈言交战之不利。”

孟子说：“您的志向还是很好的，但是您的说法却不可取。您用利益来说服秦王、楚王，秦王、楚王因为利益而感到高兴，于是停止交战，这样就使得三军将士因为利益而乐于罢兵。作为臣子却用利益来服侍其君，作为儿子却用利益来服侍其父，作为弟弟却用利益来说服其兄，这样君臣、父子、兄弟之间就会完全失掉仁义，心怀利益之心来相互交往，这样国家还不灭亡的，从未有过。您用仁义来说服秦王、楚王，秦王、楚王因为仁义而感动，于是停止交战，这样就使得三军将士因为仁义而乐于罢兵。作为臣子心怀仁义去服侍其君，作为儿子心怀仁义去服侍其父，作为弟弟心怀仁义去服侍其兄，这样君臣、父子、兄弟之间去掉利益，心怀仁义来相互交往，这样还不能称王于天下的，从未有过。为什么一定要谈‘利益’呢？”

五

孟子居邹，季任[1]为任处守，以弊交，受之而不报。处于平陆[2]，储子为相，以弊交，受之而不报。他日，由邹之任，见季子；由平陆之齐，不见储子。屋庐子喜曰："连得间矣。"问曰："夫子之任，见季子；之齐，不见储子，为其为相与？"

曰："非也；《书》曰：'享多仪，仪不及物曰不享，惟不役志于享。'[3]为其不成享也。"

屋庐子悦。或问之，屋庐子曰："季子不得之邹，储子得之平陆。"

注释

①季任：人名，当时任国国君之弟。

②平陆：地名，即今山东汶上。

③"《书》曰"句：语出《尚书·洛诰》。

译文

孟子居住在邹国，季任在任国代理国政，送礼物来想结交孟子，孟子收了礼物却不回谢。孟子居住在平陆的时候，储子当了齐国相，也送礼物来想结交孟子，孟子收了礼也不回谢。后来，孟子从邹国到了任国，拜访了季子；从平陆到了齐国，却不去拜访储子。屋庐子高兴地说："我找着老师的差错了。"于是问孟子："老师到了任国，拜访了季子；到了齐国，却不拜访储子，是因为储子只是国相吗？"

孟子说："不是。《尚书》里说：'享献之礼重要的是礼仪，如果礼仪、礼节达不到享献的要求，就叫没有进献，因为心志没有用在享献上。'这是它不成为享献的缘故。"

屋庐子听了很高兴。有人问他这件事，屋庐子说："季子代理国政，没法亲自到邹国去，而储子作为国相是可以亲自到平陆去的。"

六

淳于髡曰："先名实[①]者，为人也；后名实者，自为也。夫子在三卿[②]之中，名实未加于上下而去之，仁者固如此乎？"

孟子曰："居下位，不以贤事不肖者，伯夷也；五就汤，五就桀者，伊尹也；不恶污君，不辞小官者，柳下惠也。三子者不同道，其趋一也。一者何也？曰，仁也。君子亦仁而已矣，何必同？"

曰："鲁缪公之时，公仪子[③]为政，子柳[④]子思为臣，鲁之削[⑤]也滋甚；若是乎，贤者之无益于国也！"

曰："虞不用百里奚而亡，秦穆公用之而霸。不用贤则亡，削何可得与？"

曰："昔者王豹[⑥]处于淇[⑦]，而河西善讴；绵驹[⑧]处于高唐[⑨]，而齐右[⑩]善歌；华周杞梁之妻善哭其夫而变国俗[11]。有诸内，必形诸外。为其事而无其功者，髡未尝睹[12]之也。是故无贤者也；有则髡必识之。”

曰：“孔子为鲁司寇，不用，从而祭，燔肉[13]不至，不税[14]冕而行。不知者以为为肉也，其知者以为为无礼也。乃孔子则欲以微罪行，不欲为苟去。君子之所为，众人固不识也。”

注释

①名实：名，声誉，声闻。实，事功。

②三卿：古代三卿无确指，或指上卿、亚卿、下卿，或指相、将、客卿。孟子曾为齐国之客卿。

③公仪子：即公仪休，曾任鲁国的相。

④子柳：即泄柳，曾任鲁缪公之卿。

⑤削：因失地而日益削弱。

⑥王豹：人名，卫国人，善于唱歌。

⑦淇：水名，在卫国。

⑧绵驹：人名，齐人，善歌。

⑨高唐：地名，在齐国。

⑩齐右：古者以西为右，高唐在齐之西部，故曰齐右。

⑪华周杞梁之妻善哭其夫而变国俗：华周、杞梁，齐国大夫，在齐国攻打莒国时战死，传说他们的妻子闻讯后，对着城墙痛哭，把城墙哭塌了。齐国人受到感染，以至善哭成风。

⑫睹：即“睹”。

⑬燔肉：祭祀时用的熟肉。古礼，天子和诸侯祭祀后，要将一部分祭肉赐给大夫。

⑭税 tuō：通“脱”。

译文

淳于髡说：“重视名声事功的，是为了天下之人；轻视名声事功的，是为了自己。您位列齐国的三卿之中，但就名声事功来说，上不能匡正君主，下不能拯救百姓，就这样离开，仁人本就是这样的吗？”

孟子说：“处在低下的地位，不以贤人的身份服侍不贤的君主，这是伯夷；五次到汤那里，又五次到桀那里，这是伊尹；不讨厌昏庸的君主，不拒绝微小的官职，这是柳下惠。三个人做法不同，但方向是一致的。一致的是什么？就是仁。君子只要仁就行了，何必要处处求同？”

淳于髡说：“鲁缪公的时候，公仪子掌管政事，子柳、子思也在朝为臣，然而鲁国却削弱得更加严重，贤人就像这样无益于国家！”

孟子说：“虞国因为不用百里奚而亡国，秦穆公用了他而称霸，可见不用贤人就会导致亡国，到那时，想割地求存还能办得到吗？”

淳于髡说：“从前王豹居住在淇水边，河西的人因此而善于唱歌；绵驹居住在高唐，齐国西部的人因此而善于唱歌；华周、杞梁的妻子，为丈夫的死而哭得异常伤心，因而改变了一国的风气。内心有什么，必然会显露在外面。做了一件事而不见那件事的功效，我是没有见过这种情况。所以现在是没有贤人，要有，我一定会知道的。”

孟子说：“孔子担任鲁国的司寇，不受信任，参加祭祀，之后祭肉却没有送来，于是便像来不及脱掉帽子似的匆匆走了。不了解孔子的，以为他是为了那点祭肉而离开的，了解孔子的，会认为他是因为鲁国的失礼而离开的。至于孔子，却正是想担点儿小罪名而离开，不想无缘无故地随便离去。君子所做的事，一般人本来就不能了解。”

七

孟子曰：“五霸[①]者，三王[②]之罪人也；今之诸侯，五霸之罪人也；今之大夫，今之诸侯之罪人也。天子适诸侯曰巡狩，诸侯朝于天子曰述职。春省耕而补不足，秋省敛而助不给。入其疆，土地辟，田野治，养老尊贤，俊杰在位，则有庆[③]；庆以地。入其疆，土地荒芜，遗老失贤，掊克[④]在位，则有让[⑤]。一不朝，则贬其爵；再不朝，则削其地；三不朝，则六师移之[⑥]。是故天子讨而不伐，诸侯伐而不讨。五霸者，搂[⑦]诸侯以伐诸侯者也。故曰，五霸者，三王之罪人也。五霸，桓公为盛。葵丘之会[⑧]，诸侯束牲[⑨]载书而不歃血[⑩]。初命曰：‘诛不孝，无易树子，无以妾为妻。’

再命曰：‘尊贤育才，以彰有德。’三命曰：‘敬老慈幼，无忘宾旅。’四命曰：‘士无世官，官事无摄，取士必得[11]，无专杀大夫。’五命曰：‘无曲防[12]，无遏籴[13]，无有封而不告。’曰：‘凡我同盟之人，既盟之后，言归于好。’今之诸侯皆犯此五禁。故曰，今之诸侯，五霸之罪人也。长[14]君之恶其罪小，逢[15]君之恶其罪大。今之大夫皆逢君之恶。故曰，今之大夫，今之诸侯之罪人也。”

注释

①五霸：即春秋五霸，五霸说法不一，一般是指齐桓公、晋文公、秦穆公、楚庄王、吴王阖闾。

②三王：三代明王，主要指夏禹、商汤、周文王、周武王。

③庆：赏。

④掊克：聚敛，搜刮。

⑤让：责让，责罚。

⑥六师移之：指天子出动军队征讨。

⑦搂：挟持。

⑧葵丘之会：葵丘，地名，在今河南兰考县东。桓公曾在此举行会盟，成就霸业。

⑨束牲：古代会盟多用牺牲，或杀或不杀。桓公葵丘之盟“陈牲而不杀”，所以说“束牲”，指束缚牺牲而陈之。

⑩歃血：古代举行盟会时，杀牲取血，或含于口中，或涂于口旁，以示信守誓言。

⑪得：指得人、得贤之意。

⑫曲防：到处建筑堤防。曲，遍，到处。

⑬籴dí：买进粮食。

⑭长：助长。

⑮逢：逢迎，迎合。

译文

孟子说："相对于三王来说，五霸是有罪之人；现在的诸侯相对于五霸来说也是有罪之人；现在的大夫相对于诸侯来说也是有罪之人。天子到诸侯那里去叫做巡狩，诸侯朝见天子叫做述职。天子巡狩在春天要视察耕种情况，补助不足的庄户；秋天视察收获情况，救济缺粮的庄户。进入某个诸侯国，土地都得到开垦，田野得到整治，老人得到赡养，贤人得到尊敬，有才能之人在朝廷为官，那就有奖赏，以土地为奖赏。进入某个诸侯国，如果土地荒芜，遗弃老人，排斥贤人，贪官污吏当政，那就给予责罚。诸侯一次不朝见天子，就降低他的爵位；两次不朝见，就削减他的封地；三次不朝见，就派军队去征讨。所以，天子出动武力是征讨，而不是征伐；诸侯则是征伐，而不是征讨。五霸却挟持诸侯去讨伐别的诸侯，所以说五霸是三王的罪人。五霸中，齐桓公最强。在葵丘之会上，诸侯们捆缚了牺牲，把盟书放在它们身上，并不歃血为盟。盟书第一条说：‘惩罚不孝的人，不得擅自废立太子，不得把妾立为正妻。’第二条说：‘尊重贤人，培育人才，用来表彰有德之人。’第三条说：‘要敬老爱幼，不要忘了来宾和旅客。’第四条说：‘士人不能世代做官，官员不能兼任，选用士人一定要得当，不得擅自杀戮大夫。’第五条说：‘不得到处修筑堤防，不得阻止邻国来买粮食，不能私自封赏而不报告盟主。’盟书最后说：‘凡是我们同盟之人，盟会之后都恢复彼此友好。’现在的诸侯都违背了这五条誓约，所以说，现在的诸侯是五霸的罪人。助长了君王的过错，这个罪行还是小的；逢迎君王的过错，这个罪行就大了。现在的大夫都逢迎君王的过错，所以说，现在的大夫是诸侯的罪人。”

八

鲁欲使慎子[1]为将军。孟子曰：“不教民而用之，谓之殃民。殃民者，不容于尧舜之世。一战胜齐，遂有南阳[2]，然且不可——[3]”

慎子勃然不悦，曰：“此则滑釐所不识也。”

曰：“吾明告子。天子之地方千里，不千里，不足以待诸侯。诸侯之地方百里，不百里，不足以守宗庙之典籍。周公之封于鲁，为方百里也；地非不足，而俭[4]于百里。太公之封于齐也，亦为方百里也；地非不足也，而俭于百里。今鲁方百里者五，子以为有王者作，则鲁在所损乎，在所益乎？徒取诸彼以与此，然且仁者不为，况于杀人以求之乎？君子之事君也，务引其君以当道，志于仁而已。”

注释

①慎子：名滑釐xī，善于用兵。

②南阳：地名，在泰山西南面，本属于鲁，后被齐侵夺。

③然且不可——：此句未完，因为慎子听到孟子的话后勃然不悦，故不待孟子说完。而且“然且”后皆跟主从复合句，而此处下文无主句，故在译文中补足。

④俭：约，少。

译文

鲁国想让慎子做将军。孟子说：“不先教导百姓就用他们打仗，这叫陷害百姓。陷害百姓的人，在尧、舜时代是不被容许的。即使只一仗就打赢了齐国，收回了南阳，这样也还是不行。”

慎子顿时不高兴地说：“这真是我所不明白的了。”

孟子说：“我来明白地告诉你。天子的土地千里见方；不到千里见方，就不够条件接待诸侯。诸侯的土地百里见方；不足百里见方，就不够条件奉守宗庙里的典籍。周公分封在鲁地，是百里见方的一块；土地不是不够，但实际上少于百里。太公分封在齐地，也是百里见方的一块；土地并非不够，但实际也少于百里。现在鲁国的土地有方圆五百里那么大，你认为，如果有圣王出现，那么鲁国的土地是该减少还是该增加呢？不费力就把别处的土地取来并入这里，这样的事仁人尚且不干，何况用杀人来求取土地呢？君子服侍君主，只该专心一意地引导君主走正道，立志于仁上罢了。”

九

孟子曰：“今之事君者皆曰：‘我能为君辟土地，充府库。’今之所谓良臣，古之所谓民贼也。君不乡[①]道，不志于仁，而求富之，是富桀也。‘我能为君约[②]与国，战必克[③]。’今之所谓良臣，古之所谓民贼也。君不乡道，不志于仁，而求为之强战，是辅桀也。由今之道，无变今之俗，虽与之天下，不能一朝居也。”

注释

①乡：同“向”。

②约：邀约，结交。

③克：胜。

译文

孟子说：“现在那些侍奉君主的人都说：‘我能为

君主开辟土地，充实府库。’现在所说的良臣，正是古代所说的残害百姓的人。君主不向往道德，不立志于仁，做臣子的却谋求让他富足，这好比是让夏桀富足。又说：‘我能替君主邀结同盟，每战必胜。’现在所说的良臣，正是古代所说的残害百姓的人。君主不向往道德，不立志于仁，做臣子的却为他拼命打仗，这好比是帮夏桀打仗。沿着现在这条路走下去，不改变现在这种风气，即使把天下给了他，也是一天都坐不安稳的。”

十

白圭[①]曰：“吾欲二十而取一，何如？”

孟子曰：“子之道，貉[②]道也。万室之国，一人陶[③]，则可乎？”

曰：“不可，器不足用也。”

曰：“夫貉，五谷不生，惟黍生之；无城郭、宫室、宗庙、祭祀之礼，无诸侯币帛饔飧，无百官有司，故二十取一而足也。今居中国，去人伦，无君子，如之何其可也？陶以寡，且不可以为国，况无君子乎？欲轻之于尧舜之道者，大貉小貉也；欲重之于尧舜之道者，大桀小桀也。”

注释

①白圭：姓白，名丹，字圭，曾任魏相。

②貉：同“貊”mò，北方的一个小国。

③陶：动词，做陶器。

译文

白圭说：“我想施行二十抽一的税率，怎么样？”

孟子说：“你的做法是貉国的做法。有一万户的国家，只有一个人制作陶器，那可以吗？”

白圭说：“不行，陶器会不够用的。”

孟子说：“那个貉国，五谷不能生长，只有黍子能生长，没有城墙、宫室、宗庙和祭祀的礼仪，没有诸侯之间的相互往来，没有各种官府、官吏，所以二十抽一也就够了。而现在你居住在中国，想要抛弃人伦，废掉官吏，怎么能行呢？制作陶器的人少了，尚且不能治国，何况没有官吏呢？想使税率比尧、舜的标准还低的，是大貉、小貉那样的国家；想使税率比尧、舜的标准还高的，是大桀、小桀那样的暴君。”

十一

白圭曰：“丹之治水也愈[①]于禹。”

孟子曰：“子过矣。禹之治水，水之道也，是故禹以四海为壑。今吾子以邻国为壑。水逆行谓之泽水。泽水者，洪水也——仁人之所恶也。吾子过矣。”

注释

①愈：超过，胜过。

译文

白圭说："我治水的能力超过了大禹。"

孟子说："你错了。大禹治水，是顺应水的本性，所以大禹使水向四海泄流。现在你却使得水流向邻国。倒流泛滥的水叫洚水。洚水就是洪水——是仁人最讨厌的。你错了！"

十二

孟子曰："君子不亮①，恶乎执②？"

注释

①亮：同"谅"，信，诚信。

②执：执守，坚持操守。

译文

孟子说："君子不守诚信，怎么能坚持操守呢？"

十三

鲁欲使乐正子①为政。孟子曰："吾闻之，喜而不寐。"

公孙丑曰："乐正子强乎？"

曰："否。"

"有知虑乎？"

曰："否"。

"多闻识乎？"

曰："否。"

"然则奚为喜而不寐？"

曰："其为人也好善[2]。"

"好善足乎？"

曰："好善优于天下[3]，而况鲁国乎？夫苟好善，则四海之内皆将轻千里而来告之以善；夫苟不好善，则人将曰：'訑訑[4]，予既已知之矣。'訑訑之声音颜色距[5]人于千里之外。士止于千里之外，则谗谄面谀之人[6]至矣。与谗谄面谀之人居，国欲治，可得乎？"

注释

①乐正子：人名，即乐正克，鲁国人，孟子学生。

②好善：嘉纳雅言，能够听取别人的意见。

③优于天下：即"优于治天下"，意思是能够轻而易举地治理好天下。

④訑訑yí：傲慢自满的样子。

⑤距：同"拒"。

⑥谗谄面谀之人：指谄媚逢迎之人。

译文

鲁国想让乐正子管理国事。孟子说："我听了这消息，高兴得睡不着。"

公孙丑问道："乐正子刚强吗？"

答道："不。"

"有智识吗？"

答道："不。"

"见多识广吗？"

答道："不。"

"既然这样，您为什么高兴得睡不着呢？"

答道："他这个人善于听取别人的善言。"

"爱听善言就够了吗？"

答道："爱听善言，治理天下还绰绰有余，更何况治理鲁国呢？如果爱听善言，那么天下的人都愿意不远千里地赶来把好意见告诉给他；如果不爱听好意见，那么人们就会模仿他说：'唔唔，我早就知道了。'那种腔调脸色早把别人拒绝在千里之外了。士人在千里之外止步不来，那么喜欢谄媚逢迎的人就会来了。同这些人交往，想治理好国家，可能吗？"

十四

陈子[①]曰："古之君子何如则仕？"

孟子曰："所就三，所去三。迎之致敬以有礼；言，将行其言也，则就之。礼貌未衰，言弗行之，则去之。其次，虽未行其言也，迎之致敬以有礼，则就之。礼貌衰，则去之。其下，朝不食，夕不食，饥饿不能出门户，君闻之，曰：‘吾大者不能行其道，又不能从其言也，使饥饿于我土地，吾耻之。’周②之，亦可受也，免死而已矣。”

注释

①陈子：即陈臻，孟子弟子。

②周：周济。

译文

陈子问道：“古代的君子怎样才肯出仕？”

孟子说：“出仕有三种情况，辞官也有三种情况。恭敬礼貌地迎接他，又按他所说的言论去实行，那就去做官。礼貌没有衰减，却不再按他说的去做了，那就辞去官职。其次，虽然没有按他说的去做，但也恭敬礼貌地去迎接，那就去做官。如果礼貌也衰减了，那就辞去官职。最差的是，早上没饭吃，晚上也没饭吃，饿得出不了门；君主知道后说：‘我不能实行他的主张，又不能听从他的言论，致使他在我的国土上饱受饥饿，我感到耻辱。’于是周济他。这也是可以接受的，只是为了免于饿死罢了。”

十五

孟子曰："舜发于畎亩之中，傅说举于版筑之间[①]，胶鬲举于鱼盐之中[②]，管夷吾[③]举于士，孙叔敖[④]举于海，百里奚举于市。故天将降大任于是人也，必先苦其心志，劳其筋骨，饿其体肤，空乏其身，行拂乱其所为，所以动心忍性[⑤]，曾[⑥]益其所不能。人恒过，然后能改；困于心，衡于虑[⑦]，而后作；征[⑧]于色，发于声，而后喻[⑨]。入则无法家拂[⑩]士，出则无敌国外患者，国恒亡。然后知生于忧患而死于安乐也。"

注释

①傅说 yuè 举于版筑之间：傅说，商代贤人，因罪服刑，在傅险筑墙；后被商王武丁提拔为相。版筑，古代筑墙的方法，用两版相夹，填入泥土，用杵捣实，拆版后即成土墙。

②胶鬲举于鱼盐之中：胶鬲，商纣王之臣，其事不详。或尝从事鱼盐劳动。

③管夷吾：即管仲。原是齐国公子纠的家臣，公子纠与公子小白争夺君位，失败后逃至鲁国而遭杀；管仲也被鲁人囚禁押回齐国。后由鲍叔牙推荐，被桓公提拔为相。

④孙叔敖：楚国隐士，后被楚庄王提拔为令尹（相当

于宰相）。

⑤忍性：使性情坚忍。

⑥曾：同“增”。

⑦衡于虑：思虑阻塞。衡，即“横”，横塞，阻塞。

⑧征：表征，表现。

⑨喻：了解，明白。

⑩拂 bì：同“弼”，辅弼。

译文

孟子说：“舜在田亩中兴起，傅说从筑墙的苦役中被提拔出来，胶鬲从鱼盐贩子中提拔出来，管夷吾从狱官手中释放提拔出来，孙叔敖从海边的隐居生活中提拔出来，百里奚从市场中提拔出来。所以上天要把重大的任务交给这个人，必定要先使他的心志受困，使他的筋骨受劳累，使他的肌体受饥饿，使他的身子受困乏，使他每做一事都不如意，以此来震动他的心灵，坚忍他的性情，增加他所缺少的才能。一个人常有过失，才能改正；心志遭困苦，思虑被阻塞，才能发愤有为；表露在脸色上，抒发在言语中，才能使人了解。国内没有执掌法度的大臣和辅佐君主的士人，国外没有足以抗衡的国家和外患的威胁，那么国家常常会灭亡。这样，就能明白忧患使人得以生存，安乐使人灭亡的道理了。”

十六

孟子曰："教亦多术矣，予不屑之教诲也者，是亦教诲之而已矣。"

译文

孟子说："教育是有多种方式的，我不屑去教诲他，这也算是教诲他的一种方式了。"

卷十三　尽心上

题解

此篇凡四十六章，是研究孟子思想十分重要的篇章。此首章孟子说道："尽其心者，知其性也。知其性，则知天矣。存其心，养其性，所以事天也"，这句话对后世影响极其深远，尤其是对宋明理学，这一尽心、知性、知天的系统，成为宋明理学的基本框架。孟子还说"万物皆备于我"，这是陆九渊"吾心即宇宙"思想的滥觞。总之，孟子思想是宋明理学的重要来源，而此篇更是研究孟子思想不可避开的一篇。

一

孟子曰："尽其心者，知其性也。知其性，则知天矣。存其心，养其性，所以事天也。夭寿①不贰②，修身以俟③之，所以立命也。"

注释

①夭寿：短命或者长寿。夭，夭折，早死。

②贰：动摇，疑惑。

③俟：待，等待。

译文

孟子说："能够充分发挥自己的本心的，就可以明白人的本性了。明白人的本性，就可以懂得天命了。保存自己的本心，修养自己的本性，这就是尊奉天命的方法。不管短命或者长寿都不动摇，修养身心以等待天命的降临，这就是安身立命的方法。"

二

孟子曰："莫非命也，顺受其正；是故知命者不立乎岩墙[①]之下。尽其道而死者，正命[②]也；桎梏[③]死者，非正命也。"

注释

①岩墙：有倒塌危险的高墙。

②正命：修行道义，得以寿中，即是正命。如自取死路，而非天命所为，则非正命。

③桎梏：刑具，用来拘押犯人，此处代指因刑罚而死。

译文

孟子说："没有什么不是命运，能够顺依天命，得到的就是正道；因此懂得天命的人不会站在有倒塌危险的高墙之下。尽自己最大的努力修行道义，死了，这是正命；因行为不端受刑罚而死，这不是正命。

三

孟子曰："求则得之，舍则失之；是求有益于得也，求在我者也。求之有道，得之有命，是求无益于得也，求在外者也。"

译文

孟子说："寻求就能得到，舍弃就会失掉；这样的寻求是有益于收获的，因为所求的东西在自己身上。用适当的办法去寻求，但是得到与否却要看天命如何，这种寻求是无益于收获的，因为自己寻求的东西存在于自己本身之外。"

四

孟子曰："万物皆备于我矣。反身而诚，乐莫大焉。强恕而行[①]，求仁莫近焉。"

注释

①强恕而行：勉励自己按照恕道而行。强，勉励，劝勉。恕，恕道，即推己及人之道。

译文

孟子说："一切在我身上都是具备的。反躬自省，自己能够真诚无为，那么没有比这更快乐的了。勉励自己按照推己及人的恕道来做事，寻求仁的方法没有比这更近的了。”

五

孟子曰：“行之而不著[1]焉，习矣而不察[2]焉，终身由之而不知其道者，众[3]也。”

注释

①著：知道，明了。

②察：明，明白。

③众：庶，普通人。

译文

孟子说：“如此去做了，却不知道究竟该怎么做；对此习以为常，却不明白究竟为什么如此。一辈子都这样做着，却不明白其中的道理，这就是普通人啊。”

六

孟子曰：“人不可以无耻。无耻之耻，无耻矣。”

译文

孟子说：“人不能没有羞耻。能够以无耻为羞耻，就可以使自己没有耻辱了。”

七

孟子曰："耻之于人大矣。为机变[1]之巧者，无所用耻焉。不耻不若人，何若人有？"

注释

①机变：巧诈，爱耍心机。

译文

孟子说："羞耻对人的作用太大了。爱行巧诈的人，是没有地方能用得着羞耻的。不以不如别人为羞耻，怎么能赶得上别人呢？"

八

孟子曰："古之贤王好善而忘势[1]；古之贤士何独不然？乐其道而忘人之势，故王公不致敬尽礼，则不得亟[2]见之。见且由[3]不得亟，而况得而臣之乎？"

注释

①势：权势，权力。

②亟：屡次，常常。

③由：通"犹"。

译文

孟子说："古代圣贤的君王都以善为乐而忘掉了自己的权势；古代的贤士难道不是这样的吗？以自己的道义为乐而忘掉了畏惧别人的权势，因此王公大人如果不能恭敬尽礼，那么贤人们是不会经常和他们相见的。常常相见尚且不能够，更何况要贤人们去做臣下呢？"

九

孟子谓宋勾践[①]曰："子好游[②]乎？吾语子游。人知之，亦嚣嚣[③]；人不知，亦嚣嚣。"

曰："何如斯可以嚣嚣矣？"

曰："尊德乐义，则可以嚣嚣矣。故士穷[④]不失义，达不离道。穷不失义，故士得己[⑤]焉；达不离道，故民不失望焉。古之人，得志，泽加于民；不得志，修身见于世。穷则独善其身，达则兼善天下。"

注释

①宋勾践：人名，姓宋，名勾践。

②游：游说。

③嚣嚣：自得无欲的样子。

④穷：困窘，困顿。

⑤得己：有所自得。

译文

孟子对宋勾践说："你喜欢游说诸侯吗？我跟你讲讲游说的方法。别人如果理解我，我自得其乐；别人如果不理解我，我也自得其乐。"

宋勾践说："怎样做才能做到自得其乐呢？"

孟子说："尊崇德，爱好义，这样就可以自得其乐了。因此士困顿的时候不失掉义，通达的时候不背离道。困顿的时候不失掉义，那么士就有所自得了；通达的时候不背离道，那么百姓也不会失望了。古代贤人，得志的话，就可以为百姓施加恩泽；不得志的话，也可以修身以名扬于世。困顿的时候就独善自身，通达的时候就兼善天下。"

十

孟子曰："待文王而后兴者，凡民也。若夫豪杰之士，虽无文王犹兴。"

译文

孟子说："等到文王兴起之后才能兴起的人，都是普通人。如果是真的豪杰之士，即使没有文王也照样可以兴起。"

十一

孟子曰："附[①]之以韩魏之家，如其自视欿[②]然，则过人远矣。"

注释

①附：加，益。

②欿 kǎn：视盈若虚，不自满。

译文

孟子说："如果把韩魏两国的财富都加到他身上，他还能视若平常，那这个人肯定不是一般人了。"

十二

孟子曰："以佚道[①]使民，虽劳不怨。以生道[②]杀民，虽死不怨杀者。"

注释

①佚道：安民之道。佚，安逸，安闲。

②生道：保民之道。

译文

孟子说："用安民之道来使唤百姓，那么百姓即使劳苦，也不会怨恨。用保民之道杀害百姓，那么百姓即使死了也不会怨恨杀他的人。”

十三

孟子曰：“霸者之民驩虞[①]如也，王者之民皞皞如[②]也。杀之而不怨，利之而不庸[③]，民日迁善而不知为之者。夫君子所过者化，所存者神[④]，上下与天地同流，岂曰小补之哉？”

注释

①驩虞：即“欢娱”。

②皞皞 hào 如：广大自得的样子。

③庸：功，功劳，此处的意思是酬谢、报答。

④所存者神：心中所存养的都是上神的旨意。

译文

孟子说：“霸主的百姓愉快欢乐，圣王的百姓心旷神怡。圣王的百姓被杀了而不怨恨谁，得了好处而不想着酬谢，一天天趋向于善，却不知道是谁使他们这样。圣人经过哪里，哪里就受感化；圣人心中所存养的都是上神的旨意，其功上与天齐，下与地同，难道说只是小小的补益吗？”

十四

孟子曰：“仁言不如仁声之入人深也，善政不如善教之得民也。善政，民畏之；善教，民爱之。善政得民财，善教得民心。”

译文

孟子说：“仁德的言辞不如仁德的声闻更深入人心，良好的政令不如良好的教育更能获得民心。良好的政治，百姓畏惧它；良好的教育，百姓喜爱它。良好的政治能聚敛到百姓的财富，良好的教育能赢得民心的拥护。”

十五

孟子曰：“人之所不学而能者，其良[①]能也；所不虑而知者，其良知也。孩提[②]之童无不知爱其亲者，及其长也，无不知敬其兄也。亲亲，仁也；敬长，义也。无他，达之天下也。”

注释

①良：天赋的。

②孩提：孩，婴儿笑。孩提的意思就是开始会笑但还需要人抱着的小孩。

译文

孟子说：“人能够不学就会的东西，叫作良能；人能够不通过思考就能够明白的，叫作良知。幼小的孩童没有不知道亲爱自己的父母的，等到长大的时候，没有不知道尊敬自己的兄长的，亲爱自己的父母，这就是仁；尊敬兄长，这就是义。没有别的原因，因为这两者是通行于天下的品德。”

十六

孟子曰：“舜之居深山之中，与木石居，与鹿豕游，其所以异于深山之野人者几希。及其闻一善言，见一善行，若决江河，沛然莫之能御也。”

译文

孟子说：“舜居住在深山之中，与树木和石头相依，与野鹿和野猪相游，他跟深山里的野人所不同的东西很少。但是等到听到一句善言，见到一件善行，他就像江河一样，那种力量和魄力是没有人能比得上的。”

十七

孟子曰：“无为其所不为，无欲其所不欲，如此而已矣。”

译文

孟子说：“不做自己不该做的事，不想自己不该想的事，仅仅就是这样而已。”

十八

孟子曰："人之有德慧术知[①]者，恒存乎疢疾[②]。独孤臣孽子[③]，其操心也危[④]，其虑患也深，故达。"

注释

①德慧术知：德行、智慧、道术、知识。

②疢 chèn 疾：灾患。

③孽子：庶子，非正室所生之子，地位较低。

④危：高。

译文

孟子说："人的德行、智慧、道术、知识，永远都存在于灾患之中。只有那些孤独之臣、庶孽之子，他们心存高远，深谋远虑，所以才能通达。"

十九

孟子曰："有事君人者，事是君则为容悦者也；有安社稷臣者，以安社稷为悦者也；有天民[①]者，达可行于天下而后行之者也；有大人[②]者，正己而物正者也。"

注释

①天民：明于天道之人。

②大人：盛德之人。

译文

孟子说："侍奉君主的人，侍奉哪一位君主，就以侍奉他为乐；有能够安定社稷的臣子，以能使社稷安定为乐；有天民，只要他的道能够施行于天下，他就会竭力施行；有盛德之人，通过端正己身而使天下万物端正。"

二十

孟子曰："君子有三乐，而王天下不与存焉。父母俱存，兄弟无故[①]，一乐也；仰不愧于天，俯不怍[②]于人，二乐也；得天下英才而教育之，三乐也。君子有三乐，而王天下不与存焉。"

注释

①故：灾祸丧病。

②怍：惭，惭愧。

译文

孟子说："君子有三种乐事，但是称王于天下并不在其中。父母健在，兄弟无灾无祸，这是第一件乐事；对上无愧于天，对下无愧于人，这是第二件乐事；得到天下的英才而教育他们，这是第三件乐事。君子有这三件乐事，但是称王于天下并不在其中。”

二十一

孟子曰：“广土众民，君子欲之，所乐不存焉；中天下而立，定四海之民，君子乐之，所性不存焉。君子所性，虽大行[①]不加焉，虽穷居不损[②]焉，分定[③]故也。君子所性，仁义礼智根于心，其生色也睟然[④]，见于面，盎[⑤]于背，施于四体，四体不言而喻。”

注释

①大行：政令大行于天下。

②损：减损。

③分定：职分已定，即天命所在已经如此。

④睟suì然：清和润泽的样子。

⑤盎：显，显现，突显。

译文

孟子说：“广阔的土地，众多的百姓，君子是想得到的，但他的快乐不在这方面；站立在天下的中央，安定天下的百姓，君子对此感到快乐，但他的本性不在这方面。君子的本性，即使他的政令大行于天下了，也不会因此而有所增加，即使困顿隐退，也不会因此而有所减损，这是由于职分已经确定的缘故。君子的本性，仁义礼智植根于心中，他的脸色是清和润泽的，显现在脸上，充盈于腹背，延伸到手足四肢。这是不需要过多的言语就可以明白的。”

二十二

孟子曰：“伯夷辟纣，居北海之滨，闻文王作，兴曰：‘盍归乎来，吾闻西伯善养老者。’太公辟纣，居东海之滨，闻文王作，兴曰：‘盍归乎来，吾闻西伯善养老者。’天下有善养老，则仁人以为己归矣。五亩之宅，树墙下以桑，匹妇蚕之，则老者足以衣帛矣。五母鸡，二母彘，无失其时，老者足以无失肉矣。百亩之田，匹夫耕之，八口之家足以无饥矣。所谓西伯善养老者，制其田里，教之树畜，导其妻子使养其老。五十非帛不煖[①]，七十非肉不饱。不煖不饱，谓之冻馁。文王之民无冻馁之老者，此之谓也。”

注释

①煖 nuǎn：通“暖”。

译文

孟子说：“伯夷为了躲避商纣王，居住在北海之滨，听说文王兴起了，说道：‘我何不到西伯那里去呢！听说他善于奉养老者。’太公望为了躲避商纣王，居住在东海之滨，听说文王兴起了，也说道：‘我何不到西伯那里去呢！听说他善于奉养老者。’天下有善于奉养老人的人，那么仁人便把他当作自己要投奔的对象了。五亩的住宅地，墙下栽上桑树，妇女用它养蚕，老人就完全能穿上丝帛了。养五只母鸡、两只母猪，不错过它们的繁殖生长时期，老人就不会吃不饱了。一百亩的耕地，由男子耕种，八口之家就可以免于饥饿了。之所以说西伯善于奉养老人，就因为他分给了百姓田地，教育他们植桑养畜，教导他们的妻子儿女奉养老人。五十岁的人，不穿丝帛就算不暖，七十岁的人，没有肉吃就算吃不饱。不能保暖，就叫受冻挨饿。文王的百姓中没有受冻挨饿的人，说的就是这种情况。”

二十三

孟子曰："易[①]其田畴，薄其税敛，民可使富也。食之以时，用之以礼，财不可胜用也。民非水火不生活，昏暮叩人之门户求水火，无弗与者，至足矣。圣人治天下，使有菽粟如水火。菽粟如水火，而民焉有不仁者乎？"

注释

①易：治。

译文

孟子说："治理好田地，减轻赋税的征收，就可以使百姓富足了。定时吃饭，以礼用物，财物就不会用完了。百姓没有水和火就不能生活，傍晚敲别人的门去借水和火，没有人不给，因为这些东西都已经足够了。圣人治理天下，使得粮食多的像水和火一样，那么百姓还有不仁的吗？”

二十四

孟子曰：“孔子登东山①而小鲁，登泰山而小天下，故观于海者难为水，游于圣人之门者难为言。观水有术，必观其澜。日月有明，容光②必照焉。流水之为物也，不盈科不行；君子之志于道也，不成章③不达。”

注释

①东山：即鲁城东面的高山。

②容光：极小的缝隙。

③成章：乐曲的一个段落称为一章，因此事物的某一阶段，获得一定的成就，也可称为一章。

译文

孟子说：“孔子登上东山，看到了鲁国的渺小；登上泰山，看到了天下的渺小。所以看到过大海的人就不再欣赏其他的任何水了；到圣人的门下学习过之后，就不再欣赏其他的任何言论了。观水是有方法的，那就是看它的波澜。日月的光辉，即使是小小的空隙也会照进去。流水这个东西，不填满水洼是不会继续前行的；有志于大道的君子，不取得一定的成就是不会通达的。”

二十五

孟子曰：“鸡鸣而起，孳孳[①]为善者，舜之徒也；鸡鸣而起，孳孳为利者，蹠[②]之徒也。欲知舜与蹠之分，无他，利与善之间也。”

注释

①孳孳：同“孜孜”，勤勉，勤奋。

②蹠 zhí：同“跖”，即盗跖，古之大盗，据《庄子》记载，盗跖是柳下惠的弟弟，他“徒卒九千人，横行天下，侵暴诸侯，穴室枢户，驱人牛马，取人妇女”。

译文

孟子说：“雄鸡刚打鸣的时候就起来，孜孜不倦地求善为善，这是舜一类的人；雄鸡刚打鸣就起来，孜孜不倦地唯利是图，这说的是盗跖之类的人。想要明白舜与盗跖的区别，没有别的，区别就在于求利与求善的不同。”

二十六

孟子曰："杨子取为我[1]，拔一毛而利天下，不为也。墨子兼爱，摩顶放踵[2]利天下，为之。子莫[3]执中，执中为近之。执中无权，犹执一也。所恶执一者，为其贼道也，举一而废百也。"

注释

①杨子取为我：杨子，即杨朱，其学说主张为己。

②摩顶放踵：磨秃头顶，以至于脚后跟。放，致。踵，脚后跟。

③子莫：鲁国人，主张执中而不知权变。

译文

孟子说："杨朱主张为己，要他拔一根毛以利天下，他也不会去做。墨子主张爱一切人，从头顶到脚后跟都磨秃了，还要孜孜不倦地为天下人谋利。子莫主张执中，执中已经接近真理了。但是他只知执中，而不懂得权变，这就和固执于不变的东西没什么两样了。之所以厌恶固执于不变的东西，就是因为这是对道义有害的，只看到了其中的一点却没有看到其他的东西。"

二十七

孟子曰："饥者甘[1]食，渴者甘饮，是未得饮食之正也，饥渴害之也。岂惟口腹有饥渴之害？人心亦皆有害。人能无以饥渴之害为心害，则不及人不为忧矣。"

注释

①甘：以……为甘。

译文

孟子说："饥饿的人自然觉得食物甘美，饥渴的人自然觉得水甘美，这是因为没有得到饮食的正味，正是由于饥饿和口渴的损害。岂止是人的口腹会受到饥饿口渴的损害呢？人心也都会受到损害。人如果能够不使饥饿口渴这样的事损害到自己的心性，那么即使赶不上别人也不会以此为忧愁了。"

二十八

孟子曰："柳下惠不以三公[1]易其介[2]。"

注释

①三公：太师、太傅、太保，代指高官厚禄。

②介：节操，品节。

译文

孟子说："柳下惠不因为高官厚禄而改变自己的节操。"

二十九

孟子曰："有为者辟若掘井，掘井九轫[①]而不及泉，犹为弃井也。"

注释

①轫：同"仞"，古代长度单位，以八尺或七尺为一仞。

译文

孟子说："做事情就好像是挖井一样，一直挖了九仞深还是没有看见泉水，那么这口井还是一口废井。"

三十

孟子曰："尧、舜，性之也；汤、武，身之也；五霸，假之也。久假而不归，恶知其非有也？"

译文

孟子说："尧、舜之道，都是出于他们的本性；商汤和武王则是靠自身的努力而践行之；至于五霸，他们只是将此道借来用用罢了。借了很长时间还不归还，那么怎么会知道这不是真正属于自己的东西呢？”

三十一

公孙丑曰：“伊尹曰：‘予不狎于不顺，放太甲于桐[1]，民大悦。太甲贤，又反之，民大悦。’贤者之为人臣也，其君不贤，则固可放与？”

孟子曰：“有伊尹之志，则可；无伊尹之志，则篡[2]也。”

注释

①放太甲于桐：太甲，殷王，太丁之子，商汤之孙，又称太宗。昔太甲不明，伊尹放之于桐宫，后太甲幡然悔悟，伊尹又还政于太甲。放，置，流放。桐，商汤所葬之处。

②篡：篡逆，篡夺。

译文

公孙丑说：“伊尹曾经说过：‘我不亲近那些不顺正道的人，因此我把太甲放逐到桐宫，百姓都非常高兴。等太甲变得贤明了，我又还政于他，百姓也是非常高兴。’贤者作为人的臣下，君主不贤，就可以将他放逐吗？”

孟子说：“有伊尹那样的心志，就可以那么做。

没有伊尹那样的心志，那么做就是篡逆了。”

三十二

公孙丑曰：“《诗》曰：‘不素餐兮[1]。’君子之不耕而食，何也？”

孟子曰：“君子居是国也，其君用之，则安富尊荣；其子弟从之，则孝悌忠信。‘不素餐兮’，孰大于是？”

注释

①不素餐兮：语出《诗经·魏风·伐檀》。意思是无功而受禄，即为尸位素餐。

译文

公孙丑说：“《诗经》上有句话说：‘不尸位素餐。’君子从不耕作，却可以吃到粮食，这是为什么呢？”

孟子说：“君子居住在这个国家，如果国君肯任用他，那么就可以安享富贵尊荣；他的弟子们追随着他，也应践行孝悌忠信之道，‘不尸位素餐’，还有比这更重要的吗？”

三十三

王子垫[1]问曰：“士何事？”

孟子曰：“尚志。”

曰：“何谓尚志？”

曰："仁义而已矣。杀一无罪非仁也，非其有而取之非义也。居恶在？仁是也；路恶在？义是也。居仁由义，大人之事备矣。"

注释

①王子垫：齐王之子，名垫。

译文

王子垫问孟子说："士要做的是什么事？"

孟子说："士要崇尚志行。"

王子垫说："什么叫崇尚志行呢？"

孟子说："也就是修养仁义罢了。杀害一个无罪之人不符合仁；不是自己的东西，却拿过来，这不符合义。要使自己处在什么样的环境中呢？这就是仁；要使自己走什么路呢？这就是义。处在仁的环境中，走符合义的路，这就是有德之人所做的事。"

三十四

孟子曰："仲子[①]，不义与之齐国而弗受，人皆信之，是舍箪食豆羹之义也。人莫大焉亡亲戚君臣上下。以其小者信其大者，奚可哉？"

注释

①仲子：即陈仲子。

译文

孟子说："如果不符合道义把整个齐国交给陈仲子他也不会接受，大家都相信他，但是他的道义仅仅是抛弃了一篮食物、一碗豆羹的道义罢了。世上最大的罪过莫过于失去君臣上下尊卑的道义了。因为他的小小道义而相信他的大的道义，这是可以的吗？"

三十五

桃应[①]问曰："舜为天子，皋陶[②]为士，瞽瞍杀人，则如之何？"

孟子曰："执之而已矣。"

"然则舜不禁[③]与？"

曰："夫舜恶得而禁之？夫有所受之也。"

"然则舜如之何？"

曰："舜视弃天下犹弃敝蹝[④]也。窃负而逃，遵海滨而处，终身䜣然[⑤]，乐而忘天下。"

注释

①桃应：孟子弟子。

②皋陶：舜的臣子，主掌司法。

③禁：禁止，阻止。

④敝蹝 xǐ：破鞋子。敝，破旧。蹝，鞋。

⑤䜣 xīn 然：即"欣然"，高兴的样子。

译文

桃应问孟子说："舜作为天子，皋陶是他的臣子，如果舜的父亲瞽瞍杀了人，那该怎么处理呢？"

孟子说："把瞽瞍抓起来就行了。"

桃应说"那么舜就不去阻止他吗？"

孟子说："舜怎么能去解救他的父亲呢？把他抓起来还是有所依据的。"

桃应说："那么舜该怎么办呢？"

孟子说："舜把抛弃天下视为抛弃一双破鞋子一样。偷偷地背负着他的父亲逃跑，沿着海边居住，一辈子都很快乐地生活下去，以至于快乐得忘记了天下。"

三十六

孟子自范之齐[①]，望见齐王之子，喟然叹曰："居移[②]气，养移体，大哉居乎！夫非尽人之子与？"

孟子曰："王子宫室、车马、衣服多与人同，而王子若彼者，其居使之然也；况居天下之广居[③]者乎？鲁君之宋，呼于垤泽之门[④]。守者曰：'此非吾君也，何其声之似我君也？'此无他，居相似也。"

注释

①自范之齐：从范地到齐国去。梁惠王死后，齐宣王

刚刚即位，孟子听说他可以为善，因此就从范到齐国去。范，齐国地名，在今山东范县东南。

②移：改变。

③广居：指仁。

④垤 dié 泽之门：宋国东城南门。

译文

孟子从范地到齐国去，远远看到了齐王的儿子，叹了口气，说道：“居住的环境改变人的气度，奉养可以改变人的体态，环境真是太重要了！其他人难道不也是人的儿子吗？”

孟子说：“国君的儿子所居住的宫室、所乘坐的车马、所穿的衣服大都和普通人是一样的，但是国君的儿子却是那种样子，这就是所处的环境的作用；那么更何况常常居处在仁的环境中的人呢？鲁国国君到宋国去，在宋国东城南门下喊门。守城的将士说：‘这不是我们的君主啊，为什么说话的声音却跟我们的君主这么相似呢？’这没有别的原因，就是因为居住的环境相似的缘故。”

三十七

孟子曰：“食[①]而弗爱，豕交[②]之也；爱而不敬，兽畜之也。恭敬者，币之未将[③]者也。恭敬而无实，君子不可虚拘[④]。”

注释

①食 sì：奉养。

②豕交之也：意思是以养猪的态度来奉养自己的父母。交，接。

③将：奉，献。

④虚拘：意思是被有名无实的虚礼所拘束。

译文

孟子说："奉养自己的父母亲却不从心里爱他们，这就和养猪一样；爱却不敬，这也和畜养牲畜一样。恭敬是在礼物将要送出之前就已经存在于自己的心里的。外表恭敬，但内心却并非如此，君子不能被这样的虚礼所拘束。"

三十八

孟子曰："形色[①]，天性也；惟圣人然后可以践形。"

注释

① 形色：体型相貌。

译文

孟子说："一个人的体型相貌，这是天生的；只有圣人才能使自己的行为举止符合这种体型相貌。"

三十九

齐宣王欲短丧[1]。公孙丑曰："为期之丧[2]，犹愈于已[3]乎？"

孟子曰："是犹或紾其兄之臂，子谓之姑[4]徐徐云尔，亦教之孝悌而已矣。"

王子有其母死者，其傅为之请数月之丧。公孙丑曰："若此者何如也？"

曰："是欲终之而不可得也。虽加一日愈于已，谓夫莫之禁而弗为者也。"

注释

①短丧：缩短服丧的时间。

②为期之丧：服一年的丧。期，一整年。

③已：止，指不服丧。

④姑：姑且，暂且。

译文

齐宣王想要缩短自己为其父服丧的丧期。公孙丑说："服一年的丧期，不也比不服丧好吗？"

孟子说："这就好像是一个人扭他兄长的胳膊，他却对那人说，你暂且慢慢地扭吧，这样说只是为了能教会他孝顺父母、尊敬兄长而已。"

有王子死去了母亲，他的师傅请求自己替王子服几个月的丧。公孙丑说："像这样该怎么办呢？"

孟子说："这是王子想把全部的丧期服完，但终究还是做不到的缘故。即使多服一天丧也比不去服丧强，这说的就是那些没有谁去禁止他们服丧，但是自己却不能做到的人。"

四十

孟子曰："君子之所以教者五：有如时雨化之者，有成德者，有达财[①]者，有答问者，有私淑艾[②]者。此五者，君子之所以教也。"

注释

①财：通"材"，有用之材。

②私淑艾：暗地里偷偷向别人学习。私，窃，暗地里。淑，取。艾，取。

译文

孟子说："君子用来教育人的方法有五个：有像及时雨一样施以恩泽的，有成就他的德行的，有使人成为有用之材的，有答疑解惑的，有吸引他人暗地里学习的。这五种方法，君子都可以用来教育人。"

四十一

公孙丑曰："道则高矣，美矣，宜若登天然，似不可及也；何不使彼为可几[①]及而日孳孳也？”

孟子曰：“大匠不为拙工改废绳墨[②]，羿不为拙射变其彀率[③]。君子引而不发，跃如[④]也。中道而立，能者从之。”

注释

①几：将，差不多。

②绳墨：木匠用来量直线而用的工具。

③彀率：拉弓的圆满程度。

④跃如：跃跃欲试的样子。

译文

公孙丑说：“道义是很高了，很美了，就好像登天一样高不可及；何不使自己的道义变得可以企及而让人每天孜孜不倦地追求呢？”

孟子说：“好的工匠不应该因为技术拙劣的工匠就改变自己的尺寸，后羿也不会因为射技拙劣的射手而改变自己拉弓的标准。君子拉满了弓却不发箭，摆出跃跃欲试的样子。有德之人站在符合道义的路上，有能力的人就可以自己跟上来。”

四十二

孟子曰：“天下有道，以道殉身[①]；天下无道，以身殉道[②]。未闻以道殉乎人[③]者也。”

注释

①以道殉身：使道为己所用。殉，同“徇”，从。

②以身殉道：道不可行则身退，与道共亡。

③以道殉乎人：根据别人的要求而改变自己的道。

译文

孟子说：“天下如果有道，就使道为己所用，大行天下；如果天下无道，就要与道共亡，绝不改变。没有听说过改变自己的道义去迎合别人的。”

四十三

公都子曰：“滕更[①]之在门也，若在所礼，而不答，何也？”

孟子曰：“挟[②]贵而问，挟贤而问，挟长而问，挟有勋劳而问，挟故而问，皆所不答也。滕更有二焉。”

注释

①滕更：滕国国君的弟弟，来孟子处求学问道。

②挟：依靠，倚仗。

译文

公都子说：“滕更在先生门下的时候，您似乎应该对他以礼相待，但是您却不回答，为什么呢？”

孟子说：“倚仗自己的尊贵而来问道的，倚仗自己的贤能而来问道的，倚仗自己的年龄而来问道的，倚仗自己的功劳而来问道的，倚仗自己的交情而来问道的，这些情况下我都不会回答。而滕更占了其中的两条。”

四十四

孟子曰：“于不可已[①]而已者，无所不已。于所厚者薄，无所不薄也。其进锐[②]者，其退速。”

注释

①已：止，停。

②锐：疾，快。

译文

孟子说：“在不该停的地方却停了下来，那么就没有干什么不会停止的了。对于应该重视的东西却很轻视，那么就没有什么不会轻视的了。前进速度太快的人，那么他的退缩也会很快。”

四十五

孟子曰：“君子之于物也，爱之而弗仁[①]；于民也，仁之而弗亲。亲亲而仁民，仁民而爱物[②]。”

注释

①爱之而弗仁：孟子认为爱是有差等的，对事物仅可以爱，而对于人却要以仁对待，对于父母却要亲。

②亲亲而仁民，仁民而爱物：这是孟子所认为的爱的等差。

译文

孟子说："君子对于万事万物，喜爱而不用仁爱来对待它们；对于百姓要仁爱但是并不等于对亲人的亲爱。通过亲爱自己的父母进而仁爱百姓，通过仁爱百姓进而爱惜万事万物。"

四十六

孟子曰："知者无不知也，当务之为急；仁者无不爱也，急亲贤之为务。尧、舜之知而不遍物，急先务也；尧、舜之仁不遍爱人，急亲贤也。不能三年之丧，而缌、小功[①]之察[②]；放饭流歠[③]，而问无齿决[④]，是之谓不知务。"

注释

①缌 sī、小功：古代丧服名。古代丧服分为斩衰、齐衰、大功、小功、缌麻五个等级。

②察：做仔细，讲求好。

③放饭流歠chuò：放，大。歠，饮。大口吃饭、大口喝汤。按礼的规定，在尊长面前这样吃喝，是大不敬的行为。

④齿决：此指用牙咬断干肉。按礼的规定，在尊长面前这样做，是不礼貌的。

译文

孟子说："智者没有什么不知道，但是以现在该做的事情为当务之急；仁者没有他不爱的，但是把亲爱贤者作为当务之急。尧舜的智慧不能知道一切事物，但是却知道当务之急该做什么；尧舜的仁爱不能爱一切人，但是却把亲爱贤者作为当务之急。不能为父母服丧三年，却能将服缌麻、小功这样的丧事做到最好；大吃大喝，却还要讲求不用牙齿咬断干肉，这就是不明白当务之急。"

卷十四　尽心下

题解

此篇凡三十八章。此篇中，孟子提到“尽信《书》，则不如无《书》”，这对我们今天读书、学习仍具指导意义。孟子还阐述了“民为贵，社稷次之，君为轻”，这一思想对后世影响深远。孟子还区分了“性”与“命”的区别，他认为口、目、耳、鼻之需为性，仁、义、礼、智之道则是命，这是需要注意的。

一

孟子曰：“不仁哉梁惠王也！仁者以其所爱及其所不爱，不仁者以其所不爱及其所爱。”

公孙丑问曰：“何谓也？”

“梁惠王以土地之故，糜烂其民而战之，大败。将复之，恐不能胜，故驱其所爱子弟以殉之，是之谓以其所不爱及其所爱也。

译文

孟子说：“梁惠王真是不够仁德啊！仁者把对待自己喜爱的人的恩德推及到他所不爱的人身上，不仁者把他施加到自己不喜爱的人身上的祸害推及到自己喜爱的人身上。”

公孙丑问道：“这是什么意思呢？”

孟子说：“梁惠王为了得到土地，虐待自己的百姓让他们去征战，大败而归。想要再战一场，但是害怕不能取得胜利，因此驱使所喜爱的子弟去为其死难，这就叫作把他施加到自己不喜爱的人身上的祸害推及到自己喜爱的人身上。”

二

孟子曰：“春秋无义战。彼善于此，则有之矣。征者，上伐下也，敌国不相征也。”

译文

孟子说：“春秋时期没有符合仁义的战争。某一国的君主比另一国的君主好一点，这是有的。但是征伐，是指在上者讨伐在下者，相互敌对的国家是不能互相征伐的。”

三

孟子曰：“尽信《书》[①]，则不如无《书》。吾于《武成》[②]，取二三策[③]而已矣。仁人无敌于天下，以至仁伐至不仁，而何其血之流杵[④]也？”

注释

①《书》：指《尚书》。

②《武成》：《尚书》篇名，记载的是周武王伐纣时的事。

③策：竹简。

④血之流杵：血流成河，以至于把舂杵都漂浮了起来。杵，舂米用的木杵。

译文

孟子说："完全相信《尚书》，还不如没有《尚书》。我读《武成》篇，只取其中二三页而已。仁者无敌于天下，凭借这样的仁去征伐不仁，怎么会让鲜血四流以至于连木杵都漂起来了呢？"

四

孟子曰："有人曰：'我善为陈[①]，我善为战。'大罪也。国君好仁，天下无敌焉。南面而征，北狄怨；东面而征，西夷怨，曰：'奚为后我？'武王之伐殷也，革车三百两，虎贲[②]三千人。王曰：'无畏！宁[③]尔也，非敌百姓也。'若崩厥角稽首[④]。征之为言正也，各欲正己也，焉用战？"

注释

①陈：通"阵"，战阵。

②虎贲：勇士。

③宁：使……安宁，使……安定。

④厥角稽首：厥，通"蹶"，顿，叩。角，额角。稽

首，叩首。

译文

孟子说："有的人说：'我擅长战阵之事，我擅长征战。'这真是莫大的罪过啊。国君喜好仁德，就可以天下无敌了。他向南面征伐，北边的百姓就会抱怨，他向东面征伐，西边的百姓就会抱怨，都说：'为什么不先来解救我呢？'周武王讨伐殷商的时候，出动兵车三百辆，勇士三千人。武王说：'不要害怕！我是来使你们安定下来的，并不是要和百姓们为敌。'百姓们都连连叩首。征就是正的意思，如果每个人都想着使自己端正，还用征伐做什么呢？"

五

孟子曰："梓匠[①]轮舆[②]能与人规矩，不能使人巧。"

注释

①梓匠：木匠。

②轮舆：做车轮的匠人。

译文

孟子说："木工和做车轮的匠人可以把制作的方法传授给别人，但是却不能使人变得灵巧。"

六

孟子曰："舜之饭糗[①]茹草[②]也，若将终身焉；及其为天子也，被袗衣[③]，鼓琴，二女果[④]，若固有之。"

注释

①饭糗 qiǔ：饭，动词，吃。糗，干粮。

②茹草：吃草。茹，吃。

③被袗 zhěn 衣：被，穿。袗衣，单衣。

④果：通"婐 wǒ"，侍女，这里是侍候的意思。

译文

孟子说："舜吃干粮和野菜的时候，好像他一辈子都要这样过下去一样；等到他做了天子的时候，穿着单衣，弹着琴，二位侍女在旁边侍奉，却像本来就是这样。"

七

孟子曰："吾今而后知杀人亲之重也：杀人之父，人亦杀其父；杀人之兄，人亦杀其兄。然则非自杀之也，一间[①]耳。"

注释

①一间：相差不多，相离很近。间，隔，离。

译文

孟子说："我从今之后才知道杀害别人的亲人的罪过是多么重大：杀害别人的父亲，别人也会杀了自己的父亲；杀害别人的兄长，别人也会杀害自己的兄长。虽然不是自己亲手杀害的，也相差不多吧。"

八

孟子曰："古之为关①也，将以御暴；今之为关也，将以为暴。"

注释

①关：关卡。

译文

孟子说："古时设置关卡，是为了抵御强暴；现在设置关卡，却是为了施暴。"

九

孟子曰："身不行道，不行于妻子；使人不以道，不能行于妻子。"

译文

孟子说："自己不奉道而行，那么道在自己妻子的身上也是行不通的；不顺奉道义去使唤别人，那么也不能去使唤妻子。”

十

孟子曰：“周于利者[①]凶年不能杀[②]，周于德者邪世不能乱。”

注释

①周于利者：财富充足的人。周，足。利，财富。

②杀：缺乏，困顿。

译文

孟子说：“财富充足的人即使在收成不好的年份也不会陷入困境，有德行的人即使在乱世也不会遭受祸乱。”

十一

孟子曰：“好名之人能让千乘之国，苟非其人，箪食豆羹见于色。”

译文

孟子说：“喜好名利的人可以把拥有千乘兵车的国家让给他看中的人，如果所让之人不是他所喜欢的，那么即使所让之物是一篮食物、一碗豆羹也会显现出不高兴的神色。”

十二

孟子曰：“不信仁贤，则国空虚；无礼义，则上下乱；无政事，则财用不足。”

译文

孟子说：“不信任仁者、贤者，那么国家就会空虚；如果没有礼义，那么上下尊卑的关系就混乱了；不施行行政管理，那么国家的财物资源就会匮乏。”

十三

孟子曰：“不仁而得国者，有之矣；不仁而得天下者，未之有也。”

译文

孟子说：“不仁的人能够得到国家，这是有的；不仁的人而得到了天下，这是不存在的。”

十四

孟子曰：“民为贵，社稷次之，君为轻。是故得乎丘民[①]而为天子，得乎天子为诸侯，得乎诸侯为大夫。诸侯危社稷，则变置[②]。牺牲[③]既成，粢盛[④]既洁，祭祀以时，然而旱干水溢，则变置社稷。”

注释

①丘民：众民。丘，众。

②变置：更立，改立。

③牺牲：祭祀用的牲畜。

④粢zī盛：祭祀用的黍稷。

译文

孟子说："百姓是最尊贵的，社稷处在次要位置，君王的地位更次一等。因此说，得到百姓的拥护就能够成为天子，得到天子的认可就能够成为诸侯，得到诸侯的认可就能够成为大夫。如果诸侯危害到了社稷的安危，那就重立新君。祭祀用的牲畜已经准备好了，祭祀用的谷物也准备好了，按时进行祭祀，这样还不能避免水旱灾害的，就要更换社稷。"

十五

孟子曰："圣人，百世之师也，伯夷、柳下惠是也。故闻伯夷之风者，顽夫廉，懦夫有立志；闻柳下惠之风者，薄夫敦，鄙夫宽。奋乎百世之上，百世之下闻者莫不兴起也。非圣人而能若是乎？而况于亲炙之者乎？"

译文

孟子说："圣人足以成为百代人的老师，伯夷、柳下惠就是这样的圣人。所以听闻过伯夷的节操之后，从不满足的顽劣之徒变得清廉了，胆小的懦夫也有了雄心壮志；听闻过柳下惠的节操之后，尖酸刻薄之人变得敦厚老实了，小肚鸡肠的人也变得胸襟宽广起来。在百世之前奋发有为，百世之后，听说过他的人也没有谁不振奋精神。不是圣人的话能做到这样吗？更何况亲自受到他们熏陶的那些人呢？"

十六

孟子曰："仁也者，人也。合而言之，道也。"

译文

孟子说："'仁'的意思就是人。把'仁'和'人'合起来讲，这就是道。"

十七

孟子曰："孔子之去鲁，曰：'迟迟吾行也，去父母国之道也。'去齐，接淅[1]而行，去他国之道也。"

注释

①接淅：将淘好的米捞起来。

译文

孟子说："孔子离开鲁国的时候，说：'慢慢地走吧，这就是离开自己祖国的方式。'而离开齐国的时候，不待米淘好了就迫不及待地离开，这是离开别的国家的方式。"

十八

孟子曰："君子之厄于陈蔡之间[1]，无上下之交也。"

注释

①君子之厄于陈蔡之间：指的就是《论语·卫灵公》篇所记载的："子在陈绝粮，从者病，莫能兴。"据记载，孔子接受楚国的邀请将要去楚国，但是陈蔡两国大夫担心孔子事楚会危害到自己的安全，因此合谋将孔子围困。

译文

孟子说："孔子之所以被围困在陈蔡之间，是因为他跟陈蔡两国的君主都没有什么交往。"

十九

貉稽[1]曰："稽大不理于口[2]。"

孟子曰："无伤也。士憎兹多口。《诗》云：'忧心悄悄，愠于群小[3]。’孔子也。‘肆不殄厥愠，亦不殒厥问[4]。’文王也。”

注释

①貉稽：人名，事迹不详。

②大不理于口：意思是某人在别人心里的印象很坏，别人经常说他的坏话。理，顺。

③忧心悄悄，愠于群小：语出《诗经·邶风·柏舟》。意为：真是忧心忡忡啊，那成群的小人真是可恨。

④肆不殄厥愠，亦不殒厥问：语出《诗经·大雅·绵》。意为：不减少别人的恼怒，也不损坏自己的名声。肆，故。殄，绝，灭。问，通“闻”，声闻，名声。

译文

貉稽说：“很多人都把我说得很坏。”

孟子说：“没有关系。士本来就憎恨那些多口多舌的人。《诗经》上说：‘真是忧心忡忡啊，那成群的小人真是可恨。’这说的是孔子。‘不减少别人的恼怒，也不会有损于自己的名声。’这说的是文王。”

二十

孟子曰："贤者以其昭昭使人昭昭，今以其昏昏使人昭昭。"

译文

孟子说："贤者教育别人，必须先使自己明白了，然后才能使别人明白。现在的人教育别人，自己还很糊涂，却要用自己的糊涂去使别人变得明白。"

二十一

孟子谓高子曰："山径①之蹊②，间介然③用之而成路；为间④不用，则茅塞⑤之矣。今茅塞子之心矣。"

注释

①径：通"陉"，山坡。

②蹊：小路。

③间介然：专心致志。

④为间：即"有间"，少顷，一会儿。

⑤茅塞：被茅草堵塞。

译文

孟子对高子说："山坡上的小路，如果经常有人专心致志地行走，就会变成路了；过一段时间没人走，就会被茅草堵塞了。如今茅草已经把你的心堵塞了啊。”

二十二

高子曰：“禹之声尚[1]文王之声。”

孟子曰：“何以言之？”

曰：“以追蠡[2]。”

曰：“是奚足哉？城门之轨[3]，两马[4]之力与？”

注释

①尚：上，高。

②追 duī 蠡 lí：追，钟钮，用来将钟悬挂在横梁上。蠡，断，绝。

③轨：车辙印，车辙的痕迹。

④两马：约指，并不一定就是指两匹马。

译文

子说：“禹的音乐要高于文王的音乐。”

孟子说：“为什么这么说呢？”

高子说：“因为禹用来演奏音乐的钟钮都快断了。”

孟子说：“难道这样就可以说禹的音乐高于文王的音乐吗？你看看城门外的那些车辙印，那难道是几匹马的力量就能形成的吗？”

二十三

齐饥。陈臻曰："国人皆以夫子将复为发棠[①]，殆不可复？"

孟子曰："是为冯妇也。晋人有冯妇[②]者，善搏虎，卒为善士。则之野，有众逐虎，虎负嵎[③]，莫之敢撄[④]。望见冯妇，趋而迎之。冯妇攘[⑤]臂下车。众皆悦之，其为士者笑之。"

注释

①发棠：打开粮仓，赈济百姓。棠，在今山东即墨，即墨在当时为齐国之大都，有粮仓。

②冯妇：人名，姓冯名妇。

③负嵎：负隅顽抗之意。负，靠，背靠。嵎，山势曲折险峻的地方。

④撄：触犯，迫近。

⑤攘：捋起、挽起袖子。

译文

齐国大饥。陈臻说："齐国的百姓都以为老师您会再次劝谏齐王打开棠地的粮仓赈济百姓，难道老师真的不会这么做了？"

孟子说："这就是冯妇的所作所为。晋国有个人叫冯妇，善于同老虎搏斗，后来变成善人。有一次他到野外去，看到很多人在追逐着老虎，老虎背靠着险要处，没有人敢靠近。当他们看见冯妇来了的时候，都上前去迎接他。冯妇捋起袖子，走下车来。众人看到都非常高兴，但是士人们却都在耻笑他。”

二十四

孟子曰：“口之于味也，目之于色也，耳之于声也，鼻之于臭也，四肢之于安佚也，性也，有命焉，君子不谓性也。仁之于父子也，义之于君臣也，礼之于宾主也，知之于贤者也，圣人之于天道也，命也，有性焉，君子不谓命也。”

译文

孟子说：“嘴巴喜好美味，眼睛喜好美色，耳朵喜好悦耳的声音，鼻子喜好好闻的气味，四肢喜好安逸的环境，这是生来如此的，但是能不能够如此要看天命，因此君子不把这看成是性。仁是父子之间必须具有的，义是君臣之间必须具有的，礼是宾主之间必须具有的，智是贤者必须具有的，天道是圣人必须通晓的，这些都是天命注定如此，但是人的天性本来就是如此，所以君子不把这当作命。”

二十五

浩生不害[①]问曰：“乐正子何人也？”

孟子曰："善人也，信人也。"

"何谓善？何谓信？"

曰："可欲[②]之谓善，有诸己之谓信，充实之谓美，充实而有光辉之谓大，大而化之之谓圣，圣而不可知之之谓神。乐正子，二[③]之中、四[④]之下也。"

注释

①浩生不害：人名，他看到孟子听说乐正子在鲁为政这件事之后很高兴，因此有此问。

②可欲：值得喜欢。

③二：指善、信。

④四：指美、大、圣、神。

译文

浩生不害问孟子说："乐正子是什么样的人呢？"

孟子说："他是个善人，也是个信人。"

"什么是善人，什么是信人呢？"

孟子说："值得喜欢的人便叫做善，本身具备很多好的德行便叫做信，这些德行都充溢于他身上便叫作美，能够具备这些并且能够将这些发扬光大就叫作大，进而使这些德行更加广大便叫作圣，圣又达到深不可测境界就叫作神。乐正子这个人，便是处在善和信之间，却还不及美、大、圣、神四者要求的人。"

二十六

孟子曰："逃[①]墨[②]必归于杨[③]，逃杨必归于儒。归，斯受之而已矣。今之与杨、墨辩者，如追放豚[④]，既入其苙[⑤]，又从而招[⑥]之。"

注释

①逃：离开。

②墨：指墨子。

③杨：指杨朱。

④放豚：逃出圈外的猪。

⑤苙lì：栏，围栏。

⑥招：捆住牲畜的脚。此处是羁绊的意思。

译文

孟子说："离开墨子一派的人必然归于杨朱一派，离开杨朱一派的人必然归于儒家一派。归附，只要接受就可以了。现在那些同杨、墨两派辩论的人，就好像追逐跑出自己圈外的猪一样，已经将其送到自己的猪圈里了，却又要将其再捆绑住。"

二十七

孟子曰："有布缕之征[①]，粟米之征，力役之征。君子用其一，缓其二。用其二而民有殍，用其三而父子离。”

注释

①布缕之征：布帛之税。

译文

孟子说：“有征收布帛之类的赋税的，有征收谷物的赋税的，有征发百姓的劳役的。君子为政用了这其中之一，便要减缓其他两种。用了其中的两种，百姓就会有饿死的，用了其中的三种就会使父子离散。”

二十八

孟子曰：“诸侯之宝三：土地、人民、政事。宝珠玉者，殃必及身。”

译文

孟子说：“诸侯要以三样东西为宝：土地、百姓、政治。把珠玉财物当作宝贝的，必然会殃及己身。”

二十九

盆成括[①]仕于齐。孟子曰：“死矣，盆成括！”

盆成括见杀，门人问曰：“夫子何以知其将见杀？”

曰：“其为人也小有才，未闻君子之大道也，则足以杀其躯而已矣。”

注释

①盆成括：人名，姓盆成，名括。

译文

盆成括在齐国为官。孟子说："盆成括肯定是自取死路啊！"

盆成括后来果然被杀，有门人问孟子："先生您怎么知道盆成括一定会被杀的呢？"

孟子说："盆成括这个人有点小才气，但是不懂得君子之大道，这就足以自取死路了。"

三十

孟子之滕，馆[①]于上宫[②]。有业屦[③]于牖上，馆人求之弗得。或问之曰："若是乎从者之廋[④]也？"

曰："子以是为窃屦来与？"

曰："殆非也。夫子之设科[⑤]也，往者不追，来者不拒。苟以是心至，斯受之而已矣。"

注释

①馆：舍，居住。

②上宫：上等馆舍。

③业屦：尚未制作成的草鞋。业，做，制作。

④廋 sōu：藏匿，此处是指偷窃。

⑤设科：开设课程，指开堂讲学。

译文

孟子到滕国去，在上等的馆舍居住。有一双尚未制作完成的草鞋放在窗边，但是馆舍的人却怎么也找不到了。有人问孟子说："这难道是跟从您的那些弟子把它偷走了吗？"

孟子说："你以为他们是为了偷鞋才跟着我来的吗？"

回答说："大概不是这样吧。先生您开堂讲学，对离开的学生不加追究，对来的学生也不加拒绝。但凡是那些怀着求学目的而来的，您都是接受的。"

三十一

孟子曰："人皆有所不忍，达之于其所忍，仁也；人皆有所不为，达之于其所为，义也。人能充无欲害人之心，而仁不可胜用也；人能充无穿逾[1]之心，而义不可胜用也；人能充无受尔汝[2]之实，无所往而不为义也。士未可以言而言，是以言餂[3]之也；可以言而不言，是以不言餂之也，是皆穿逾之类也。"

注释

①穿逾：即穿穴，指偷盗之类的事。

②尔汝：尔、汝，都是第二人称代词，古代尊长称呼卑幼时用；如果平辈之间用来称呼，则是对对方的轻视。

③餂 tiǎn：取。

译文

孟子说："人人都有不忍心干的事，把这种心态推及到他所忍心去干的事上，就是仁；人人都有不肯去干的事，进而推及到他所肯干的事上，就是义。一个人能把不想害人的心理推广开来，仁就用不尽了；一个人能把不愿偷盗的心理推广开来，义就用不尽了；一个人能把不愿受人轻蔑的心理推广开来，那么无论到哪里，都是符合义的。一个士人，不可以同他交谈而去跟他交谈，这是用言语试探对方来取利；可以交谈却不去交谈，这是用沉默试探对方来取利，这些都是偷盗一类的行径。"

三十二

孟子曰："言近而指[①]远者，善言也；守约而施博者，善道也。君子之言也，不下带[②]而道存焉；君子之守，修其身而天下平。人病舍其田而芸[③]人之田，所求于人者重，而所以自任者轻。"

注释

①指：同“旨”，意旨，意义。

②不下带：眼睛不注视人腰带以下的部位，此处是指生活中常见的事情。带，腰带。

③芸：锄草。

译文

孟子说：“言语浅显，意旨却很深远，这就是善言；所操持的简单，施行却很广博的，这就是善道。君子的言语，在日常生活常见的事情中就存在着大道；君子的操守，就在于修养自己的身心，进而平治天下。人的毛病就在于抛弃自家的田地而去为别人的田地锄草，对别人的要求很严苛，而对自己的要求却很轻微。”

三十三

孟子曰：“尧、舜，性者也；汤、武，反之也。动容周旋中礼者，盛德之至也。哭死而哀，非为生者也。经[①]德不回[②]，非以干禄也。言语必信，非以正行也。君子行法，以俟命而已矣。”

注释

①经：行。

②回：违。

译文

孟子说："尧、舜的仁都是出于他们的本性；商汤、武王则通过修身来践行仁德。动作容貌、行为举止都能自觉纳入到礼的规范中去，这就达到了大德的极致。为死者哭泣哀伤，并不是做出来给活着的人看的。践行德义，毫不违反，也不是为了求取爵禄。说出的话必然守信，并不是为了证明自己行为端正。君子凡事都依法度而行，是为了等待天命罢了。"

三十四

孟子曰："说大人，则藐之，勿视其巍巍然。堂高数仞，榱题[①]数尺，我得志，弗为也。食前方丈[②]，侍妾数百人，我得志，弗为也。般乐[③]饮酒，驱骋田猎，后车千乘，我得志，弗为也。在彼者，皆我所不为也；在我者，皆古之制也，吾何畏彼哉？"

注释

①榱 cuī 题：屋檐下的椽子头，这里借指屋檐。

②食前方丈：指食物极其丰盛。

③般乐：玩乐。

译文

孟子说："向在上位者进言，要藐视他，不要看他那副高高在上的样子。殿堂几丈高，屋檐几尺宽，我要得志了，就不这么干。面前摆满美味佳肴，侍妾有数百人，我要得志了，就不这么干。饮酒作乐，驰骋打猎，让成千辆车子跟随着，我要得志了，就不这么干。他们的所作所为，都是我所不愿干的；我的所作所为，都是符合古代制度的，我为什么要怕他们呢？”

三十五

孟子曰："养心莫善于寡欲。其为人也寡欲，虽有不存焉者，寡矣；其为人也多欲，虽有存焉者，寡矣。"

译文

孟子说："修养善心的方法，没有比减少欲望更好的了。一个人的欲望少，那么即使善心有些丧失，也丧失得很少；一个人的欲望多，那么即使善心有所保存，也一定保存得很少。"

三十六

曾皙嗜羊枣[①]，而曾子不忍食羊枣。公孙丑问曰："脍炙[②]与羊枣孰美？"

孟子曰："脍炙哉！"

公孙丑曰："然则曾子何为食脍炙而不食羊枣？"

曰："脍炙所同也，羊枣所独也。讳名[3]不讳姓，姓所同也，名所独也。"

注释

①羊枣：即黑枣，因形状色泽似羊屎，故称羊枣。

②脍炙：细切的肉和烤肉。脍，细切的鱼肉。炙，烤肉。

③讳名：古代对父母君上的名字都需避讳。

译文

曾晳爱吃羊枣，他死后曾子就不忍心再吃羊枣。公孙丑问道："烤肉与羊枣，哪个味道好？"

孟子说："当然是烤肉！"

公孙丑又问："那么曾子为什么吃烤肉而不吃羊枣？"

孟子说："烤肉是大家共同爱吃的，而吃羊枣是曾晳独有的嗜好。这就如同避讳一样，只避讳名字不避讳姓，因为姓是很多人共有的，而名字是一个人独有的。"

三十七

万章问曰："孔子在陈曰：'盍归乎来！吾党之小子狂简[1]，进取，不忘其初。'孔子在陈，何思鲁之狂士？"

孟子曰："孔子'不得中道而与[2]之，必也狂狷[3]

乎！狂者进取，狷者有所不为也’。孔子岂不欲中道哉？不可必得，故思其次也。”

“敢问何如斯可谓狂矣？”

曰：“如琴张、曾皙、牧皮[4]者，孔子之所谓狂矣。”

“何以谓之狂也？”

曰：“其志嘐嘐然[5]，曰‘古之人，古之人’。夷[6]考其行，而不掩焉者也。狂者又不可得，欲得不屑不洁之士而与之，是獧[7]也，是又其次也。孔子曰：‘过我门而不入我室，我不憾焉者，其惟乡原乎[8]！乡原，德之贼也。’”

曰：“何如斯可谓之乡原矣？”

曰：“‘何以是嘐嘐也？言不顾行，行不顾言，则曰“古之人，古之人”。’‘行何为踽踽凉凉[9]？生斯世也，为斯世也，善斯可矣。’阉然[10]媚于世也者，是乡原也。”

万子曰：“一乡皆称原人焉，无所往而不为原人，孔子以为德之贼，何哉？”

曰：“非之无举也，刺[11]之无刺也，同乎流俗，合乎污世，居之似忠信，行之似廉洁，众皆悦之，自以为是，而不可与入尧舜之道，故曰‘德之贼’也。孔子曰，恶似而非者：恶莠，恐其乱苗也；恶佞，恐其乱义也；恶利口，恐其乱信也；恶郑声，恐其乱乐也；恶紫，恐其乱朱也；恶乡原，恐其乱德也。君子反经[12]而已矣。经正，则庶民兴；庶民兴，斯无邪慝[13]矣。”

注释

①狂简：志大而狂放。简，不拘小节。

②与：交，结交。

③狷：狷介，耿直。

④琴张、曾皙、牧皮：人名，事迹不详。

⑤嘐嘐 xiāo 然：志大而言大的人。

⑥夷：平。一说为语助词。

⑦獧 juàn：同“狷”。

⑧乡原：即“乡愿”，愿，谨慎。“乡原”指外貌忠诚谨慎，实际上却沽名钓誉之人，也就是我们现代所说的“老好人”“好好先生”。

⑨踽踽 jǔ 凉凉：踽踽，独行不前的样子。凉凉，淡薄，冷漠。

⑩阉然：像宦官那样逢迎拍马的样子。

⑪刺：讥讽，责备。

⑫经：常，常道。

⑬慝 tè：奸邪。

译文

万章问道：“孔子在陈国曾说：‘何不回鲁国去啊！我乡里的那些年轻弟子都志大而狂放，想要进取而不忘其本。’孔子在陈国时，为什么还要惦念鲁国那些狂放之人呢？”

孟子说：“孔子‘找不到言行合乎中庸的人交往，就只能同狂者和狷者交往了。狂者一味进取，狷者有所不为之事’。孔子难道不想结交合乎中庸之道的人吗？只是不一定能结交到，所以想结交次一等的人。”

“请问怎样的人能称作狂放的人？”

孟子说：“像琴张、曾皙、牧皮，就是孔子所说的狂放的人。”

“为什么说他们狂放呢？”

孟子说：“他们志向远大、口气不凡，开口便说‘古代的人（怎样怎样），古代的人（怎样怎样）’。但若平心静气地去考察他们的行动，却和他们的言论不相吻合。如果这样的狂者也结交不到，就想和不屑干肮脏事的人交往，这种人就是狷者，这是又次一等的了。孔子说：‘路过我门口而不进我屋子，我不感到遗憾的，大概只有乡原吧！乡原是戕害道德的人。’”

万章问：“怎样的人能称之为乡原呢？”

孟子说：“乡原指责狂者说：‘为什么志向、口气那么大？行为与举止不一，却还要说什么“古代的人，古代的人”。’又批评狷者说：‘做事为什么那样孤孤单单？生在这个社会，为这个社会做事，只要人家认为好就行了。’那些像宦官一样在世上献媚邀宠的人就是乡原。”

万章问：“一乡的人都称他是老好人，所到之处也表现出是个老好人，孔子却认为这种人戕害道德，这是什么原因呢？”

孟子说：“要批评这种人，却举不出具体事例来；要指责这种人，却又觉得没什么能指责的。他们与污浊的社会同流合污，平时似乎忠厚老实，行为似乎很廉洁，大家都喜欢他，他也自认为不错，但是却不能同他一起学习尧舜之道，所以说他们是‘戕害道德的人’。孔子说过，要憎恶似是而非的东西：憎恶莠草，是怕它淆乱禾苗；憎恶不正之才，是怕它淆乱了义；憎恶能说会道，是怕它淆乱信实；憎恶郑国的音乐，是怕它淆乱雅乐；憎恶紫色，是怕它淆乱了大红色；憎恶乡原，是怕他淆乱了道德。君子就是要回复到常道罢了。正道的形象树端正了，百姓就会奋发向上；百姓奋发向上，那就不会有邪恶了。”

三十八

孟子曰：“由尧、舜至于汤，五百有余岁，若禹、皋陶，则见而知之；若汤，则闻而知之。由汤至于文王，五百有余岁，若伊尹、莱朱[①]，则见而知之；若文王，则闻而知之。由文王至于孔子，五百有余岁，若太公望、散宜生[②]，则见而知之；若孔子，则闻而知之。由孔子而来至于今，百有余岁，去圣人之世若此其未远也，近圣人之居若此其甚也，然而无有乎尔，则亦无有乎尔！”

注释

①莱朱：传说是商汤的贤臣，一说就是仲虺huì，商汤的相。

②散宜生：周文王的贤臣。

译文

孟子说："从尧、舜到商汤，有五百多年，像禹和皋陶，是亲眼见到过尧舜之道而知道的；至于商汤，则是听了传说才知道尧舜之道的。从商汤到文王，有五百多年，像伊尹和莱朱，是亲眼见过而知道商汤的；至于文王，则是听了传说才知道的。从文王到孔子，又有五百多年，像太公望和散宜生，是亲眼见过而知道文王的；至于孔子，则是听了传说才知道的。从孔子到现在，有一百多年，离圣人的时代不远，离圣人的家乡是这样的近，这样的条件下还没有继承的人，那也就不会有继承的人了！"

图书在版编目（CIP）数据

孟子译注 / （战国）孟子著；王刚译注．—北京：北京联合出版公司，2015.7（2023.8重印）

ISBN 978-7-5502-3911-1

Ⅰ.①孟… Ⅱ.①孟… ②王… Ⅲ.①儒家②《孟子》－译文③《孟子》－注释 Ⅳ.①B222.5

中国版本图书馆CIP数据核字（2015）第143340号

孟子译注

作　　者：（战国）孟子

译　　注：王　刚

出 品 人：赵红仕

选题策划：梁明德　邵鹏军

责任编辑：王　巍

特约编辑：江　雪

封面设计：格林文化

版式设计：格林文化

北京联合出版公司出版

（北京市西城区德外大街83号楼9层　100088）

天津丰富彩艺印刷有限公司　新华书店经销

字数170千字　960毫米×640毫米　1/16　印张26.25

2015年9月第1版　2023年8月第3次印刷

ISBN 978-7-5502-3911-1

定价：60.00元
